davidji

Meditation erleben

Ruhe finden

Aus dem amerikanischen Englisch
übertragen von
G. Maximilian Knauer

L·E·O Verlag ist ein Imprint der Scorpio Verlag GmbH & Co. KG, herausgegeben von Michael Görden

Published by Arrangement with Hay House Inc., Carlsbad, CA.
Die Originalausgabe ist erstmals 2012 bei Hay House Inc. erschienen.
Titel der amerikanischen Originalausgabe: *Daily Love – Growing into Grace*

© 2012 by davidji sweetspot productions
© der deutschen Ausgabe 2015: L · E · O Verlag in der
Scorpio Verlag GmbH & Co. KG, Berlin · München
Umschlaggestaltung: Torge Niemann, WRAGE
Umschlagillustration: Hay House, Inc.
Satz: BuchHaus, Robert Gigler, München
Druck und Bindung: GGP Media GmbH, Pößneck
ISBN 978-3-95736-046-5
Alle Rechte vorbehalten.

Mehr über unsere Bücher

www.leoverlag.de

»It all has to com from inside, though, I guess.«
JIMI HENDRIX

Inhalt

Vorwort von David Simon, M. D. 8
Zur Einführung 11

Teil 1: Erwachen zu neuen Möglichkeiten 15

Kapitel 1: Die Suche nach dem Guru 19
Kapitel 2: Was ist Meditation und warum sollte ich mich
    darum kümmern? 39
Kapitel 3: Vom Nutzen der Meditation 59

Teil 2: Viele Pfade zur Einheit 85

Kapitel 4: Geheimnisse geistig-körperlicher Meditation 91
Kapitel 5: Geheimnisse visueller Meditation 98
Kapitel 6: Geheimnisse der Klangmeditation 111
Kapitel 7: Geheimnisse der Energiemeditation 129
Kapitel 8: Geheimnisse sensorischer Meditation 149

Kapitel 9: Geheimnisse buddhistischer Meditation 170
Kapitel 10: Geheimnisse der Mantra-Meditation 177
Kapitel 11: Geheimnisse singender Meditation 210

Teil 3: Weiter auf dem Pfad 219

Kapitel 12: Erfahrungen in der Meditation 221
Kapitel 13: Die fünf Mythen der Meditation 237
Kapitel 14: Das Kultivieren einer täglichen
    Meditationspraxis 247
Kapitel 15: Häufig gestellte Fragen 264

Nachwort 270
Meine Intention 272
Meine Erfahrungen während und außerhalb
    der Meditation 273
Widmung 274
Empfohlene Lektüre 278
In Dankbarkeit 279
Besuchen Sie davidji.com 286

Vorwort

Zweifelsohne haben Sie schon einmal den Sinnspruch »Schweigen ist Gold« gehört. Doch in unserer modernen Zeit ist die Wertschätzung der Geistesruhe kaum das, was mit dem Bewusstsein der Welt resoniert. Als jemand, der seit vielen Jahrzehnten Meditation praktiziert, und als Arzt, der sich Heilung und Transformation verschrieben hat, habe ich es gelernt, den Wert der Meditation für Heilung und Transformation zu schätzen, sowie natürlich ihren Wert als Werkzeug zur Beruhigung des Geistes.

Die Botschaft, die die meisten von uns von Kindesbeinen an eingepflanzt bekommen haben, ist, dass ein aktiver Geist ein wertvoller Geist ist. Wir brauchen ganz offenkundig die Fähigkeiten eines wachen und kreativen Geistes, um funktionieren zu können, etwas zu schaffen, erreichen, verwirklichen und das Leben zu genießen. Gleichzeitig ist der Wert eines stillen Geistes enorm, auch wenn er im Normalfall weniger erkannt oder geschätzt wird. Wenn die Gedanken und das lärmende Geschwätz des Geistes versiegen, haben wir Zugang zu tieferen Ebenen des Bewusstseins. Und wenn wir diese zwei Sets von Fähigkeiten kombinieren können – den aktiven Geist, der es uns erlaubt, die

Welt der Form und der Phänomene zu erkunden, und den stillen Geist, der Klarheit und Balance in unser Bewusstsein bringt –, dann sind wir in der besten Position, um festzustellen, worauf wir unsere Energie richten sollen, und treffen die entwicklungsmäßigen Entscheidungen, von denen wir, die Menschheit und der Planet am meisten profitieren.

In diesem wunderbaren Buch geht Davidji – ein mitreißender Yogi und hingebungsvoller Lehrer – den verschiedenen Techniken nach, die dabei helfen, den Geist vom Chaos in die Stille zu bringen. Auf diesem Weg werden Sie zu tieferen Ebenen der Stille erwachen und mühelos eine regelmäßige Praxis entwickeln. Wenn man sich täglich Zeit nimmt, in sich zu gehen und Zugang zu dem Feld reinen Gewahrseins zu finden, bringt uns das von der Aktivität in die Stille, von der Individualität in die Universalität und vom Persönlichen hin zum Allgemeinen. Meditation ist wie ein Bad für den Geist; sie erlaubt es uns, uns zu reinigen und zu erfrischen und ein und dieselbe Erfahrung aus einem etwas anderen Blickwinkel zu sehen. Dieser Wandel erweitert unsere Fähigkeit, glücklich zu sein, uns wohlzufühlen, zu lieben und kreativ zu sein.

Die Information, die so liebevoll in diesen Kapiteln enthalten ist, wird Ihnen helfen, den Pfad hin zu Ihrer eigenen Weitung zu finden. Ich möchte Sie ermutigen, die Praktiken, die am meisten mit Ihnen resonieren, auszuprobieren und zu erforschen. Dann erfüllen sie auch den Zweck der Meditation, der darin besteht, Ihr Selbstgefühl von der Verstrickung hin zur Weitung zu wandeln. Wenn Sie zu Ihrem Körper, Herzen, Geist und Ihrer Seele erwachen, werden Sie und alle Menschen in Ihrem Leben davon profitieren.

DAVID SIMON, M.D.
Mitbegründer des Chopra Center for Wellbeing

Zur Einführung

Ich hoffe, dass Sie meditieren. Ich bin der festen Überzeugung, dass wir die Welt durch Meditation verändern werden. Ich erkenne klar, dass es jedem von uns, wenn er sich mit der Stille und Ruhe in seinem Inneren verbindet, möglich ist, sein Leben mit geweiteter Achtsamkeit, vertieftem Mitgefühl und größerer Erfüllung zu leben. Ich habe es erlebt, dass Zeit, die man in Stille verbringt, das Herz für die wahre Tiefe unseres universellen Wesens öffnen kann. Durch regelmäßiges Anzapfen dieser Tiefe reinen, unbeschränkten Bewusstseins durfte ich die Welt mit einer sich stets erweiternden Offenheit, sich vertiefender Empathie, größer werdenden Klarheit und einer verstärkten Verbindung zu unserer Quelle erfahren. An diesem Punkt in meinem Leben erscheint mir das als etwas Gutes.

Aham brahmasmi ist ein Sanskrit-Ausdruck, der »Ich bin das Universum« bedeutet. Wenn wir authentisch erfahren können, dass wir nicht in oder von dieser Welt sind, sondern dass vielmehr die ganze Welt in uns ist, beginnen wir diese Geisteshaltung langsam in unsere Worte, unsere Gedanken und unsere Taten zu integrieren. Wenn wir uns erst wirklich so fühlen (und tägliches

Meditieren wird diese Einsicht in Ihnen wecken), werden Sie mühelos den unerschöpflichen Vorrat dessen, was das Universum Ihnen anbietet, anzapfen können – einen Quell mühelosen Überflusses, die Entfaltung tieferer Erfüllung und eine süßere, liebevollere Welt, durch die Sie mit größerer Anmut und Leichtigkeit schreiten können.

Ganz ähnlich wie wenn man träumt, ist jede Erfahrung, die Sie im Wachzustand haben, selbst entsprungen, selbst geschaffen, selbst beeinflusst und selbst motiviert. Das soll nicht heißen, dass außerhalb Ihrer nichts geschieht; es ist vielmehr die angemessene Reaktion auf das Unerwartete und Unsichere – das, was Sie mit neuen Informationen und alten Ritualen anstellen –, das Teil Ihres Lebensmusters wird. Und wir alle reagieren auf alles: einen Kuss auf unseren Lippen, den Wind auf unseren Wangen, eine Diagnose, einen Text, ein Husten, einen Kommentar, ein Seufzen, eine Sehnsucht, eine Erinnerung, eine zärtliche Berührung, das Klingeln eines Telefons, das Ertönen einer Hupe, ein Augenzwinkern, einen flüchtigen Gedanken, Schritte in der Entfernung, die Sonne in unserem Nacken, den Ton einer E-Mail, die Haarfarbe einer Person und sogar das Lesen dieses Satzes. Es gibt jedoch keine externe Kraft, die uns *zwingen* kann, eine bestimmte Emotion zu fühlen oder auf eine bestimmte Art und Weise zu reagieren.

Unsere Stimmungen, Gefühle und Emotionen sind multidimensionale Interpretationen auf der Grundlage unserer Konditionierung. Wahrscheinlich wird das meiste davon unserem Unterbewusstsein eingeprägt, bevor wir das zehnte Lebensjahr erreichen. Der Rest wurde vermutlich über die letzten paar Dekaden eingebettet, als wir das Leben in uns einsaugten und diese frühen Interpretationen verstärkten, sie in das Muster unseres Daseins einwoben. Unsere Reaktion auf jeden Augenblick ist eine Mischung dieser Konditionierung, unserer DNA, unserer gegenwärtigen Umstände, unserer emotionalen Intelligenz und unseres Geisteszustands im jeweiligen Moment.

Durch tägliches Meditieren habe ich gelernt, dass wir alle der Meister jedes Augenblicks sind. Und indem ich diese Praktik in jede Faser meines Seins eingewoben habe, habe ich die Werkzeuge und Techniken bekommen, mein Leben mit weniger Stress und Angst, größerer Klarheit und Konzentration, geweitetem Mitgefühl und Empathie, tieferer Liebe und häufigerer Freude und einem Standpunkt zu leben, der rezeptiver für andere Perspektiven ist, was mir einen größeren Spielraum von Möglichkeiten verschafft. Ich glaube, dass jeder Mensch, der willens ist, sich die Meditation zu eigen zu machen, diese Werkzeuge ebenfalls nutzen können wird. Sie können dieses Buch gern als Ihren Werkzeugkasten für die Meditation betrachten.

Ich danke Ihnen, dass Sie sich die Zeit nehmen, dieses Buch zu lesen, denn es kommt direkt aus meinem Herzen. Ich möchte Sie ermutigen, den Versuch zu meditieren zu wagen und anhand der Mittel, die ich auf diesen Seiten darlege, eine Meditationspraxis zu beginnen. Ich hoffe, dass Sie mir gestatten werden, Ihnen dabei zu helfen, das zu finden, wonach Sie suchen. Es wäre mir eine besondere Ehre.

Frieden.

DAVIDJI

Teil 1

Erwachen zu neuen Möglichkeiten

Obwohl ich eine bestimmte Art von Meditation praktiziere, ehre ich alle Schulen der Meditation. Das sanfte Hinübergleiten von außen in unser Inneres und dann wieder zurück ist einer der großartigsten Prozesse, den ein Mensch erleben kann. Wenn sich Ihre Gedanken, Ihre Atmung und Ihre Physiologie verlangsamen und sich progressiv beruhigen, subtilere Ausdrucksformen finden, wird sich Ihr Bewusstsein ausdehnen – zuerst während der Meditation und dann auch in Ihrem Leben außerhalb der Meditation –, was eine Welt unendlicher Möglichkeiten in jedem Augenblick erwecken wird.

Ich bin kein Mönch oder Anhänger einer bestimmten Religion. Ich lebe in der realen Welt, und mein Meditationstraining verlief im Bedingungsrahmen der realen Welt. Ich schrieb dieses Buch, um meine Reise in die Ganzheit, die ich durch die Meditation erfahren durfte, mit Ihnen zu teilen. Ganzheit steht jedem offen, der die Sehnsucht hat, die Stille und Ruhe anzuzapfen, die in seinem Innern wartet. Ich biete meine Lehren und mich selbst Anfängern und Meistern gleichermaßen an. Der Gedanke, dass weltweit mehr als eine Million Suchende sich mir auf diesem Pfad tiefster Rückverbindung angeschlossen haben, erfüllt mich mit Demut. Ich lade Sie ein, sich dieser Feier anzuschließen, zusammen mit jenen, die einen höheren Lebenszweck, größere Klarheit, Mitgefühl, Erfüllung, Heilung, Flexibilität, Liebe, Dharma, Kreativität, Frieden, Überfluss, Einssein, Transformation und Freude durch die tägliche Praxis, in Ruhe und Stille zu sitzen, gefunden haben … und mit jenen, die gerade jetzt die ersten Schritte tun.

Wie man dieses Buch benutzt

Dieses Buch soll als Gebrauchsanweisung für den Meditierenden dienen. Ich schlage vor, dass Sie es einmal von Anfang bis Ende durchlesen und all die Übungen und geführten Meditationen mitmachen. Wenn Sie fertig sind, werden Sie ein tieferes Verständnis für Meditation entwickelt und viele unterschiedliche Typen von Meditation erlebt haben, Sie sind dann bereits über den Punkt all dessen hinaus, was irgendwelche Beschreibungen noch leisten könnten, und haben damit den reichen Nutzen einer täglichen Praxis kennengelernt, während Ihr Leben sich mit der Freude und beruhigenden Leichtigkeit entfaltet, die Ihnen bisher vielleicht gefehlt haben. Wenn Sie sich von einer bestimmten Form der Meditation angezogen fühlen, dann möchte ich Sie ermutigen, ihr weiter nachzugehen: Recherchieren Sie online, suchen Sie sich einen Kurs, lesen Sie mehr und schauen Sie, wohin es führt. Wenn Sie Interesse an einem persönlichen Führer in Urklangmeditation haben, dann wenden Sie sich an einen der 1500 Chopra Center zertifizierten Lehrer auf der ganzen Welt und finden Sie einen, der mit Ihnen resoniert. Mehr Informationen zum Finden eines Lehrers erhalten Sie im Abschnitt über Meditationsressourcen auf meiner Website davidji.com. Untersuchen Sie kritisch, was man Ihnen über Erfahrungen sagt, und erforschen Sie sie für sich selbst. Vertrauen Sie Ihrem Herzen.

Wenn Sie über Informationen stolpern, die für Sie sinnvoll klingen, dann haben Sie die Freiheit, sich Notizen zu machen, zu unterstreichen, Eselsohren in die Seiten zu falten, auf denen die Informationen stehen, die es Ihnen angetan haben. Und natürlich steht es Ihnen frei, die Liebe mit jedem zu teilen, der bereit ist, mit dem Üben zu beginnen.

Eine Bemerkung zur Sprache

Viele dieser Lehren wurden zuerst auf Sanskrit festgehalten, der alten Sprache Indiens, sowie auf Pali, der alten Sprache des Buddhismus. Ich habe die alten Sprachen benutzt sowie die Übersetzungen und Transkriptionen ins Englische. Ich möchte Sie ermutigen, sich nicht mit Betonung und Grammatik abzuquälen. Es gibt ein ganzes Vokabular der Meditation, und das Ziel für Sie sollte es sein zu meditieren, statt ein wandelndes Meditationslexikon zu werden. Schließlich werden sich diese Worte mit den Mustern ihrer alltäglichen Sprache verweben, und in der Zwischenzeit können diese Seiten eine wertvolle Hilfe für Sie darstellen, *Bewusstsein als Zweitsprache zu sprechen.*

Kapitel 1
Die Suche nach dem Guru

*»Das, was das Leben so faszinierend macht, ist die beständige Krea-
tivität der Seele.«*

DEEPAK CHOPRA

Wie schreibt man Guru?
JEEE ... You ... Are ... You![1]

Ich begann mit dem Meditieren vor 31 Jahren, als ich im Bundes-
staat New York aufs College ging. Ich war jung, offen und ein
neugieriger Leser, der über fünf Bücher gestolpert war, die sein
Leben verändern sollten: (1) das *Bardo Thodol* (dt. bekannt als
Das Tibetanische Buch vom Leben und vom Sterben); (2) der alte
vedische Text mit dem Titel *Bhagavad Gita;* (3) *Die Lehren des
Don Juan* aus der Feder des mystischen Geschichtenerzählers
Carlos Castaneda; (4) der Klassiker zur Bewusstseinslehre *Be Here
Now* von Ram Dass; und (5) *The Way of Zen* (dt. *Zen-Buddhismus.*

---

1 Unübersetzbares Wortspiel: Mit der englischen Aussprache der Buchstaben ergibt sich eine Formulierung, die auf dt. so viel bedeutet wie etwa: »Himmel, du
   bist du selbst!« Anm. d. Übers.

Tradition und lebendige Gegenwart), vom brillanten britischen Philosophen Alan Watts. Diese Gruppe von Büchern, von denen manche über 3500 Jahre alt sind und manche aus diesem Jahrhundert stammen, öffneten mir die Augen für neue Antworten auf die fundamentalen Fragen meines Lebens: Wer bin ich? Warum bin ich hier? Ist das alles real? Was ist Realität? Warum sind wir alle hier? Was bedeutet das alles? Gibt es noch mehr?

Das Lesen dieser Bücher führte auch zu meiner ersten Meditationserfahrung – eine wöchentliche Zenmeditationssitzung, die für Studenten angeboten wurde, die sich für einen Kurs in experimenteller östlicher Philosophie, den ich belegte, eingeschrieben hatten und für die es Extrapunkte gab. Wir zwölf saßen in einem Kreis, unser Zen-Meister ging im Uhrzeigersinn um uns herum. Man hatte uns angehalten, die Hand zu heben, wenn wir bemerkten, dass uns ein Gedanke ins Bewusstsein drang. Der Zen-Meister trug einen 50 Zentimeter langen Bambusstock, bekannt als *keisaku,* bei sich. Wenn er sah, dass einer von uns die Hand hob, nickte unser Lehrer leicht, ging still zu ihm und schlug ihm mit dem Keisaku auf den Rücken. Ich weiß nicht, ob der Gedanke dadurch zum Erliegen kam, aber sicherlich entstand auf diese Weise ein neuer.

Ich fand in diesen Sitzungen tiefe Stille und einige kosmische Momente, aber ich hatte auch viele Gedanken. Autsch! Ich hielt nur zwei Wochen in dieser Schule der Meditation durch. Ich stellte fest, dass ich *nicht* die Hand hob, um den Schlag mit dem Keisaku zu vermeiden … und wenn du feststellst, dass du deinen Zen-Meister anlügst, ist es Zeit weiterzuziehen. Wie Alan Watts es einmal formuliert hat: »Wenn die Botschaft bei dir angekommen ist, leg den Hörer auf.« Die Botschaft war angekommen. Aber ich war mir nicht sicher, was ich damit tun sollte. *Was jetzt?,* fragte ich mich.

Über die nächsten 30 Jahre hinweg sollte ich viele weitere Formen der Meditation erforschen, wobei ich oft mit einem bestimmten Modus genug resonierte, um die Methode über einen längeren Zeitraum hinweg zu praktizieren. Aber mit derselben Leichtigkeit, mit der ich in eine Praktik hineindriftete, driftete ich auch wieder davon weg, wenn die Arbeit, mein Zuhause, meine Beziehungen, die Geschäftswelt und die unterschiedlichen Wendungen des Lebens mich in eine andere Richtung trieben und mich so schließlich in die Knie zwangen.

Die Reise von Biofeedback hin zu Achtsamkeit

Nachdem ich mich vom Zen abgewandt hatte, praktizierte ich für einige Jahre Biofeedback. Dabei handelt es sich um eine Praktik, bei der man sich darauf konzentriert, seine Atmung zu verlangsamen und seine Herzfrequenz zu kontrollieren. Ich wurde ziemlich gut darin und erlebte das erste Mal in meinem Leben ein tiefes Gefühl der Entspannung. Mein Puls wurde so niedrig, dass ich ohnmächtig wurde, wenn ich mit dem Aufzug höher als in den zehnten Stock fuhr.

Dann zog ich weiter und probierte eine Reihe von Techniken, vom Lauschen auf Schallwellen, Kundalini-Tanzen und dem Starren auf Kerzenflammen über Energieheilung und von kontemplativem Gebet und dem Beobachten meiner Atmung bis hin zum exotischen Tantra und dem Meditieren mit Mantras. Das Wort *Mantra* kommt von zwei Begriffen aus dem Sanskrit: *man,* was »Geist« bedeutet und *tra,* was so viel heißt wie »Vehikel« oder »Instrument«. Das Mantra ist also das Vehikel für unseren Geist. Es ist ein Werkzeug, um den Geist vom aktiven Zustand herunterzufahren und in Ruhe und Stille zu versetzen.

Dann gab es eine Periode, in der ich mir die Achtsamkeitsmeditation zu eigen machte – die Meditation des Buddha. Ich dachte, wenn es gut genug für den Buddha war, wäre es doch sicher auch gut genug für mich! Bei der Achtsamkeitsmeditation richten wir unsere Achtsamkeit immer wieder auf die Erfahrungen des gegenwärtigen Moments – Gedanken, Geräusche, physische Eindrücke, unseren Atem ... egal was kommt ... wohin auch immer sich unsere Aufmerksamkeit in diesem Moment richtet. Wir kommen immer wieder in den gegenwärtigen Moment zurück – nicht die Vergangenheit, nicht die Zukunft, sondern die Gegenwart –, wo wir letztlich zum stillen Zeugen werden, Zeuge unserer selbst in jedem Moment. Dies ähnelt der Praxis der Atem-Achtsamkeitsmeditation und einer der am häufigsten praktizierten Meditationsformen weltweit, denn Millionen von Buddhisten praktizieren sie jeden Tag. Selbst das Wort »achtsam« hat im Westen während der letzten zehn Jahre einen ziemlichen Trend erlebt, da es als Euphemismus fungierte, der die kultischen Fehlinterpretationen und Stigmata, die oftmals die traditionelle Meditation umgeben, unterlaufen konnte.

So ziemlich jede Yogastunde endet mit irgendeiner Form von Achtsamkeitsmeditation, wobei man in *savasana-* (toter Mann) -Stellung auf dem Rücken liegt, die Stunde abschließt, sich total dem Moment hingibt, den Körper entspannt und den Geist einfach nur in Dankbarkeit seine Kreise ziehen lässt, während der ganze Nutzen der Übung in jede Faser des Körpers integriert wird.

Die Achtsamkeitsmeditation war über viele Jahre meine primäre Meditationsform. Doch gerade als sie zum Trend zu werden begann, hörte ich auf zu meditieren.

Durchs Leben schlafwandeln

Ich habe über viele Jahre in der Finanz- und Geschäftswelt im wilden Firmengewirr von New York City gearbeitet. Ich arbeitete sogar über ein paar Jahre in einem der oberen Stockwerke von Tower Two, heute Ground Zero genannt. Aber eines Tages ging mir auf – als mein Leben mehr und mehr an physischer und emotionaler Stabilität verlor –, dass ich mit dem Meditieren aufgehört hatte. Ich hatte mein Meditationsritual um fünf Uhr morgens gegen einen Frühzug in die Eingeweide des World Trade Center eingetauscht und meine Abendmeditation gegen einen doppelten Scotch. Und einfach so … *puff* … war meine Praxis dahin.

Ebenso verschwunden war das Gleichgewicht und die tiefe Erfüllung, die ich während meiner Meditationsphasen erlebt hatte. Ich lebte, um zu arbeiten, um einen leeren Teil von mir auszufüllen, den ich vergessen hatte. Es waren zehn Jahre vergangen, seit ich das letzte Mal eine Nacht durchgeschlafen hatte. Stattdessen wachte ich oft um 2 Uhr morgens mit einem schmerzhaften Knoten in meinem Magen auf, der dann auch tagsüber und bis in die Abendstunden hinein blieb. Ich nahm ihn jede Nacht mit ins Bett. Ich aß mein Mittagessen an meinem Schreibtisch, während ich auf meinem »Crackberry« Kurznachrichten schrieb, am Handy telefonierte, E-Mails tippte und ein Sandwich hinunterwürgte … all das in fünf Minuten. Und mir wurde klar, dass ich das seit fast 15 Jahren so machte.

Nonstop rasten irgendwelche überwältigenden Gedanken erbarmungslos durch meinen Kopf, während ich versuchte, viele unterschiedliche Teile meines Lebens in der Luft zu jonglieren, wobei sich mir die Erfüllung jedoch stets entzog. Ich sehnte mich nach geistigem Frieden, nach einem Job, der wirklich Sinn ergab. Ich sehnte mich nach dem Gefühl von Tiefe, das ich in meiner Jugend so gut gekannt hatte. Davon war ich Lichtjahre entfernt. Ich schlafwandelte durch mein Leben. Meine persönlichen und meine Arbeitsbeziehungen waren geprägt von Stress und Spannungen. Ich wachte auf, brannte durch den Tag, machte meinen »Job«, kam nach Hause, aß mein Abendessen, las ein Buch oder sah fern und knackte weg. Mein persönliches Leben und mein Leben zu Hause waren von meiner Karriere absorbiert worden. Und meine Karriere wurde vom zombieartigen Autopiloten einer Existenz gesteuert. Ich fühlte mich leer, entkoppelt von jeglichem Leitprinzip, zutiefst schmerzerfüllt, ziellos und unerleuchtet bezüglich der Frage, was aus meinem Leben geworden war und in welche Richtung es ging. Ich begann, meine Leistungen infrage zu stellen sowie den Wert, den ich ihnen in meinem Leben beimaß.

Und so geschah es eines Tages, als ich zu Fuß in SoHo unterwegs war und ich an einer Reihe von Pappschachteln entlangging, in denen Obdachlose lebten, dass sich eine runzlige Hand nach mir ausstreckte und mein Hosenbein packte, mich ein neugieriges, rußgeschwärztes Gesicht anstarrte und mich fragte: »Was wird auf deinem Grabstein stehen?« Ich blieb stehen (wobei mein zielloser Blick sich auf einen Punkt verengte und sich auf die kristallblauen Augen des Mannes fokussierte) und dachte über mein Leben nach, als diese sanfte Hand langsam meinen Knöchel hinunterglitt und auf meinem Schuh landete. Von Angesicht zu Angesicht, von Seele zu Seele – verbunden in einem transzendenten, kosmischen Moment, der mir den Atem raubte. Ich blickte ins Angesicht Gottes. Oh mein Gott! Tränen traten mir in die Augen. Wir hielten einander im Blick, es kam mir wie eine Ewigkeit vor, und ich sagte zu ihm: »Ich weiß es nicht.« Mein Geist war erfüllt von einem Tsunami von Gedanken, Erinnerungen und Sehnsüchten. Dann ging mein Blick durch ihn hindurch … durch alles hindurch, bis da gar nichts mehr war. Ich wanderte danach ziellos stundenlang herum, wobei seine treffenden Worte in jeder Zelle meines Körpers widerhallten. Was *würde* auf meinem Grabstein stehen? Was *war* mein Daseinszweck? Ich fühlte mich wie ein Gefangener, der ewig in der Todeszelle saß, in einem schmerzhaften Fegefeuer ohne Daseinszweck.

Mein Geist floss über von den rauchgeschwängerten Bildern vom Zusammenbruch des Tower Two, nur zwei Blöcke weiter südlich von dem Bürogebäude, wo meine Mitarbeiter und ich auf dem Dach gestanden und an diesem Schicksalstag voller Schrecken zugeschaut hatten. So viele Menschen, die wir kannten und liebten, und noch so viele mehr, die wir nie kennenlernen würden. Für mich lag der psychologische Fallout von 9/11 irgendwo zwischen Leere, einem tiefen Gefühl emotionalen Kummers und einem urtümlichen Weckruf – dem tiefen Bedürfnis, ein sinnerfülltes Leben zu führen. Aber ich war Lichtjahre davon entfernt zu wissen, was dieser Sinn war, oder ihn auf meiner gegenwärtigen Flugbahn zu verwirklichen.

An diesem Abend, als ich meiner Frau die Geschichte beim Abendessen erzählte, gab sie mir einen Zeitungsausschnitt. Sie hatte meinen täglichen Schmerz gefühlt und war einigen Optionen nachgegangen, die für mich infrage kamen. Eine davon war Seduction of Spirit (Verführung des Geistes), ein Meditationsrückzug/einkehr in England mit Deepak Chopra. Sie ermutigte mich, meinem Herzen zu folgen. Ein Arbeitskollege gab mir den Rat: »Spring und das Netz wird auftauchen.« Einer meiner Yogalehrer empfahl mir: »Kündige deinen Job noch heute. Das Universum wird sich um dich kümmern.«

Ich folgte meinem Herzen und sprang. Eine Woche später erfuhr ich mein Meditationsmantra; einen Monat später verpuffte mein Job in den Äther, und zwei Monate später war ich auf dem Weg nach Oxford, um Deepak Chopra zu treffen und das Konzept des *dharma* zu lernen – den Sinn in meinem Leben. Dort lernte ich auch, dass das Wort *guru* ein Sanskrit-Begriff ist, der so viel bedeutet wie »der, der die Dunkelheit vertreibt«, im Wesentlichen also jemand, der die Erleuchtung lehrt. Aber ein anderer kann dich eigentlich niemals »sehen machen«. Sie können Ihnen helfen, sich zu öffnen und zu dem zu erwachen, was schon immer in Ihnen ist, Ihnen im Wesentlichen die Erlaubnis geben, Zugriff auf Aspekte Ihrer selbst zu nehmen, die Sie bisher nicht erwachen lassen haben. Vielleicht wussten Sie nicht, dass es sie gibt. Vielleicht waren Sie nicht sicher, wie Sie sie anzapfen sollten. Aber sobald Sie zu der Stille und Ruhe, die unter den Schichten der Aktivität in Ihrem täglichen Leben liegt, erwacht sind, werden Sie wissen, dass sie da ist und Ihnen jederzeit offensteht. So wie die bewegte, turbulente, stürmische See der beruhigenden Stille eines heiteren Teiches weicht, verlangsamt sich der aktive Geist nach und nach hin zu immer subtileren Ebenen des Friedens. Jeweils am Ende Ihrer Meditation werden Sie besser in der Lage sein, mit größerer Wertschätzung auf das Leben zu »hören« und es mit vermehrter Anmut und Leichtigkeit zu verstehen.

Erwachen zur Stille

Anfang 2002 verließ ich New York – von mir oft als »Nabel des Universums« bezeichnet –, um eine Woche mit dem spirituellen Ratgeber Deepak Chopra zu verbringen und im Land von Harry Potter zu meditieren. Im Monat zuvor war ein indischer Meditationslehrer, der in London lebte, über den großen Teich gekommen und hatte mir und sechs anderen Schülern eine moderne Übersetzung einer alten Praktik, die als Urklangmeditation bekannt ist, beigebracht. In einem intensiven dreitägigen Kurs lernte ich die Grundlagen dieses zeitlosen Werkzeugs kennen und bekam ein Verständnis für meinen physischen Körper beigebracht, meinen Feinkörper (psychologischen Körper) und meinen Kausalkörper (spirituellen Körper). Dann bekam ich mein Urklangmantra basierend auf dem Moment meiner Geburt und wurde gelehrt, wie ich die Meditationspraxis in meinem täglichen Leben so anwenden konnte, dass sie mich auf den kommenden Rückzug vorbereitete.

Als ich in Oxford zu dem Seduction of Spirit Meditationsrückzug ankam, vertiefte ich mich zusammen mit 75 anderen Suchenden aus aller Welt zutiefst in die Stille und Ruhe und versuchte, Klarheit, Wahrheit, Achtsamkeit und Liebe anzuzapfen. Die meisten Teilnehmer waren aus Irland, Schottland, England und Wales, aber 30 von ihnen kamen aus anderen europäischen Städten wie Genf, Rotterdam, Kopenhagen, München, Barcelona, Istanbul, Paris, Mailand, Helsinki, Prag, Brüssel und Stockholm ... und alle sprachen die universelle Sprache des Bewusstseins.

Wir vertieften uns von Sonnenaufgang bis Sonnenuntergang in die Meditation und dann auch noch nach dem Abendessen. In nur ein paar Tagen öffnete sich mein Herz weiter als je zuvor, und ich ließ jede Vorstellung, die ich jemals über Meditation gehabt hatte, los. Ich übergab mich ganz dem Prozess, den Deepak für mich vorgesehen hatte. Ich erfuhr seine ganze Kraft. Es war, als wäre mein Herz aus weichem weißen Leinen gemacht, das man in schwarze Tinte getaucht hatte ... ganz dick und schwer ... so schwarz ... so dunkel und schmerzhaft. Und an jedem Tag während des Rückzugs war mir, als würde ich dieses weiße Herz aus Leinen durch einen rasch fließenden Fluss ziehen, die Last leichter machen und so den Schmerz vermindern und etwas mehr Klarheit gewinnen. Als ich die konditionierten Schichten meines Lebens abschälte, traten neue Gedanken ins Licht, erweiterte Aspekte meines Selbst zeigten sich, und ich fand zum allerersten Mal eine Verbindung zu meiner Seele. Ich weinte. Ich lachte. Ich zapfte das Kollektiv an. Ich begegnete meinem nichtkonditionierten Selbst von Angesicht zu Angesicht und erfuhr die unendliche Einheit des Universums. Ich verliebte mich aufs Neue – in mich selbst, in alle Menschen, in das Leben.

Am vierten Tag war die Schwärze verschwunden. Wir meditierten mehr als fünf Stunden täglich, und jeder Moment fühlte sich surreal an. Ich fühlte mich wie neugeboren. Ich verband mich erneut mit meinem Herzen, das so viele Jahre verschlossen gewesen war. Ich erwachte zu einer lange verborgenen Vergebungsbereitschaft und schloss einen längst überfälligen Frieden mit einigen der tiefsten Wunden meiner Vergangenheit – Dingen, die ich getan, und Dingen, die ich nicht getan hatte und die ich bereute, Denk- und Lebensweisen, die für die anderen nutzlos gewesen waren, Beziehungen, die ich nicht gepflegt hatte oder die schmerzhaft geworden waren, Pfade, die ich genommen und die sich als dunkle Hasenlöcher herausgestellt hatten, und wunderbare Menschen mit sanftem Herzen, die ich auf meinem Weg verletzt hatte. Und ich begann, die wichtigste Beziehung in meinem Leben zu erforschen – die mit meinem wahren Selbst – mit der Stille und Ruhe, die in meiner Seele sind ... dem Kern meines Daseins ... meiner Essenz, dem reinen, unbeschränkten Bewusstsein. Ich fand Hingabe. Ich umarmte das Loslassen. Ich berührte einen Teil meines Seins, der lange geschlafen hatte, und ich realisierte, wie leicht es für mich war, die Macht meiner Quelle durch die Meditation anzuzapfen.

Aber ich hatte immer noch so viele Fragen und glaubte immer noch, dass die Antworten irgendwo da draußen wären, sodass ich mich am letzten Tag des Rückzugs auf die Reise nach Indien auf die Suche nach einem Guru machte. Die lebhaften ersten Eindrücke meiner mitternächtlichen Landung in Delhi hallen noch immer in mir nach. Die Kabinentüren öffneten sich und enthüllten einen mondlosen, verhangenen Himmel. Als ich die Stufen zum Landefeld hinunterging, tat ich den ersten tiefen Atemzug indischer Luft. Sie fühlte sich süß an … muffig … humid … duftend … neu … frisch … uralt … bekannt … und beglückend.

Als mich das Taxi ins Hotel fuhr, entfalteten sich die Ausläufer von Indien, während wir uns der Stadt näherten. Und sehr schnell war ich mittendrin, ging auf in dem eine Milliarde Menschen starken Gewebe der Magie, die Indien ist. Ich setzte die täglichen Routinen fort, die ich auf dem Oxford-Rückzug gelernt hatte. Ich meditierte und betete jeden Tag. Ich übte jeden Morgen Yoga. Ich vollzog Rituale der Dankbarkeit und Wohltätigkeit. Ich badete im Ganges in Varanasi, während lodernde Körper in den Feuerbestattungsritualen an mir vorbeitrieben. Ich reiste nach Bodhgaya und saß unter dem Bodhibaum, unter dem der Buddha zuerst die Erleuchtung erlangt hatte. Ich traf mich mit dem *naadi* Blatt-Leser in Swamimalai, der mir die Details meines vergangenen, gegenwärtigen und zukünftigen Lebens vorlas, die in der noch heute existierenden alten Sprache der Tamilen auf konservierte Palmblätter gekritzelt waren, die mir sogar den exakten Zeitpunkt meines Todes in diesem Leben enthüllten.

In der Stadt Jaipur erfuhr ich *shaktiput,* eine Form energetischen Erwachens, die mich über Wochen in ihrem Bann hielt und auch so viele Jahre später noch regelmäßig durch mich zieht. Ich besuchte den spirituellen Guru Sathya Sai Baba in seinem Abode of Supreme Peace – dem Prasanthi Nilayam Ashram –, wo er mich mit der heiligen Asche, die als *vibuthi* bezeichnet wird, bestreute, die sich einfach so aus der Luft manifestierte.

Danach machte ich mich in den Koregaon Park Ashram in

Pune auf, gegründet von dem herrlich ikonoklastischen und provokativen Swami Osho, damals bekannt als Bhagwan Shree Rajneesh. Osho hatte die Ebene irdischen Daseins schon einige Jahre zuvor verlassen, aber in Pune stolperte ich über ein Zitat von ihm, das besagte:»Die Wahrheit ist in dir; such sie nicht außen.« Doch damals ergab das nicht wirklich Sinn für mich, also setzte ich meine Suche anderswo fort.

Ich reiste nach Norden, nach Dharamsala in den Himalaya, um den Dalai-Lama über liebende Barmherzigkeit sprechen zu hören, aber er befand sich in tiefer Meditation. (Es sollte noch einige Jahre dauern, bis mir das Privileg zuteilwurde, Seiner Heiligkeit zu begegnen und seine göttliche Eloquenz, sein tiefes Mitgefühl und seine liebevolle Energie wirklich zu würdigen.)

Licht am Ende des Tunnels

Auf der Suche nach einem Guru reiste ich Tausende von Meilen nach Süden, aus dem Nabel Indiens zum Meenakshi Sundareswarar Tempel in der 2500 Jahre alten Stadt Madurai. Innerhalb der weitläufigen Wälle dieser riesigen alten Anlage, die die Größe eines kleinen Dorfes hat und gespickt ist mit Statuen, Schreinen, Gebetshallen, Tausenden von farbenfreudig gemalten Gottheiten, einem Raum mit tausend Säulen und einem heiligen Teich, quetschte ich mich in einen 20000 Mann starken, barfüßigen Zug von Anhängern des Hindugottes Shiva und seiner Frau, der Göttin des Mitgefühls, Parvati.

Als die Wogen der Hingabe durch die Menge gingen, fand ich mich plötzlich völlig allein vor dem heiligen Teich wieder. Es war, als ob der Schwarm der Pilger die Stadt für den Augenblick verlassen hatte. Langsam trat eine Gestalt aus dem Schatten, direkt hinein in einen Sonnenstrahl. Seine Silhouette war von einer Aureole umgeben und strahlte so hell, dass ich meine Augen abschirmen musste. Er stellte sich als Mr. Jinghan vor, einen brahmanischen Priester, der von seinem Dorf in Punjab 1500 Meilen

nach Norden gereist war, um *mich* zu treffen. Ja, ganz richtig …
mich! »Mr. David, wir haben schon sehr lange auf Sie gewartet.
Sollen wir uns zusammen hinsetzen?«

Ich sah mich um, um festzustellen, wie viele der 20 000 Pilger
ihren Weg in den heiligen Schrein gefunden hatten. Wundersa-
merweise waren wir allein. In der weiten, steinummauerten Halle,
die schon von Milliarden von Menschen besucht worden war, in
der diese gebetet und über die letzten 1000 Jahre hinweg meditiert hatten, waren nur wir beide … und das Geräusch unserer
klopfenden Herzen. Und ohne dass wir uns je begegnet wären,
behauptete er, er wäre den ganzen Weg gekommen, um mich zu
sehen! Ich schloss die Augen und badete in dem warmen Leuchten, das Jinghan in den Raum aussandte.

Wir setzten uns ein paar Minuten hin und rezitierten ein Gebet an die göttliche Mutter, die femininen kreativen Kräfte in unseren Herzen zu erwecken. In wenigen Augenblicken driftete sein
Murmeln in den Äther, und ich schlüpfte in diese Spalte. Das
Letzte, woran ich mich erinnere, ist, dass sich mein Herz tiefer
öffnete als je zuvor und alles in eins schmolz. Als ich meine Augen
öffnete, war ich allein. Tränen rannen mir die Wangen hinab, ein
tiefes Wohlgefühl machte sich in mir breit, und Jinghan war weg.

Ich schaute auf meine Uhr. Stunden waren verstrichen, und
die Sonne stand viel tiefer am Himmel, während der Spätnachmittag dem Abend wich. Tausende von Kerzen und Talglampen,
die im Tageslicht unsichtbar gewesen waren, badeten den Raum
auf einmal in ihr Licht, kitzelten die Wände mit einer Darbietung
tanzender Schatten und flackernder Bilder. Ich blickte in den
großen, ruhigen Teich vor mir, der den Nachthimmel mit seinen
Milliarden von Sternen reflektierte, die übergangslos mit den
Zehntausenden von winzigen, von Hand angezündeten Flammen
verschmolzen, die seine stillen Ufer umgaben. Ich bemerkte
meine eigene flackernde Reflexion auf dem Bauch einer silbernen
Shiva-Statue, die zwei Meter von mir weg saß. Mein amorphes,
sich kräuselndes Spiegelbild wurde zu mir zurück reflektiert – es

schrumpfte, dehnte sich aus, verzerrte sich, erweiterte sich und verschwand in der Dunkelheit, so, als hätte ich keinen Körper; ich war eine vibrierende Masse aus Licht. Ich war wie gebannt von meinem Spiegelbild und dann hatte ich plötzlich keines mehr.

Die Minuten wurden zu Stunden; Tausende von Pilgern zogen in der Dunkelheit an mir vorbei, und langsam begann sich ein Körpergefühl wieder einzustellen. Etwas auf der Kachel unter meinem Knie fing meinen Blick ein, als ich meine Beine ausstreckte. Als ich hinuntersah, erblickte ich ein herrliches Goldmedaillon in der Gestalt des elefantenköpfigen Ganesh. Der goldgesichtige sogenannte Entferner der Hindernisse hing an einem schwarzen Baumwollband. Jinghan musste ihn neben mein Knie gelegt haben, als ich durch den Kosmos driftete. Ich hob ihn auf Augenhöhe und neigte in Ehrerbietung mein Haupt. Dann senkte ich es noch weiter, so, als würde ich gesalbt, und hängte mir das Medaillon um. Es umgab mich wie eine Aura und sank dann sanft hinunter auf meinen Nacken, kündete von diesem Moment der tiefen Verbindung mit der Quelle.

Als meine Aufmerksamkeit sich wieder auf den gegenwärtigen Moment zu richten begann und physische Eindrücke in meinen Körper zurückkehrten, fiel mir auf, dass alles in der Halle in eine strahlende Aura gehüllt war. Dann wurde ich mir all der Menschen im Raum bewusst. Hunderte von Pilgern waren in den Raum geströmt, und jeder von ihnen hatte eine strahlende Aura, während sie sich auf dem Weg zu dem heiligen Teich von allen Seiten an mir vorbeidrückten. Ich drückte das Medaillon mit der Hand, drückte es in mein Herz und begann zu lächeln, als ich mich an Jinghans Worte erinnerte. »Mr. David, wir haben schon sehr lange auf Sie gewartet.« Ich erhob mich und war innerhalb von Augenblicken Teil der wimmelnden Masse von Gläubigen, physisch wie spirituell; ich sah alle als Reflexion der eigenen Seele … alle als göttlich … alle als Gott. Es war in diesem Moment, dass ich das erste Mal die greifbare Energie und unendliche

Macht *des Kollektivs* spürte, die meine Perspektive auf die Welt
völlig verändert hat.

Vibrierend von den intensiven Wellen devotionaler Intentionen, die in den Tempel strömten, schloss ich mich einer Welle
von Tausenden von Pilgern an und reiste weiter nach Süden, zu
den heiligen Stränden von Kanyakumari, an der südlichsten
Spitze Indiens. Dort beteten wir unter einem Himmel voller
Sternkonstellationen und dem Neumond zur Muttergöttin; ich
war in Dunkelheit gehüllt, als ich in einem seichten Gezeitenbe-
cken, in dem sich die subtilsten Bewegungen des warmen, ster-
nenerhellten Meeres vor uns kräuselten.

Ich setzte meine Reise fort und verbrachte meine Tage mit
dem Suchen nach einem Guru, der meine Transformation bestä-
tigen würde, unterhielt mich mit *rishis* am Straßenrand, reiste
von Tempel zu Tempel, betete in den inneren Heiligtümern, bekam *diksha,* Erleuchtungssegnungen, und meditierte mit jedem
Sonnenaufgang und Sonnenuntergang. Da ich jedoch keine größere Wahrheit fand als die zeitlosen Wellen vor mir, reise ich an
der Küste entlang nach Osten, bis ich die Küsteninsel Rameshwa-
ram erreichte, wo ich versuchte, den mythologischen Affengott
Hanuman dabei zu erspähen, wie er die Sage Ramayana nach-
spielte, indem er auf einer Affenbrücke auf die Insel Sri Lanka
hinüberhüpfte. Aber ich bekam ihn nie zu Gesicht.

Wir sind der, den wir suchen

Für sechs Monate suchte ich landauf, landab nach meinem Guru.
Und eines Morgens, als ich in einer Hängematte in einem tropi-
schen Nierenbaum-Wald in Kerala lag, umgeben von der inten-
sivsten Symphonie von Wildvogelrufen und in einer zerlesenen
Ausgabe der Bhagavad Gita blätternd, las ich Kapitel 2, Vers 48,
und zwar, wie es schien, zum ersten und zum vier millionsten
Mal auf einmal. Ich ertappte mich dabei, wie ich die Worte nach-
sprach, die Krishna der Herr dem mächtigen Krieger Arjuna zu-

teilwerden lässt: »Yogastha kuru karmani« ... »Handle gegründet in der Einheit«. Und während ich las, floss eine mächtige Botschaft in mich, unterhalb meiner Gedanken und gleichzeitig in jede Zelle und durchschnitt den energetischen Mantel des Waldes. Jedes Geräusch versiegte; die Nierenbäume froren ein; die Papageien verwandelten sich in Statuen; mein Körper hatte keine Grenzen, keine Haut, die das einschloss, was ich fühlte; ein rauschendes Wohlgefühl durchschoss meinen Körper und erweiterte meinen Geist. Dann kam etwas viel Tieferes und Profunderes als alles Denken und alle Erfahrung. Mit einem Blitz wurde alles eins, und ich begriff sofort. Wie kann ich das mit ein paar Worten zusammenfassen? *Der Guru ist innen.*

Ja, der Guru ist innen. Tief ... tief ... tief drinnen, eingeschlossen in dieser Fleischhülle, die wir Körper nennen, und lebenslang in der Falle der Beschränkungen unserer fünf Sinne und unseres Geistes, der jeden Moment interpretiert. Ziehen Sie diese Schichten gab, gehen Sie tief in Ihr Inneres und dann noch tiefer ... und in unserem Wesenskern, da ist unsere pure, weite Essenz, unbeschränktes Bewusstsein. Unendlich. Dieses Aha-Erlebnis hatte sich lange über viele Jahre und zahlreiche Lebzeiten von Erfahrungen, die ihn endlich hervorbrachten, aufgebaut. Aber ich hatte etwas berührt, war mit etwas verbunden, ja, war etwas *gewesen*, was mich – was uns – überstieg, etwas, was so weit war, dass ich seine Grenzen nicht ermessen konnte. Doch gleichzeitig war ich damit identisch, und es war grenzenlos. Es war, als hätte ich unter Amnesie gelitten und würde mich plötzlich an alles zugleich erinnern. Ich würde es so beschreiben, dass ich einen neuen Gang unserer Wahrnehmung entdeckt hatte; einen, den man immer hat, aber dessen man sich nicht bewusst ist. Diese Veränderung überkam mich mit einem Mal und resoniert noch jetzt in diesem Moment.

Das Göttliche in sich anzapfen

Was mir an diesem Tag aufging, war, dass wir tatsächlich ein menschlicher Ausdruck des göttlichen Universums sind. Wir absorbieren Existenz durch unsere Sinne, destillieren sie mit unserem Intellekt, und was dabei herauskommt, ist eine Persona – ein Ego –, ein Selbstgefühl, das uns voneinander trennt. Wenn wir unser ursprünglichstes Selbst betrachten, unterhalb der Schichten unseres Ego, unseres Intellekts, unserer Emotionen und unseres physischen Körpers, können wir den göttlichen Fluss anzapfen. Tatsächlich ruht die Antwort auf jede Frage, die wir uns je stellen könnten, in unserem Inneren. Wir müssen uns lediglich die Erlaubnis geben, die Antwort zu hören. Und wie zapfen wir nun die ungeheure Unbegrenztheit des Universums jenseits unserer konditionierten Existenz an? Wie geben wir uns so hin, dass wir die Stille inmitten des Chaos werden? Wie greifen wir über diese Lebenszeit voller Konditionierungen aus, um die süße, stille Ruhe, die in uns verborgen ist, zu erfahren? Das effektivste und mächtigste Werkzeug zur Selbsterweiterung und Verwandlung ist die zeitlose Übung der täglichen Meditation.

Jeder von uns hat die eingeborene Fähigkeit, seinen Geist und seinen Körper zu verlangsamen, sich von seinen Aktivitäten zu lösen und die Tiefen des unkonditionierten Selbst aufzusuchen. Uns ist das Talent mitgegeben, die eigene Seele zu erleben und über Raum und Zeit hinauszugehen – diese irdische Ebene der Existenz zu überschreiten und dann ein kleines Stück des stillen Einsseins zurück auf diese Ebene zu bringen, was es uns ermöglicht, glücklicher, mitleidsvoller, vergebungsbereiter, kreativer, intuitiver und besser verbunden mit der Person zu sein, die wir sind, sowie mit dem Göttlichen, das in jedem von uns ruht.
Ich fiel fast aus der Hängematte, als ich in Reaktion auf mein Aha-Erlebnis aufsprang. Ich packte meine Tasche, checkte aus meinem Zimmer aus, ging zur Bushaltestelle, fuhr 1400 Meilen weit nach Mumbai und 25 Stunden später stieg ich in einen Flie-

ger nach New York. Während des 22 Stunden langen Fluges driftete ich immer wieder in die Meditation, dann wieder heraus. Eines war mir klar: Mein Leben würde nie wieder dasselbe sein. Es gab kein Zurück. Ich hatte die Universalität meines Daseins tatsächlich erfahren und konnte meine Augen nicht wieder vor dem unendlichen Einssein des Universums verschließen. Und die praktische Lektion war sogar noch tiefgreifender. Wie ich so aus dem aktiven Zustand in den der Stille und Ruhe driftete, nahm ich ganz mühelos Zugriff auf das Reich der Einheit. Und ich hatte endlich gelernt, dass ich, indem ich nichts tat – die Achtsamkeit auf den gegenwärtigen Moment sanft in mein tägliches Leben floss ... in meinen Wachzustand ... ja, sogar in meine Träume.

Ich hatte es endlich »begriffen«. Hälfte des Lebens, und ich hatte einen Teil meiner selbst wiederentdeckt, der seit meiner frühen Kindheit geschlummert hatte. Tief in mir war ich wieder in Berührung mit meinem Ruhepunkt gekommen – mit meinem unkonditionierten Selbst. Ich erfuhr das Universale, das in mir war. *Endlich hatte ich den Guru gefunden!*

Die Stille anzapfen

Seitdem ist kein Tag mehr vergangen, an dem ich nicht meine Zehen in den Ozean der Stille tauche, der in mir wartet. Seitdem ich die Urklangmeditation gelernt habe, habe ich jeden Morgen und fast jeden Abend meditiert, und mein Leben hat sich unter einem Leitstern, in Klarheit, tieferer Erfüllung, Leichtigkeit und einem allgemeinen Wohlgefühl entwickelt, das in jedem Augenblick durch mich fließt. Diese tägliche Wiederanbindung hat zu einer tief greifenden emotionalen Erweiterung geführt, die bewirkt hat, dass ich bewusstere Entscheidungen in meinen Interaktionen mit der Welt, meinen Freunden und lieben Menschen und mir selbst treffe.

Die Gaben der Meditation teilen

Nach meiner Rückkehr aus Indien vertiefte ich mich sogar noch stärker in die zeitlosen Lehren der Meditation – tatsächlich so sehr, dass fast alle Leute, die mich kannten, mir vorschlugen, ich solle Meditationslehrer werden. Um die ständigen Empfehlungen meiner Freunde, besonders von Rookie Komitor, der auch bei dem Rückzug in Oxford dabei gewesen war, zum Schweigen zu bringen, schrieb ich mich bei einer Schulung zum Urklang-Meditationslehrer im Chopra Center ein sowie dem erforderlichen Körper-Geist-Workshop, wobei ich mich in Letzterem unter der Führung von Deepak Chopra und seinem Partner seit 20 Jahren, dem Neurologen David Simon, selbst mit Ayurveda (der 5000 Jahre alten Wissenschaft des Lebens) beschäftigen sollte. Während des Körper-Geist-Workshops entstand zwischen David Simon und mir unmittelbar ein Band der Liebe, und es war am 14. Juli, dem letzten Tag der Reise in die Heilung, dass ich mein Leben und mein Herz der Fortsetzung der Arbeit verschrieb, die David und Deepak geleistet hatten, der Erhöhung der Vibration ihrer Übersetzungen und Lehren. Bereits am nächsten Tag ließ ich mein Leben an der Ostküste hinter mir zurück, zog nach Carlsbad – einem sonnigen Strandort in Südkalifornien, 30 Kilometer nördlich der mexikanischen Grenze – und bot den Bedürfnissen und Wünschen der Göttin mit Namen Chopra Center for Wellbeing meine freiwilligen Dienste über sechs Monate an.

In den zehn Jahren seit diesem Zeitpunkt, der mir durch jede Zelle meines Körpers gegangen war, habe ich mich in die zeitlosen Lehren der Meditation, des Ayurveda, Yoga, Vedanta, in emotionales Heilen und die uralte Weisheit des Bewusstseins vertieft. Während dieser zehn Jahre habe ich mich jeder Rolle gewidmet, von der Chopak und David glaubten, dass sie den größten Wert hätte. Mit der liebevollen Unterstützung und Anmut der Gründer des Chopra Centers machte man mich zum leitenden

Manager, dann zum Director of Sales und Marketing und zum Hauptlehrer bei allen Events. Schließlich, nach Jahren des Studiums und der Übung, wurde ich zum ersten Dekan der Chopra Center University ernannt. In dieser Rolle hatte ich die Möglichkeit, die Übertragungen der Gründer mit meinen realweltlichen Interpretationen zu verbinden, mit Ritualen und Techniken, die Schülern, die in der realen Welt leben, helfen sollen, diesen zeitlosen Korpus des Wissens zu lernen, zu teilen und zu meistern. Zusätzlich zu den Hunderten und Tausenden, die ich in Workshops und Rückzügen persönlich unterrichtet habe, habe ich durch meine CDs und Downloads und durch meine Onlinemeditationen und Programme dabei geholfen, mehr als 1000 Lehrer in über 50 Ländern dieser Welt zu ermächtigen, diese uralte Weisheit mit ihren Familien, Mitarbeitern, Schülern und Gemeinden auf der ganzen Welt zu teilen. Das allein schon ist eine der erfüllendsten Erfahrungen meines Erwachsenenlebens.

Jene, die sich diese Weisheiten und zeitlosen Lehren zu eigen gemacht haben, bilden das globale Geflecht der Meditierenden – nicht nur Swamis, Yogis, Rinpoches, Lamas, Saddhus, Nonnen und Mönche, sondern auch Ärzte, Rechtsanwälte, Soldaten, Geschäftsleute, Makler, Tänzer, Krankenpfleger, Feuerwehrleute, Verwaltungspersonal, Professoren, CEOs, Künstler, Mütter, Väter, Sänger, Fahrer, Schriftsteller, Pflegekräfte, Kinder, Biker, Polizisten, Direktoren, Vertreter, Wissenschaftler, Musikanten, Kindermädchen, Hausfrauen, Taxifahrer, Investmentbanker, Obdachlose, Strafgefangene, Bauunternehmer, Veteranen, Unternehmer, Sekretäre, Trainer, Piloten, Kellner, Rentner, Drehbuchautoren, Bassisten, Direktoren, Technologen, Psychiater, Assistenten, Haushälterinnen, Buchhalter, Köche, Softwareentwickler, Vizepräsidenten, Bühnenkünstler, Coaches, Büroangestellte, Heiler, Manager, Politiker, Athleten, Schauspieler, Trucker, Stylisten, Therapeuthen, Lehrer und Leute im Hospiz. Sie alle haben es gelernt, diese zeitlosen Lehren in ihr tägliches Leben zu integrieren. Sie haben die Welt und sich selbst verwandelt.

Ich habe persönlich die Transformation Tausender meiner Schüler miterlebt, als sie Panik und Angst hinter sich gelassen und zu Zuversicht und Ruhe gefunden haben, aus Furcht und Zorn zu Selbstliebe und Selbstwert, von Verwirrung zu Klarheit und von Leere zu tiefster Erfüllung erwacht sind. Ich bin zu Füßen von Meditationsmeistern vedischer Weisheit gesessen und habe einige der machtvollsten Manifestationen dieser zeitlosen Lehren erlebt. Ich habe meine tägliche Übung zum Eckpfeiler meines Tages gemacht. Und ich habe im eigenen Sein einen erhebenden Gezeitenwechsel erlebt und einen transformatorischen roten Faden in jedem Tag. Meine Schüler erzählen mir, dass sie eine natürliche Entfaltung tieferen Mitgefühls für die Leute in ihrem Leben erfahren, eine größere Klarheit über das Leben im Allgemeinen, eine universalere Perspektive, die jeden ihrer Gedanken durchwebt, sowie eine kontinuierliche Wandlung in ihrer Perspektive auf unser Leben und unsere Existenz. Meine Hoffnung und Intention ist es, auf den Seiten dieses Buches ebendiese Transformation mit Ihnen zu teilen. Und das alles beginnt mit der Meditationspraxis.

Kapitel 2
Was ist Meditation und warum sollte ich mich darum kümmern?

»Frag nicht, was die Welt braucht. Frag, was dich lebendig macht, und mach das. Denn das, was die Welt am meisten braucht, sind Leute, die leben.«

HOWARD THURMAN

Seit Tausenden von Jahren benutzen die Menschen die unterschiedlichsten Techniken, um ihren Geist in einen stilleren Zustand zu versetzen. Abhängig davon, wo auf der Welt sie gelebt haben und was in ihrer Kultur und Gesellschaft gefördert wurde, haben die Menschen eine außerordentlich reiche Bandbreite von Übungen hervorgebracht, die über den normalen Wachzustand hinausgehen und das Bewusstsein erweitern sollen. Je nachdem, welche Kultur und religiöse Orientierung vorherrschen, können diese ritualisierten Praktiken Singen, Atmen, ekstatisches Tanzen, heilende Berührungen, das Hören von Musik, Liebemachen, visuelle Stimulation, Aromatherapie und sogar das Herumkauen auf Schokolade beinhalten. Jede Technik ist speziell dazu entwickelt, den Geist von seinem momentanen, aktiven Zustand in einen solchen der Achtsamkeit und des Bezeugens des gegenwärtigen Augenblicks zu überführen.

Sie haben bereits öfter Phänomene der Achtsamkeit und des Bezeugens des gegenwärtigen Augenblicks in Ihrem Leben erfahren, aber vielleicht ist es Ihnen nicht aufgefallen. Das sind Ihre Augenblicke in der »Ruhezone.« Es ist der Moment in der Achterbahn, wo Sie aus voller Kehle schreien, weil sich Ihr Körper in die Tiefe dem sicheren Tod entgegenstürzt – oder wenn Sie Sport treiben und jeder Schuss, jede Bewegung, die sie machen, perfekt ist. Es sind die Momente, wo Sie eine wichtige Präsentation durchführen und, statt irgendein auswendig gelerntes Skriptum vorzutragen, plötzlich die genau richtigen Worte in einem mühelosen Fluss referieren. Es sind die Momente, wo Sie die perfekte Sache im perfekten Moment sagen oder tun, das brillanteste Essen kochen, als wären Sie ein Meisterkoch, leidenschaftlich lieben … mit ihrem Partner verschmelzen und sich der Wonne des Orgasmus überlassen. Es ist die Erfahrung, in Ihrem Hinterhof zu gärtnern, ganz in das Aroma des Erdbodens versunken zu sein, die lebhaften Farben in jedem Blütenblatt, die Schönheit des Moments und die Textur der Erde, der Pflanzen und Blumen zu sehen, sodass die Zeit stillzustehen scheint. Und es ist die reine Freude, so hysterisch zu lachen, dass Ihr Bauch sich zu verkrampfen anfängt. All das sind Zustände der Achtsamkeit und des Bezeugens des gegenwärtigen Moments, wenn wir nicht für einen Augenblick an die Vergangenheit und nicht eine Sekunde in die Zukunft denken.

Wenn wir Achtsamkeit auf den gegenwärtigen Moment in einem Zustand ausgeruhter Wachheit erleben, dann erfahren wir dieselbe Ruhezone, die wir auch in tiefer Meditation erleben können … reines, unbeschränktes Bewusstsein … das Reich ohne Gedanken, Geräusche und Eindrücke. Wenn Sie sich in diesem Raum befinden, dann haben Sie sich im Wesentlichen von allen Dingen in Ihrer Welt gelöst, die ins Reich der Aktivität gehören. In der Sprache vieler Meditierender bezeichnet man dies als das

Anzapfen des Zwischenraums zwischen den Gedanken – der Lücke, die geschwängert ist mit reinem Potenzial und unendlichen Möglichkeiten.

Wenn Sie eine beständige tägliche Meditationspraxis haben, beginnen Sie – statt nur sporadische Eindrücke der Wonne der Achtsamkeit auf den gegenwärtigen Moment zu haben –, die Wonne immer stärker in Ihrem täglichen Leben zu erfahren. Wenn Sie regelmäßig meditieren, beginnt sich eine physiologische Veränderung zu vollziehen, die mit der Wiederholung der Übung tiefer, stärker und profunder wird. So, wie wenn man einen Muskel im Körper aufbaut, ist auch die Meditation eine Übung, die mit der Zeit Ihre gesamte Physiologie verändert. Diese Veränderung ist zuerst subtil, aber während sich dieser Prozess physischer und emotionaler Erweichung vollzieht, beginnen Sie, das Leben auf neue, erweiterte Art zu betrachten. Das Leben nimmt eine andere Färbung an … eine tiefere Bedeutung … ein umfassenderes Verstehen, das jede Zelle Ihres Körpers durchdringt. Die Achtsamkeit auf den gegenwärtigen Augenblick, die Sie beim Meditieren erfahren, beginnt, jeden Gedanken zu durchströmen, jede Konversation, jeden Tastenschlag und jeden Atemzug. In alten wie in modernen Schriften über die Veränderung, Verlagerung oder Transformation der Aufmerksamkeit – diesen Raum des *Seins* – wurde diese mit vielen Namen bezeichnet, darunter Erleuchtung, Transzendenz, Erwachen, Satori, das Aha-Erlebnis, Brahman, Verzückung, Wonne, das Sein in der Lücke, astrale Projektion, die Rückanbindung an die Quelle, *turiya*, Fernwahrnehmung, bezeugendes Bewusstsein, *bhagavan* oder *brahmi chetana*, kosmisches Bewusstsein, Gottes- oder Christusbewusstsein, im Jetzt sein, *atma darshan* (die Seele erblicken), Einheit, *ananda* und *samadhi*.

Und wenn Sie weder in sich noch außerhalb Ihrer Aktivität wahrnehmen, öffnen Sie sich tatsächlich dem Reich des erweiterten Bewusstseins und einer größeren Gefühlstiefe, darunter erhöhter Kreativität, Intuition, persönlichem Wachstum, Mitgefühl, subtiler Ermächtigung, Vergebung und Geistesfrieden. Ob diese Stille jetzt eine Zehntelsekunde dauert, zehn Sekunden oder zehn Minuten, ist unwichtig. Die Stille zu berühren, selbst in kleinen Dosen, erlaubt es Ihnen, sich mit Ihrem unkonditionierten Selbst zu verbinden, mit Ihrer Quelle.

Wer meditiert noch?

Es bedarf nur einer einzigen Meditation, und schon gehören Sie zu den Rängen der Millionen von Menschen auf der ganzen Welt, die Meditation für eine zentrierende Übung in ihrem Leben und etwas halten, was sie tiefer mit ihrem inneren Licht in Verbindung bringt. Neben Deepak Chopra, David Simon und zahlreichen anderen Ermächtigungslehrern – wie Jean Houstan, Oprah Winfrey, Wayne Dyer, Louise Hay, Eckhart Tolle, Neale Donald Walsch, Marianne Williamson und Anthony Robbins – haben folgende Menschen die Wichtigkeit der Meditation für ihr Leben anerkannt. Manche von ihnen waren meine Lehrer, manche meine Schüler und andere einfach nur berühmte Meditierende. Wir alle sind Teil desselben Flusses, des Gewebes des kollektiven Bewusstseins.

Jennifer Anniston, Sean Astin, Aung San Suu Kyi, Orlando Bloom, The Boston Buddha, Kate Bosworth, Russel Brand, der Buddha, Gerard Butler, Jack Canfield, Kyle Cease, Beth Nielson Chapman, Pema Chödrön, Leonard Cohen, Sheryl Crowe, seine Heiligkeit, der Dalai Lama, Ram Dass, Laura Dern Donovan, Ralph Waldo Emerson, Mia Farrow, Patrick Flanagan, Benjamin Franklin, Mahatma Gandhi, Richard Gere, Billy Gibbons, Sri Yukteswar Giri, Al Gore, Tipper Gore, Heather Graham, Ariana Grande, Tara Guber, Herbie Hancock, Thich Nhat Hanh, George Harrison, Goldie Hawn, Phil Jackson, Kathy Jarvis, Jon Kabat-Zinn, Andy Kaufman, Anthony Kiedis, Konfuzius, Jack Kornfield, J. Krishnamurti, Lao-Tse, John Lennon, Annie Lennox, David Lynch, Madonna, Ricky Martin, Miten, Moby,

Alanis Morissette, Caroline Myss, Joel Osteen, Dr. Mehmet Oz, Gwyneth Paltrow, Patanjali, Ezra Pound, Deva Premal, Rick Rubin, Meg Ryan, Susan Sarandon, Steven Seagal, Jerry Seinfeld, Swami Sivananda, Howard Stern, Dave Stewart, Sting, St. Teresia v. Avila, Henry David Thoreau, Tina Turner, Shania Twain, Alan Watts, Ken Wilber, Tal Wilkenfield, Tiger Woods, Stevie Wonder und Paramahansa Yogananda.

Natürlich muss man keine Berühmtheit sein oder einen Guru (d. h. einen anderen als sich selbst) haben, um eine solide und erfüllende Meditationspraxis zu haben. Man kann davon ausgehen, dass, wenn all diese berühmten Leute meditieren, die Chancen gut stehen, dass sie viele Charakteristika von Leuten teilen, die Balance suchen, Ganzheit, Heilung, Wellness und die besten Aspekte des Menschen, der sie sind … ihr erwachtestes und göttlichstes Selbst.

Ihre Geschichte

Gehen Sie zurück zum Zeitpunkt Ihrer Geburt. Wahrscheinlich erinnern Sie sich nicht, aber ungefähr so lief sie ab: Sie kamen rein, ganz, unkonditioniert und perfekt aus dem Schoß Ihrer Mutter – ohne irdische Konditionierung. Vielleicht hat Ihnen der Doktor einen leichten Klaps auf den Hintern gegeben, und von diesem Zeitpunkt an hat jede Erfahrung und jedes Wesen, das Ihre Welt berührt hat – Doktoren, Krankenschwestern, Eltern, Geschwister, beste Freunde, Partner, Verflossene, Lehrer, Schulkameraden, Studenten, religiöse Führer, Liebhaber, geschiedene Ehepartner, Freunde, geliebte Menschen, Chefs, Mitarbeiter, Leute, denen Sie nur einmal begegnen, sogar die Dame an der Theke, die Ihnen Ihren Morgenkaffee verkauft –, Sie immer mehr mit Botschaften und Eindrücken zugeschüttet. Wie die immer weiter wachsenden Schichten einer Zwiebel haben Sie mit Konditionierung, Verstärkung und neuem Wachstum reagiert … und den reinen, ganzen, brillanten Diamanten im Zentrum überdeckt und sich mit einer Fassade emotionaler und physischer Konditionierung beeinflusst, geformt und zugedeckt.

Und hier sind Sie heute. Es ist ein paar Jahre später und ein paar Millionen Lichtjahre von diesem Augenblick der Unschuld, Reinheit, Ganzheit und Vollkommenheit entfernt, als das Licht der Welt das erste Mal in Ihre Augen fiel. Aber durch die Meditationspraxis – jedes Mal, wenn Sie sich mit dem natürlichen Zustand der Stille und Ruhe verbinden – ziehen Sie die Schichten der Konditionierung ab und verbinden sich erneut mit der brillanten Quelle, tauchen Ihre Zehen in sie ein – tauchen Ihren Finger in diesen reinen, unbegrenzten, erleuchteten Aspekt Ihrer selbst.

Das Großartige an der Meditation ist nicht so sehr die Erfahrung während der Übung selbst, sondern die Tatsache, dass Sie jedes Mal, wenn Sie meditieren, mehr Schichten der Konditionierung wegziehen und dem Strahlen des Diamanten im Inneren näher kommen und einen Fingerhut voll, einen Teelöffel voll, eine Pipette voll von dem, was im Kern Ihres Wesens liegt, in Ihr Leben mit zurückbringen – rein, ganz, still, ruhig, unkonditioniert, lichterfüllt, unbegrenzt, universal, verbunden mit dem kollektiven Bewusstsein, in dem Sie nicht einfach Sie selbst sind, sondern eins mit allen und allem. Sie sind die Einheit.

Das klingt jetzt vielleicht ein wenig abschreckend. Vielleicht wollten Sie einfach nur lernen, wie man eine Nacht durchschläft, weniger Stress hat, sein Gleichgewicht findet, leichter atmet, seinen Blutdruck senkt und ein friedlicheres Leben führt. Sie werden all das bekommen … und noch so viel mehr, einfach nur, indem Sie sich einer täglichen Meditationspraxis öffnen. Eine regelmäßige Meditationspraxis zu entwickeln wird Ihnen äußerst schnell beobachtbare physische und emotionale Vorteile bringen. Aber Meditation ist nicht, als ob man eine Valiumtablette nimmt; Sie meditieren, damit das Bedürfnis nach einem Beruhigungsmittel gar nicht mehr aufkommt. Ihre Ruhe fängt vor dem Sturm an und hält Sie zentriert, selbst dann noch, wenn die Winde des

Chaos Sie umwehen. Und dieses Gefühl bleibenden Friedens kann sich sehr schnell entwickeln. Die Meditation kann anfangs Ihre physische Gesundheit verbessern, Ihr emotionales Wohlbefinden und Ihre Verbindung mit Ihrer allerersten Erfahrung. Aber Sie wird Ihnen auch ein Reich der Selbstwahrnehmung und des höheren Bewusstseins erschließen, das Sie besser mit den universalen und göttlichen Aspekten Ihrer selbst in Berührung bringt.

Ihre Erwartungen erforschen

Vor jeder Stunde, die ich gebe, bitte ich jeden Meditationsschüler zu sagen, warum er meditieren lernen möchte … was er zu erfahren hofft. Warum haben Sie sich entschieden, sich auf diesen Weg zu machen? Hier eine Liste der Top 20 Erwartungen und Sehnsüchte, die meine Schüler mir über die Jahr mitgeteilt haben:

1. Geistesfrieden
2. Weniger Stress
3. Die Welt verlangsamen und meine Gedanken anhalten
4. Größere Klarheit oder Intuition
5. Weniger Angst
6. Niedrigerer Blutdruck
7. Leichter atmen
8. Erleuchtung
9. Tiefere Verbindung mit der Quelle / dem Selbst / dem Geist / dem Göttlichen
10. Emotionale Heilung und Freiheit
11. Kreativität wecken
12. Den Sturm beruhigen
13. Das Gefühl des Überfordertseins loswerden
14. Erholsamerer Schlaf
15. Glück
16. Tiefere, liebevollere Beziehungen
17. Das Immunsystem stärken

18. Den Schmerz lindern
19. Die Fähigkeit, zu entspannen, kultivieren
20. Sich selbst stärken

Gibt es irgendwelche Wünsche auf dieser Liste, die mit Ihren resonieren? Gibt es irgendetwas, von dem Sie gern mehr in Ihrem Leben hätten? Oder weniger? Sie können es erschaffen. Meditation kann Ihnen helfen, alles auf dieser Liste zu erleben, Ihre tiefsten Wünsche. Alles, was erforderlich ist, ist tägliches Üben. Und ich kann Ihnen guten Gewissens versichern, dass schon innerhalb von ein paar Tagen Ihr Leben und das Leben der Menschen um Sie herum in jedem Augenblick auf jeder Ebene davon profitieren wird, dass Sie sich diese sanfte Praxis zu eigen machen.

Was ist der Grund, dass Sie sich eine tägliche Meditationspraxis zu eigen machen wollen? Was ist *Ihre* Erwartung? Schreiben Sie sie gleich jetzt mit Datum auf die »Meine Intentionen« - Seite dieses Buches. Wenn Sie in einem Monat oder zwei wieder darauf schauen, werden Sie sehen, dass Sie die Antwort auf diesen Wunsch in Ihr Leben manifestiert haben. Ich empfehle auch, dass Sie anfangen, ein Tagebuch zu führen oder sich Anmerkungen in diesem Buch zu machen, so dass Sie über Ihre Praxis reflektieren können, wenn Sie nicht lesen. Versuchen Sie es für 30 Tage und schauen Sie, wie sich Ihr Leben entwickelt.

Erste Schritte

Sie haben genau jetzt alles, was Sie zum Meditieren brauchen, also legen wir los. Finden Sie zunächst einen bequemen Platz, wo Sie sich hinsetzen können – einen Stuhl oder eine Couch, auf dem Boden, auf einer Parkbank – jeder Platz geht, wo Sie relativ ungestört von externen Aktivitäten sind.

Sobald Sie den Platz gefunden haben, machen Sie es sich bequem, entspannen Sie sich und werden Sie sich einfach nur Ihrer Atmung bewusst. Atmen Sie nicht anders als sonst ... erlauben Sie es einfach nur Ihrer Aufmerksamkeit, sich auf die Atmung zu richten.

Wenn Sie diese Worte lesen, spüren Sie, wie die Luft in Sie hinein- und wieder hinausströmt. Fühlen Sie, wie Ihre Lungen sich dehnen und sich wieder entspannen, fühlen Sie, wie sich Ihre Brust hebt und senkt. Schließen Sie jetzt Ihren Mund und atmen Sie sanft nur noch durch die Nase ein und aus. Fühlen Sie, wie sich Ihr Bauch füllt, wenn Sie einatmen. Fühlen Sie, wie er loslässt, wenn Sie ausatmen. Tun Sie wiederum nichts, um bewusst Ihre Atmung zu verändern, außer den Mund zu schließen und durch die Nase ein- wie auszuatmen. Beobachten Sie für ungefähr eine Minute einfach nur Ihre Atmung ... seien Sie sich einfach nur Ihres Einatmens bewusst, halten Sie die Atmung für einen Augenblick in sich und atmen Sie für einen oder zwei Augenblicke aus, bevor Sie wieder einatmen.

Wenn Sie atmen, dann machen Sie sich im Stillen klar: *Ich atme ein, ich halte den Atem, ich atme aus, ich halte den Atem.* Halten Sie diese Aufmerksamkeit über die nächsten paar Minuten aufrecht.

Werden Sie sich nun Ihres physischen Körpers bewusst ... wie fühlt er sich an? Ist Ihnen heiß oder kalt? Sind Sie angespannt oder entspannt? Tun Teile Ihres Körpers weh und gibt es andere Teile, die Sie jetzt nicht mal fühlen? Achten Sie darauf, wenn Ihre Aufmerksamkeit über unterschiedliche Bereiche Ihres Körpers driftet, wie Sie sich Ihrer Physiologie bewusster werden. Lassen wir jetzt unsere Waden kribbeln. Fühlen Sie die Spitzen Ihrer Nasenlöcher, ohne sie zu berühren. Werden Sie sich Ihrer Lippen bewusst. Ist es nicht witzig, wie unsere Aufmerksamkeit wirklich unsere Erfahrungen diktiert?

⌒

Schauen Sie sich jetzt Ihre Hände an. Schauen Sie sich Ihre Handflächen an. Lassen Sie sie auf Ihren Oberschenkeln ruhen und fühlen Sie, wie sie lebendig werden. Aus den Augen, aus dem Sinn … Aber sobald Sie die Augen auf etwas richten, ist diese Sache auch in Ihrem Geist lebendig. Richten Sie Ihre Aufmerksamkeit jetzt auf das Blut, das durch Ihre Hände pulsiert. Halten Sie die Konzentration auf Ihren Handflächen. Fühlen Sie, wie sie sich in der Mitte erwärmen.

Die Energie fließt dorthin, wohin Sie Ihre Aufmerksamkeit richten. Ist Ihnen klar, wie Ihr Geist anfängt, Ihre Erfahrungen zu interpretieren, sobald Sie sich einer Sache bewusst werden? Fällt Ihnen auf, wie Ihr Geist ständig definieren, labeln, kategorisieren oder Sinnzuschreibungen vornehmen will? Sehen Sie, wie Ihre Aufmerksamkeit auch mit Ihrem Körper verbunden ist?

Gehen Sie jetzt mit Ihrer Aufmerksamkeit über Ihre Hände hinaus in Ihre Füße. Fangen Sie rechts an. Beugen Sie Ihren rechten Fuß, wackeln Sie ein bisschen damit. Kreisen Sie für ein paar Momente den Knöchel. Entspannen Sie jetzt Ihren Fuß. Fühlen Sie jeden Zeh, während Sie Ihre Aufmerksamkeit vom einen zum nächsten wandern lassen, dann von einer Seite des Fußes auf die andere. Fühlen Sie den Fluss der Aufmerksamkeit von Ihren Zehen hinunter in die Fußsohle strömen und dann in die Ferse. Richten Sie Ihre Aufmerksamkeit dann wieder langsam die Wade hinauf, bis Sie mit Ihrem geistigen Auge an Ihrem Knie ankommen. Atmen Sie jetzt sanft ein und aus und massieren Sie – nur im Geist – Ihre Kniescheibe in einer kreisförmigen Bewegung und gehen Sie nach hinten, auf die Rückseite Ihres Knie. Gehen Sie jetzt die rechte Kniesehne hoch und fühlen Sie energetisch die Vorderseite Ihres Oberschenkels, ohne sie zu berühren. Lassen Sie ein entspanntes Gefühl von der Oberseite Ihres Oberschenkels ausströmen. Atmen Sie langsam ein und halten Sie die Aufmerksamkeit dabei weiter auf Ihrem Oberschenkel. Fühlen Sie ihn. Schließen Sie die Augen für ein paar Sekunden und atmen Sie ganz ruhig. Fühlen Sie es. Fühlen Sie all die Eindrücke und Interpretationen, die Sie jetzt in Ihrem rechten Bein erleben.

Richten Sie jetzt Ihre Aufmerksamkeit auf Ihren linken Fuß. Beugen Sie ihn. Wackeln Sie ein bisschen damit. Kreisen Sie den Knöchel für ein paar Sekunden. Entspannen Sie den linken Fuß und fühlen Sie jeden Zeh, während Sie Ihre Aufmerksamkeit vom einen zum nächsten wandern lassen, dann von einer Seite des Fußes auf die andere. Fühlen Sie den Fluss der Aufmerksamkeit von Ihren Zehen hinunter in die linke Fußsohle strömen und dann in die Ferse. Fühlen Sie jetzt, wie er langsam die Wade hinaufwandert, bis Sie mit Ihrem geistigen Auge an Ihrem Knie ankommen. Atmen Sie jetzt sanft ein und aus und massieren Sie – nur im Geist – Ihre Kniescheibe in einer kreis-förmigen Bewegung und gehen Sie nach hinten, auf die Rückseite Ihres Knies. Gehen Sie jetzt sanft mit Ihrer Aufmerksamkeit die linke Kniesehne hoch und fühlen Sie energetisch die Vorderseite Ihres Oberschenkels, ohne sie zu berühren. Lassen Sie ein entspanntes Gefühl von der Oberseite Ihres Oberschenkels ausströmen. Atmen Sie langsam ein und halten Sie die Aufmerksamkeit dabei weiter auf Ihrem linken Oberschenkel. Fühlen Sie ihn. Schließen Sie die Augen für ein paar Sekunden und atmen Sie ganz ruhig. Fühlen Sie es. Fühlen Sie all die Eindrücke und Interpretationen, die Sie jetzt in Ihrem rechten Bein erleben.

Richten Sie jetzt Ihre Aufmerksamkeit auf Ihre beiden Füße. Wackeln Sie damit. Kreisen Sie beide Fußgelenke ein paarmal. Entspannen Sie jetzt die Füße und lassen Sie sie mit dem Boden verschmelzen. Fühlen Sie jetzt jeden Zeh an beiden Füßen, während Sie Ihre Aufmerksamkeit von einem zum nächsten fließen lassen und dann von einer Seite des Fußes zur nächsten. Fühlen Sie, wie der Fluss Ihrer Aufmerksamkeit die Sohlen Ihre Füße entlang in die Fersen hinabwandert. Denken Sie daran, weiterzuatmen, während Sie zu jedem Ihrer Körperteile zurückdriften. Fühlen Sie dann, wie Ihre Aufmerksamkeit langsam die Rückseite Ihrer Waden hinauffließt, bis Sie mit Ihrem geistigen Auge bei den Knien ankommen. Massieren Sie jetzt die Kniescheiben mit kreisförmigen Bewegungen allein mit Ihrem geistigen Auge und atmen Sie weiter ein und aus, dann gehen Sie zur Rückseite Ihrer Knie. Bewegen Sie jetzt Ihre Aufmerksamkeit langsam die Kniesehnen hinauf und fühlen Sie energetisch die Vorderseite Ihrer Oberschenkel, ohne sie zu berühren. Lassen Sie von der Oberseite Ihrer Oberschenkel ein entspannendes Gefühl ausströmen. Atmen Sie langsam ein, während Sie die Aufmerksamkeit auf Ihre Oberschenkel gerichtet halten. Fühlen Sie die Energie in Ihren Oberschenkeln. Bleiben Sie ein paar Minuten so sitzen und atmen Sie sanft. Fühlen Sie es.

Richten Sie jetzt Ihre Aufmerksamkeit auf Ihr Becken. Sitzen Sie einfach nur für ein paar Momente mit diesem Gefühl; beobachten Sie einfach nur, wie Sie Ihre Aufmerksamkeit auf Ihr Becken richten. Fühlen Sie, wie das Blut in die Beckenregion ein- und ausströmt. Fühlen Sie, wie jedes Unwohlsein, das Sie vielleicht spüren, leichter wird, während Sie beobachten, wie der Bereich von der Oberseite

Ihrer Oberschenkel bis zu Ihrem Bauchnabel durch die Aufmerksamkeit, die Sie auf Ihr Becken richten, vitaler und wärmer wird. Sitzen Sie mit geschlossenen Augen für ein paar Momente und erleben Sie dieses Gefühl.

Lassen Sie jetzt Ihre Aufmerksamkeit in Ihren Bauch driften. Fühlen Sie, wie das Blut in Ihren Bauch strömt. Merken Sie, wie schon eine subtile Verlagerung Ihrer Aufmerksamkeit tatsächlich einen verstärkten Blutfluss und andere physiologische Veränderungen in diesen Bereichen hervorbringt? Fühlen Sie, wie das Blut entgegen der Schwerkraft von Ihrem Becken in Ihren Bauch fließt.

Indem Sie einfach nur Ihre untere Körperhälfte mit Ihrem Geist erweckt haben, haben Sie sich all diese Körperbereiche zu Bewusstsein gebracht. Vor wenigen Augenblicken war Ihre Aufmerksamkeit noch auf das Lesen gerichtet. Die Energie fließt dorthin, wohin sich die Aufmerksamkeit richtet. Interessant, nicht wahr?

Schauen Sie jetzt einmal, ob Sie mit Ihrer Atmung sanft vom Bauch aufwärts den Rumpf hinaufgehen und Ihre Aufmerksamkeit dorthin richten können, zu Ihrem Herzen. Fühlen Sie, wie das Kraftzentrum Ihres physischen Körpers sich öffnet und voller wird. Achten Sie darauf, dass Sie jetzt gerade tiefer atmen können als vorher. Ihr Rippenbogen kann sich mit jedem Einatmen mehr weiten. Sobald Sie sich in diesem Körperbereich wirklich erfüllt fühlen, atmen Sie wieder ein und gehen Sie beim Ausatmen sogar noch höher Ihren Brustkorb hinauf. Atmen Sie ein und ziehen Sie die Energie aus dem Bereich unter dem Herzen in den Bereich um das Herz; erleben Sie dieses Gefühl in Ihrem Brustkorb. Sitzen Sie damit für ein paar Minuten. Fühlen Sie, wie sich Ihr Herz mit Liebe füllt. Mit

Dankbarkeit. Mit Mitgefühl. Mit Vergebung. Mit Freude.
Achten Sie darauf, wie sich dabei … ein Lächeln auf Ihrem
Gesicht breitmacht.

Stoßen Sie jetzt sogar noch weiter nach oben vor, während
Sie einatmen. Sie erleben in diesem Moment Achtsamkeit
auf den gegenwärtigen Moment. Während sich Ihre Achtsamkeit entfaltet, sind Sie da, in diesem Moment. Sie denken nicht über die Vergangenheit nach … Sie denken nicht
über die Zukunft nach. Sie sind völlig präsent. Total hier.
Ganz im Jetzt.

Heben Sie jetzt Ihre Augen von der Seite, nachdem Sie
die Anweisungen gelesen haben. Sehen Sie sich um und
nehmen Sie all das in sich auf, was Ihre Augen sehen. Urteilen Sie nicht, nehmen Sie einfach nur wahr … so wie
eine Videokamera alles, was sie sieht, nur im reinen Wahr-
nehmungsmodus absorbiert. Nehmen Sie die Farben
wahr; sehen Sie die Tiefe und die Schattierung von allem
um Sie her. Die Formen … die Distanzen zwischen den
Objekten, die Schatten, wie das Licht fällt, ihre Dichte.
Bleiben Sie einfach nur eine oder zwei Minuten dabei,
während Sie alle diese Wellen und Lichtpartikel empfangen, in Bedeutung verwandeln.

Was hören Sie in diesem Moment? Sind Geräusche um
Sie herum? Musik? Naturgeräusche? Die Geräusche einer
geschäftigen Welt? Irgendwelche internen Geräusche,
zum Beispiel Ihr knurrender Magen? Oder Ihre Atemge-
räusche?

Denken Sie daran, weiter durch die Nase zu atmen,
während sich Ihre Aufmerksamkeit verdichtet. Sind Sie
sich irgendwelcher Düfte bewusst? Wie riecht Ihre Umgebung?
Atmen Sie weiter und richten Sie Ihre Aufmerksam-

keit auf irgendeinen Körperteil, der sich schwer oder angespannt anfühlt. Es könnte Ihr Herz sein, Ihr Bauch, die
Schläfen, der Rücken, die Beine, Arme, Kehle oder irgendein anderer Bereich. Tun Sie nichts, als Ihre Aufmerksamkeit an diesen Platz driften zu lassen und sich zu fragen,
wie sich das anfühlt. Atmen Sie jetzt – mit Ihrer Aufmerksamkeit zutiefst auf diesen Ort gerichtet – tief ein und zählen Sie bis drei. Und dann atmen Sie langsam aus und richten Sie die Aufmerksamkeit noch mehr auf diesen Bereich.
Wiederholen wir das.

Atmen Sie jetzt langsam dreimal mit geschlossenen Augen ein und aus. Ich warte auf Sie.

Wie hat sich die Erfahrung mit geschlossenen Augen verändert? Haben Sie einen Unterschied gefühlt? Sind Sie
sich Ihrer Gedanken bewusst geworden? Haben Sie mehr
oder weniger gedacht? Haben Sie sich hinter Ihren Augen-
lidern Ihre Umgebung vorgestellt? Sind Ihre anderen Sinne
wacher geworden? Haben Sie besser gehört? Sich tiefer
entspannt? Ist es Ihnen angenehm vorgekommen oder hat
es sich irgendwie merkwürdig angefühlt?

Und wie fühlt sich der Körperbereich, auf den Sie sich
konzentriert haben, jetzt an? Ist er etwas lockerer, gelöster,
offener? Wenn Sie sich diese Frage zu beantworten beginnen, driftet Ihr Geist in die Vergangenheit. Aber das Jetzt-
Bewusstsein, das Sie noch vor ein paar Augenblicken erlebt haben, ist nun ein Teil Ihres Hier und Jetzt … in
diesem gegenwärtigen Moment. Eine tägliche Meditationspraxis kann Ihnen dies in viel größeren Dosierungen
auf einer beständigen Basis liefern. Stellen Sie sich vor, wie
nützlich das sein könnte.

Die Fortsetzung der Meditation:
Mit geschlossenen Augen

Die meisten Schulen der Meditation lehren die Übenden, ihre Augen zu schließen, sodass sie weniger Aktivität aus der Welt um sie her aufnehmen. Wir werden etwas später auch über visuelle Meditationen sprechen, aber für den Moment bereiten Sie sich darauf vor, die Augen wieder zu schließen. Wir werden hier für ein paar Momente unserem Atemgeräusch folgen, also machen Sie es sich bequem, atmen Sie sanft und machen Sie sich im Stillen klar: *Ich atme ein, ich halte den Atem, ich atme aus, ich halte den Atem. Ich atme ein...*

Während sich jeder Aspekt Ihrer Atmung ereignet, achten Sie auf ihn ... werden Sie Zeuge für ihn ... beobachten Sie ihn. Fühlen Sie die Hebung, die Senkung, das Ein, das Aus, die Pausen zwischen jedem Einatmen und Ausatmen ... und machen Sie das für ein paar Minuten. Wenn Sie in eine andere Erfahrung wegdriften – zum Beispiel Gedanken, Geräusche oder physische Eindrücke (und das wird Ihnen passieren) –, dann erinnern Sie sich sanft daran, Ihre Aufmerksamkeit wieder auf die Atmung zu richten, auf die Beobachtung *Ich atme ein, ich halte den Atem, ich atme aus, ich halte den Atem draußen.* Wenn Sie wollen, können Sie das auf *ein, halten, aus, halten* verkürzen. Aber sagen Sie das nicht einfach roboterartig vor sich hin; beobachten Sie wirklich jeden Teil Ihres Atems und erzählen Sie sie sich die Erfahrung, während Sie sie erleben.

Legen Sie jetzt das Buch hin und schließen Sie die Augen. Meditieren wir zusammen, indem wir für drei Minuten diese Atemtechnik benutzen. Sie müssen keineswegs selbst die Zeit nehmen, stellen Sie einfach eine Uhr vor sich oder schauen Sie auf Ihre Armbanduhr. Und natürlich haben Sie die Freiheit zu verlängern, wenn Ihnen danach ist.

Okay, ich schätze, Sie sind wieder da. Wie hat es sich angefühlt? Wie fühlen Sie sich jetzt? Irgendwelche Veränderungen? Beantworten Sie mit Bedacht folgende Fragen:

⊘ Ist Ihnen die Zeit länger oder kürzer vorgekommen, als sie eigentlich war? Hat es sich wie 20 Jahre angefühlt? Oder wie 20 Sekunden?

⊘ Waren Sie gelangweilt? Ruhelos? Zappelig?

⊘ Haben Sie sich zu irgendeinem Zeitpunkt entspannter gefühlt?

⊘ Haben Sie Lust bekommen, zur Ruhe zu kommen?

⊘ Sind Sie eingeschlafen?

⊘ Sind Sie sich Ihrer Gedanken bewusst geworden? Ihrer Emotionen? Ihres Körpers?

⊘ Haben Sie sich dabei ertappt, die Erfahrung zu beurteilen?

⊘ Haben Sie gespürt, wie eine Welle einer bestimmten Emotion oder eines physischen Gefühls über Sie gebrandet ist?

⊘ Haben Sie eine Trennung oder Unterbindung zwischen Ihrem Atmen und Ihrem Wiederholen von »Ein. Halten. Aus. Halten.« erlebt?

⊘ Ist Ihre Aufmerksamkeit zu irgendeinem Zeitpunkt von Ihrer Atmung abgeschweift? Haben Sie daran gedacht, Ihre Aufmerksamkeit sanft zu Ihrer Atmung zurückkehren zu lassen und Ihrem Atem zu folgen?

⊘ Hat es Sie frustriert? Haben Sie sich verirrt? Ist Ihnen etwas klarer geworden?

⊘ Haben Sie etwas mit Ihrem geistigen Auge gesehen?

⊘ Sind Ihnen irgendwelche bestimmten Gedanken, Geräusche oder physische Eindrücke aufgefallen, die Teil Ihrer Wahrnehmung geworden sind?

⊘ Haben Sie die Augen geöffnet, um auf die Uhr zu schauen oder Ihre Umgebung in den Blick zu nehmen?

⊘ Haben Sie irgendetwas gesehen oder gefühlt, das anders war als das, was Sie erwarteten? Haben Sie irgendwelche Unterschiede in Ihrer Aufmerksamkeit festgestellt, als Sie »Ich atme ein, ich halte den Atem, ich atme aus, ich halte den Atem« im Stillen wiederholt haben?

All diese Eindrücke, Emotionen, Gedanken, Geräusche und Erfahrungen sind Teil der Meditation – das Bewusstsein der Zeugenschaft. Sie haben tatsächlich gerade meditiert! Diese Art von Meditation wird als Atmungs-Achtsamkeitsmeditation bezeichnet, und Sie haben das soeben vollzogen. Was Sie erfahren haben, war tatsächlich genau das, was Sie erfahren sollten: zwischen Ihrer Atmung und den Gedanken hin und her driften, zwischen den Geräuschen und physischen Eindrücken. Und wenn Sie das zu einer täglichen Übung machen, beruhigt sich Ihr Geist und findet es weniger notwendig, sich auf Gedanken einzulassen.

Stellen Sie sich vor, dass Sie alle fünf Minuten eine SMS oder einen Telefonanruf bekommen würden und Ihr Klingelton auf ausnehmend laut gestellt wäre. Es würde Ihnen auffallen, wie beruhigend es ist, wenn Sie den Klingelton leiser stellen würden, selbst wenn die Anrufe weitergehen. Und wenn Sie dann den Klingelton auf lautlos stellen würden, dann würden Sie es nicht mehr merken, wären nicht mehr abgelenkt, ungestört. Letztlich würden Sie ruhig werden, sich wegen der Nachrichten, die reinkommen, weniger sorgen und stressen, denn sie würden Sie nicht ständig aufstören. Die Meditation hilft Ihnen, Ihren persönlichen Klingelton auf stumm zu schalten, um Sie von Ihren Gedanken und dem externen Gewusel des Lebens zu lösen. Sie nimmt Sie nicht aus diesem Leben heraus, sondern verbindet Sie auf tieferer Ebene damit.

Die Meditation erlaubt es Ihnen im Wesentlichen, sich tiefer ohne den frenetischen Ansturm Ihres Geistes und der externen Welt, die erbarmungslos nach Ihnen hackt, zu erleben. Alles, was Sie dachten, dass dort draußen herumwuselt, ist immer noch da. Aber jetzt sehen Sie es anders – universeller; Sie reagieren anders – bewusster. Es sind diese Momente, in denen sich Trans-

formation ereignet. Und wenn Sie tiefer ... und noch tiefer gehen
können ... so tief, dass es keine Welt, keinen Körper, kein Gar-
nichts mehr gibt, dann transzendieren Sie für einen Augenblick
... eine Sekunde ... eine Minute ... diesen zeitgebundenen Körper und gehen über diesen egobasierten Geist hinaus. Sie erleben
reines Einssein ... reines, unbegrenztes Bewusstsein ... unendliche Einheit. Die Erfahrung ist unbeschreiblich. Sie ist unerklär-
bar. Sie ist jenseits allen menschlichen Verstehens und der Fähigkeiten der Sprache, sie zu beschreiben. Wir benutzen Worte wie
Stille, Frieden oder *Ganzheit,* um zu beschreiben, was wir in der
Meditation erleben, selbst wenn es nur für einen Moment ist.
Aber Worte scheitern an diesem Reich des reinen, unbegrenzten
Bewusstseins. Nur die direkte Erfahrung der Nicht-Dualität ...
des Einsseins mit ... des Erfahrens der Einheit kann wirklich die
wahre Definition vermitteln.

Alles, was nötig ist, um große Veränderungen in Ihrem Leben
zu bewirken, ist, sich jeden Tag ein paar Pausen von dem beständigen, unausgesetzten Drängen des Reichs der Aktivität zu gönnen. Ich nenne es, eine »Hinein-Zeit nehmen«, ein Terminus, der
von Andy Kelley, dem »Boston Buddha«, geprägt worden ist,
einem Schüler von mir und starkem Meditationslehrer, der Kin-
dern in der Schule beibringt, wie sie sich mit der eigenen Stille
und Ruhe verbinden können. Die Veränderung beginnt mit dieser relativ mühelosen Übung, bei der wir subtil in die Stille ein-
führen, welche dann das Muster der unausgesetzten Aktivität
unterbricht. Das Ergebnis ist, dass plötzlich, inmitten der ganzen
Verstärkung der Aktivität eine kurze Veränderung auftritt ...
wirklich nur eine Millisekunde der Nichtaktivität. Und das hat
tiefe Konsequenzen.

Sie verbinden sich mit dieser Millisekunde der Stille und bringen sie mit in diese Welt ... in dieses Leben ... in jeden Gedanken ... in jeden Moment. Das ist die Größe der Meditation –
nicht, was während der Meditation geschieht, sondern das, was
in all den anderen Augenblicken Ihres Tages passiert. Es wird

Teil Ihres Seins und ist kumulativ; es baut sich mit jedem Sonnenuntergang und Sonnenaufgang, mit jeder Meditation, mit jedem
neuen Tag, mit jeder Konversation, mit jeder Person in Ihrem
Leben, mit jedem neuen Gedanken und mit jeder neuen Entscheidung weiter auf.

Kapitel 3
Vom Nutzen der Meditation

»Ihre Art zu leben wird nicht so sehr von dem bestimmt, was das Leben Ihnen bringt, wie von der Haltung, die Sie an das Leben herantragen; nicht so sehr von dem, was Ihnen passiert, als von der Art und Weise, wie Ihr Geist das Geschehene betrachtet.«

KAHLIL GIBRAN

Der physische, emotionale und spirituelle Wert der Meditation ist seit Tausenden von Jahren wohl dokumentiert. Wissenschaftler, Philosophen, spirituelle Menschen und religiöse Führer haben die Macht des bezeugenden Bewusstseins verkündet. Diese mögen es als tiefe Reflexion, Präsentsein, Kontemplation, Gebet, Meditation oder einfach nur Entspannung bezeichnen, aber es ist alles dasselbe – man trennt sich von der Aktivität in seinem Leben, das von Moment zu Moment abläuft, und driftet in den Raum zwischen unseren Gedanken. In den Yoga-Sutras, geschrieben irgendwann zwischen 200 v. Chr. und 200 n. Chr., definiert der Weise Pantanjali (der einen roten Faden schuf, dem die ganze Welt des Yoga folgen konnte) Meditation mit vier

Sanskrit-Worten: *yoga chitta vritti narodha*, was so viel bedeutet wie: »Einheit ist das progressive Beruhigen der Fluktuationen des Geistes.«

Während der ersten paar Tage, Wochen und Monate des täglichen Meditierens beginnt sich die beruhigende Wirkung dieser simplen Praktik auf ihr geistig-körperliches System in jeder Entscheidung auszudrücken, die Sie treffen (die Veränderung mag bei Ihnen so subtil ausfallen, dass Sie sie anfangs gar nicht sehen). Ihre Gedanken, Selektionen, Entscheidungen und täglichen Handlungen werden bewusster, führen zu mehr intuitiv bewusstem Verhalten. Dann realisieren Sie eines Tages, dass Sie eine erweiterte Perspektive gewonnen haben, ein tieferes Gefühl von Ruhe und erhöhte Klarheit … ja, größere Kreativität, höhere Anmut und Leichtigkeit. Sie realisieren, dass Sie mehr spontane richtige Entscheidungen treffen. Sie realisieren, dass Sie authentischer sind; es gibt eine größere Übereinstimmung zwischen dem, was Sie denken, was Sie sagen und was Sie tun. Die Welt dreht sich noch immer – und manchmal schneller denn je zuvor –, aber für Sie ist dieses Kreiseln verlangsamt, so wie Kurznachrichten, die mit einem kaum hörbaren Summen auf Ihrem Handy ankommen statt mit einem dröhnenden Klingelton.

Mit der Zeit übersetzt sich diese Bewegung von der Aktivität hin zur Ruhe in bewussteres Verhalten in den Perioden, wo Sie nicht meditieren (die anderen 23 Stunden oder so am Tag). Ihre Interaktionen mit der Welt verlagern sich immer müheloser von Reaktivität zu bewusstem Antworten, vom Reflex hin zur Reflexion, von Abwehrhaltungen hin zu Offenheit und von Drama hin zur Ruhe.

Und es gibt noch einen großen Bonus zu all diesen anderen nährenden Eigenschaften der Übung: Mit der Zeit beruhigt Sie die Meditation so weit, dass Sie das Leben mit einem tieferen Verständnis für Ihr wahres Selbst erfahren, was Ihnen die Tür für spirituelle Erkundungsreisen öffnen kann, für Verbindungen, Entdeckungen und Erfüllung. Auf diesem sogenannten spirituel-

len Weg können Sie wirklich Ihr unbegrenztes Selbst erleben …
Ihr unkonditioniertes Selbst … das unendliche »Ich«, das im
Zentrum dessen liegt, was Sie sind, unter Ihrem Körper und dieser weltlichen Gewandung von Titeln, Rollen, Masken, Ego und
den Komplexitäten dieses Lebens.

In Teil 2 dieses Buches gehen wir vielen Typen der Meditation
nach. Aber wenn Sie sich einfach nur auf 30 Minuten der Atmungsmeditation, wie wir sie im vorigen Kapitel dargestellt haben, beschränken würden, würden Sie schnell großartige, greifbare Veränderungen in Ihrer Physiologie, Ihrem emotionalen
Zustand, Selbstgefühl und Lebensgefühl wahrnehmen. Ihr irdischer Körper würde in größere Harmonie mit Ihrem kosmischen
Körper kommen. Vielleicht fühlen Sie es schon durch die kurze
Meditation, die wir miteinander geübt haben … und es wird
noch weitergehen. Und vielleicht haben Sie es auch überhaupt
nicht gefühlt. Egal, wie tief Ihr spirituelles Wesen ist, Sie werden
immer mehr die Fähigkeit ausbilden, sich in jedem Moment größeren Möglichkeiten zu öffnen, statt an denen zu kleben, auf die
Sie sich fixiert haben. Das führt zu einer universaleren, weniger
personalen Flugbahn in Ihrem Leben, Sie werden sich in jedem
Moment über Optionen klar werden, statt nur die Beschränkungen zu sehen, von denen Sie vorher glaubten, Sie würden ihnen
unterliegen.

Alles in Ihrem Leben wird reicher, wenn Sie erkennen, dass es
viele Möglichkeiten gibt, wie sich die Dinge entwickeln können,
und dass Ihr zuvor verengter Standpunkt lediglich dazu geführt
hat, dass Sie sich hilfloser gefühlt haben, während das Leben sich
entfaltete. Aber dieses Meditation genannte Werkzeug kann Ihnen den Schub geben, den Sie brauchen, um sich jeden Tag stark
zu fühlen, Klarheit zu finden und schließlich Ihren Geistesfrieden wiederzuerlangen.

Der Zweck einer spirituellen Reise ist es nicht, Ihren Geist zu
verändern; der Zweck ist, Ihren Geist zu *weiten,* sodass Sie in jedem Moment das wahre Potenzial in Ihrem Leben verstehen …

ein Selbst entdecken, das die Fähigkeit hat, mehr Möglichkeiten und erweiterte Standpunkte zu sehen – selbst die, die Ihrem entgegenstehen – und dann kreativ zu wählen … intuitiv … heilig.

Unser Gehirn entwickeln

Unterschiedliche Typen von Meditationsstilen führen Sie zu unterschiedlichen Orten. Manche beruhigen Sie in dem Moment, in dem Sie sich gerade befinden, andere beruhigen Sie danach, manche öffnen Sie, manche inspirieren Sie, manche entspannen Sie, manche erweitern Sie, manche transportieren Sie und manche führen Sie in ein Leben des Einsseins und der tieferen Erfüllung. Das mag angesichts der paar Minuten meditieren, die wir im letzten Kapitel erfahren haben, wie ein riesiger Sprung klingen, aber der klinische, wissenschaftliche Beweis der Macht der Meditation und 5000 Jahre von Zeugnissen dafür sollten Ihnen die Unterstützung geben, die Sie jetzt brauchen, um Ihre Entdeckungsreise fortzusetzen.

Über die letzten paar Jahre hinweg haben Tausende zwingender wissenschaftlicher Studien Beweise dafür gefunden, dass eine regelmäßige, konsistente Meditationspraxis ein breites Spektrum von heilenden Aspekten bieten kann. Wenn man eine simple Internetsuche nach den Worten *meditation studies* durchführt, bekommt man mehr als 7 000 000 Suchergebnisse und mehr als 2 000 Forschungsveröffentlichungen, die Beweise liefern, dass es sich bei der Meditation um ein mächtiges Werkzeug zur Verbesserung von Stressmanagement, Schmerzlinderung, gesundem Schlaf, kognitiver Funktionen und physischem und emotionalem Wohlgefühl handelt. Diese Daten beinhalten Hunderte klinischer Studien, die von den Wissenschafts- und Medizinabteilungen größerer Universitäten durchgeführt wurden, Forschungsberichte in so ehrwürdigen Quellen wie *The Journal of the American Medical Association (JAMA)* und *The New England Journal of Medicine* sowie Sonderbeiträgen in populäreren Publikationen wie *The Wall Street Journal* bis hin zum *Time Magazine* und der *New York Times*.

In der Ausgabe vom 30. 01. 2011 von *Psychiatry Research: Neuroimaging* berichteten die Massachusetts General und die University of Massachusetts Medical School Ergebnisse einer klinischen Studie, die bewies, dass Meditation unser Gehirn transformieren kann. Unter Verwendung von MRI Gehirnscans zu Beginn und zum Ende eines achtwöchigen Versuchs entdeckten Wissenschaftler, dass jedes von 16 Testsubjekten, die jeden Tag 30 Minuten meditiert hatten, tatsächliche Veränderungen in der physischen Struktur seines Gehirns zu verzeichnen hatte. Innerhalb von 56 Tagen zeigte das MRI jedes Testsubjekts eine Zunahme der grauen Substanz im Hippocampus (dem Teil unseres Gehirns, der für Lernen, räumliches Orientierungsvermögen und Erinnerung zuständig ist) an und eine Reduktion der grauen Substanz in der Amygdala (dem Zentrum des Gehirns für Angst, Stress und Aufregung). In weniger als zwei Monaten kann das Gehirn seine physische Struktur verändern, die Art seiner Vernetzung – alles durch das tägliche Üben für 30 Minuten.

Eine aktuelle Studie der Gehirnwellen von Dr. Richard K. Davidson an der University of Wisconsin testete meditierende Mönche und nicht meditierende Freiwillige auf ihre Reaktionen auf Schmerz und die Androhung von Schmerz. Dr. Davidson sprach im Februar 2012 auf der Sages and Scientists Konferenz ausführlich über diese Studie. Ich will seine Ausführungen folgendermaßen zusammenfassen: Er beobachtete die Schmerzzentren des Gehirns, während er einen erhitzten Applikator mit den Armen der Testsubjekte in Berührung brachte. Da die Hitze direkt auf die Haut ausgeübt wurde, reagierten alle Testsubjekte ähnlich. Als man den Testsubjekten stattdessen sagte, der Schmerz würde in zehn Sekunden bei ihnen ausgelöst werden, reagierten die Schmerzzentren der Nicht Meditierenden sofort, während die der Meditierenden nicht reagierten, bis der Schmerz zehn Sekunden später tatsächlich zugefügt wurde. Was lässt sich hieraus lernen? Die nichtmeditierende Welt reagiert zuerst auf die Andeutung oder Projektion von Schmerz in der Zukunft und reagiert, als würde man den Schmerz bereits erleben. Die Meditierenden blieben länger im gegenwärtigen Moment und *fühlten* den Schmerz nicht tatsächlich, wenn die Androhung von Schmerz ausgesprochen wurde.

Ich finde, diese Studie liefert ausnehmend tiefe Einsichten darüber, dass wir das Leiden in unserem Leben beseitigen oder reduzieren können, wenn wir uns nicht in die Zukunft projizieren und potenzielles Leiden künstlich herstellen. Und doch spielt sich der Großteil unseres Lebens in der Zukunft ab, indem sich unsere Hoffnungen, Träume, Wünsche und Bedürfnisse zu Erwartungen verweben und wir so auf noch unwirkliche Szenarien reagieren, als wären wir Hellseher.

Schließlich, nach Tausenden von Jahren des Augenrollens von Neinsagern, ist der Wert der Meditation auch wissenschaftlich in Laboratorien mit der fortschrittlichsten Technologie zur Beobachtung des Gehirns validiert. Und die Resultate von Studien wie diesen in medizinischen Zentren und höheren Bildungsanstalten werden auch weiterhin veröffentlicht und online gestellt, zugänglich für die ganze Welt.

Doch können die wirklich verwandelnden Resultate der Meditation nur wahrhaft von jenen gefühlt werden, die die Erfahrung machen. Das kann bereits bei Ihrer ersten Meditation passieren, und schon sind Sie da.

Wie Meditation unsere Physiologie verändert

Während der Meditation ereignen sich spezifische physiologische Veränderungen. Diese sind kumulativ, und mit der Zeit können sie die Art und Weise verwandeln, wie unser Körper und Geist sich im Gleichgewicht halten und miteinander inteagieren. Der mächtigste Beweis, dass Meditation das körperlich-geistige System verändert, liegt mitten im Kern unserer DNA, in einer ursprünglichen Überlebensreaktion, die wir über Jahrtausende gemeinsam hatten: die »Fight-or-Flight«-Reaktion.

Die Fight-or-Flight-Reaktion

Als sich die Menschen vor 20 000 Jahren entwickelten, wurde uns ein Selbsterhaltungsreflex einprogrammiert, den man als Fight-or-Flight-Reaktion kennt. Diese wurde zuerst 1929 von dem amerikanischen Physiologen Walter Cannon beschrieben und erklärt, was mit den ursprünglichsten Gehirnfunktionen unseres Körpers geschieht, wenn wir eine Bedrohung unseres physischen Körpers wahrnehmen – im Wesentlichen also unsere Reaktion, wenn etwas unsere Sicherheitsgrenze überschreitet. Wenn wir uns einer lebensbedrohlichen Situation gegenübersehen, reagieren wir in diesem Augenblick und wählen zwei grundlegende Pfade zum Überleben: Kämpfen oder Wegrennen.

Im Wesentlichen funktioniert es so: Stellen Sie sich vor, Sie gehören zu einem Stamm von Jägern und Sammlern in prähistorischer Zeit und hören das laute Fauchen eines Säbelzahntigers. Sobald Sie diese Bedrohung wahrnehmen, reagiert das limbische System Ihres Körpers (das die Emotionen, das Verhalten, die Erinnerung und Ihren Geruchssinn kontrolliert) sofort über das autonome Nervensystem, ein komplexes Netzwerk endokriner Drüsen, das sofort Ihre Hormonchemie und Ihren Metabolismus reguliert. Das autonome Nervensystem erfüllt auch Funktionen wie das unbewusste Lecken der Lippen, das beständige Augenzwinkern, Niesen und andere Funkionen, die Sie üblicherweise automatisch ausführen, ohne sich dessen bewusst zu sein.

Der Körper reagiert auf Bedrohungen

Sobald Sie den Tiger hören, bereitet Sie der Sympathikus (der Teil des autonomen Nervensystems, der die Homöostase aufrechterhält) rasend schnell darauf vor, mit dem fertigzuwerden, was als Bedrohung Ihrer Sicherheit wahrgenommen wird. Er sagt im Grunde genommen: »Es besteht eine nicht unwesentliche Chance, dass du als Abendessen eines Raubtiers endest, aber es könnte sein, dass du überlebst, wenn du kämpfst oder wegrennst.« Es macht sich dann auf eine blitzschnelle Mission, die Ihnen helfen soll, Ihr Ziel zu erreichen. Zuerst beginnen Sie zu transpirieren. Ihr limbisches Gehirn weiß, dass Sie, wenn Sie schließlich fliehen oder kämpfen, höchstwahrscheinlich heißlaufen, sodass der schnellste Weg, Ihre Temperatur nach unten zu fahren, automatisches Schwitzen ist.

Als Nächstes initiieren Ihre Hormone einige metabolische Prozesse, die Ihnen helfen, die plötzliche Gefahr zu meistern. Ihre Nebennierenrinde setzt Adrenalin frei (auch bekannt als Epinephrin) und andere Hormone, die Ihre Atmung beschleunigen, Ihre Herzfrequenz nach oben bringen und Ihren Blutdruck erhöhen, bringen schnell sauerstoffreiches Blut in Ihr Gehirn und in die Muskeln, die Sie brauchen, um den Säbelzahntiger zu bekämpfen oder wegzulaufen.

All das passiert, bevor Sie ein intellektuelles Gespräch mit sich selbst über die drohende Gefahr führen konnten. Tatsächlich könnte die Gefahr real oder nur eingebildet sein, aber wenn das limbische Gehirn sie als solche wahrnimmt, wird es automatisch so reagieren, als sei die Bedrohung real.

Diese Selbsterhaltungsprozesse werden alle vom selben Teil des Gehirns getriggert, der auch Hunger, Durst, sexuelle Erregung, Furcht und Schlaf reguliert. Ihre Energie schießt nach oben, wenn die Stresshormone Adrenalin und Cortisol in Ihren Blutkreislauf schießen. Gleichzeitig sondert Ihre Bauchspeicheldrüse ein Hormon namens Glucagon ab, um sofort Ihren Blutzuckerspiegel zu erhöhen, und zwar mit dem Äquivalent des Zuckerkicks, den Sie bekommen würden, wenn Sie mehrere Snickers-Riegel auf einmal essen würden.

Wenn sich diese physiologischen Veränderungen ereignen, erhöht sich Ihre Sinneswahrnehmung, Ihr Herz fängt an zu rasen,

und alle Ablenkungen, Schmerz, Gedanken und interne Konversationen werden aus Ihrem Bewusstsein verbannt, während sich
Ihr Fokus auf ein einziges Ziel verdichtet: Überleben.

Ihr körperlich-geistiges System fängt an, klare Botschaften an
unterschiedliche Zellcluster und Organe im ganzen Körper zu
schicken: *Wir müssen jetzt nicht über Wachstum nachdenken,* und
schon wird die Ausscheidung von Wachstumshormonen dichtge-
macht; *wir brauchen jetzt nicht über Sex nachzudenken,* und der
Spiegel an Sexualhormonen sinkt ab; *wir müssen jetzt definitiv
nicht darüber nachdenken, Keime abzuwehren,* und Ihr Immunsystem wird unterdrückt. Der Blutfluss zum größten Organ in Ihrem Körper (Ihrer Haut) wird ebenfalls reduziert, und das Blut in
Ihrem Verdauungstrakt fließt in Ihre Arme und in Ihre Beine, sodass Sie besser kämpfen oder laufen können. Mit Geist und Körper in diesem zeitweiligen Zustand metabolischen Schnellgangs
sind Sie jetzt bereit, auf eine lebensbedrohliche Situation zu reagieren. Und das wird wahrscheinlich der stressigste und inten-
sivste Kampf Ihres Lebens. Ihr körperlich-geistiges System weiß
das und bereitet Sie innerhalb von Millisekunden darauf vor.

Was als Nächstes geschieht, ist wirklich erstaunlich. Der feste
Teil Ihres Blutes – die Blutplättchen – beginnt sich zu verdicken
und klebriger zu werden. Ihr körperlich-geistiges System weiß,
dass Sie sich darauf vorbereiten zu bekämpfen, was auch immer
sich an lebensbedrohlicher Gefahr da draußen einstellen mag,
also beginnt sich Ihr Blut schon im Vorfeld darauf vorzubereiten,
dass Sie verletzt werden könnten!

Wie bereits erwähnt, der primäre Gehirnbereich, der es mit
Stress zu tun hat, ist das limbische System. Aufgrund seines enor-
men Einflusses auf die Emotionen und die Erinnerung wird das
limbische System oft als »emotionales Gehirn« bezeichnet. Es ist
das sogenannte »alte« oder »frühe« Säugetiergehirn, da es mit
der Evolution unserer warmblütigen Verwandten hervortrat und
den Beginn der sozialen Kooperation unter allen Tieren mar-
kierte. Aber wenn wir 20 000 Jahre in die heutige Zeit vorspulen,

dann gibt es da draußen nicht mehr so viele Säbelzahntiger. Tatsächlich ist es eher eine Seltenheit, dass wir den Fight-or-Flight-Modus aktivieren müssen, wenn man nicht gerade sein Land in einem Kriegsgebiet verteidigt oder in einem lebensbedrohlichen Bereich wie als Feuerwehrmann oder Polizist arbeitet.

Folgendes geschieht mit Ihrem Körper während einer Fight-or-Flight-Reaktion:

> Eine Erhöhung des Blutdrucks und Stress für Ihr Herz
> Eine Erhöhung der Stresshormone (Adrenalin, Cortisol)
> Eine Zunahme des Blutzuckers (Glucagon sagt der Bauchspeicheldrüse, dass sie die Insulinproduktion verlangsamen soll)
> Ein Reduktion der Blutzirkulation, besonders im Verdauungstrakt
> Eine Abnahme der Wachstums- und Sexualhormone
> Eine Unterdrückung des Immunsystems
> Eine Zunahme der Klebrigkeit und Plumpheit der Blutplättchen

David Simon hat dies als die Samen der Krankheit bezeichnet, da all das direkt zu folgenden Diagnosen führt: koronare Herzerkrankung, Aufregung, Süchte, Diabetes, Magen-Darm-Beschwerden, Infektionen, Krebs, Schlaganfälle und Herzattacken. Die moderne Wissenschaft entdeckt nach und nach, dass sich chronischer Stress auch auf das Gehirn auswirkt. Klinische Versuche mit Mäusen haben gezeigt, dass diese Stresshormone unsere Dendriten – die Signalempfänger und Sender der Nervenzellen – affizieren: und zwar schrumpfen diese, was den mühelosen Fluss der Information, die sie übertragen, behindert. Wenn dies in unserem Hippocampus passiert, wird das zur Herausforderung für unser Gedächtnis und unsere Lernfähigkeit.

Stress: Wie wir auf ungestillte Bedürfnisse reagieren

Die Fight-or-Flight-Reaktion wird als Stressreaktion bezeichnet. Der Begriff *Stress* ist eine Kurzform des englischen Wortes *distress*, ein Wort, das wiederum vom lateinischen *stringere* stammt, was »festziehen« oder »auseinanderziehen« bedeutet. Im Englischen wurde es zuerst vor Hunderten von Jahren benutzt, um Entbehrung und Bedrängnis zu bezeichnen. In den 30er-Jahren fand die Theorie, dass Stress zu Krankheiten führen kann, durch den ungarischen Endokrinologen Han Selye Verbreitung, und 45 Jahre später schrieb dieser den Klassiker *Stress Without Distress,* in dem er als Erster das Konzept von Eustress oder gutem Stress einführte. Eustress tritt dann auf, wenn Sie auf einen Stressfaktor wie etwa eine Herausforderung mit positiven Gefühlen reagieren, weil Sie das Gefühl haben, dass es Ihnen eine tiefere Erfüllung oder persönliche Befriedigung bringt. Wenn Sie einen Wettkampfsport ausüben, trainieren, Achterbahn fahren, einen spannenden Film anschauen oder an einem Projekt arbeiten, das Ihnen etwas bedeutet, dann ist der Stress, der daraus resultiert, Eustress. Selyes Forschung zufolge können jedoch selbst die Stresshormone, die unter Eustress ausgeschieden werden, immer noch einen abträglichen Einfluss auf den Körper ausüben.

In den stressigsten Momenten, die Sie erleben, kann es sich manchmal anfühlen, als würden Sie emotional, physisch, mental, spirituell und in allen anderen Aspekten Ihres Lebens in eine Million Richtungen zugleich gezogen werden. David Simon hat mich eine prägnante Definition für Stress gelehrt: *Unsere Art zu reagieren, wenn unsere Bedürfnisse nicht erfüllt werden.* Und für die meisten Leute passiert das ungefähr acht bis fünfzehn Mal am Tag. Hier nur ein paar Beispiele: Sie bestellen, was Sie für das simpelste Gericht auf der Speisekarte halten, und es dauert am längsten, bis es kommt … und wenn es kommt, ist es kalt oder nicht das, was Sie dachten, dass es wäre. Eine Konversation läuft nicht so, wie Sie sich das vorgestellt hatten. Das Telefon klingelt, und er ist es; das Telefon klingelt, und er ist es nicht. Jemand schneidet Sie auf der Autobahn. Sie haben eine Verabredung zum Mittagessen um eins und beeilen sich hinzukommen, müssen dann aber eine halbe Stunde auf Ihren Freund warten. Sie stoßen sich den Zeh an. Ihr Computer geht nicht mehr. Ihr Fernseher zeichnet nicht auf. Sie warten auf eine Nachricht, die nie kommt. Sie hören etwas anderes, das Sie Ihre Pläne ändern lässt. Sie versprechen sich oder tun etwas, was sich nicht »richtig« anfühlt.

Wir erleben jeden Tag kleine Enttäuschungen und das Nichteintreten großer Erwartungen. Sie erwarten, dass etwas passiert, und es passiert nicht; oder es passiert, aber nicht genau so, wie Sie es geplant hatten. Denken Sie darüber nach, wie oft jeden Tag Ihre Bedürfnisse nicht erfüllt werden.

Immer dann, wenn Ihre Bedürfnisse nicht befriedigt werden, können Sie auf potenziell viele unterschiedliche Arten reagieren. Wenn Sie reflexiv reagieren statt reflektiv – also nach einem konditionierten Muster handeln oder streiten oder sich zurückziehen, statt eine intuitivere oder erleuchtetere Reaktion zu wählen – dann sinken Sie in Ihren primitivsten Zustand, wie etwa die Fight-or-Flight-Reaktion herab, die in Ihre DNA einprogrammiert ist.

Es ist nicht das, was Ihnen widerfährt, sondern Ihre Art, auf das Leben zu reagieren, die Ihre emotionale und physische Gesundheit bestimmt. Sie können Ihre Enttäuschung auf vielerlei Art zum Ausdruck bringen – von jemanden anblaffen über aus einer Diskussion hinausstürmen bis hin zu die Augen rollen und einmal tief durchatmen. Aber was geschieht mit all diesen unbefriedigten Bedürfnissen? Jedes Mal, wenn Ihre Bedürfnisse nicht befriedigt werden und Sie auf Stress mit Enttäuschung reagieren, schlägt Ihr Herz schneller, Ihre Atmung beschleunigt sich, Ihr Immunsystem fährt herunter, und Ihre Blutplättchen werden klebriger. Wie lange, glauben Sie, kann das weitergehen, bevor diese primitiven Interpretationen und Reaktionen dazu führen, dass Ihr körperlich-geistiges System erkrankt?

Mit der Zeit kann chronischer Stress zu emotionalen, physischen oder sexuellen Fehlfunktionen führen; die Chancen einer Erkrankung erhöhen; und sich möglicherweise als chronische Krankheit manifestieren, wie etwa Reizdarmsyndrom, Fibromyalgie, Hauttuberkulose, Morbus Crohn und sogar Hautkrankheiten wie Psoriasis und Panikattacken oder Herzklopfen.

Denken Sie an eine gegenwärtige Situation, in der Ihre Bedürfnisse nicht befriedigt werden. Dabei geht es höchstwahrscheinlich um eine andere Person (oder um Sie selbst), die Sie mit einem bestimmten Verhalten oder dem Mangel eines Verhaltens, das Sie sich wünschen, enttäuscht hat.

Schließen Sie die Augen und sehen Sie diese Person mit Ihrem geistigen Auge. Welche Gefühle haben Sie für dieses Individuum? Warum sind Sie wütend oder enttäuscht? Was hat sie nicht getan oder getan? Vielleicht sind diese Person Sie selbst? Hegen Sie einen Groll gegen sich selbst oder jemand anderen? Fühlen Sie all die physischen und emotionalen Wellen, die durch Sie strömen, wenn Sie Ihre Aufmerksamkeit auf diese Person oder diesen Sachverhalt richten.

Da Sie sich im Moment hoffentlich keiner physischen Bedrohung gegenübersehen, wäre es unmöglich für Ihren Körper, die Fight-or-Flight-Reaktion auf physischer Ebene abzurufen. Aber Sie sind in der Lage, eine emotionale Fight-or-Flight-Reaktion an den Tag zu legen, die man als *reaktive Reaktion* oder *Ego-Reaktion* bezeichnet.

Unsere Art, gefühlsmäßig zu reagieren – also im Wesentlichen, was wir tun –, ist letztlich entscheidend für unsere emotionale Gesundheit. Was machen Sie mit Ihren Gefühlen bezüglich der Person, an die Sie denken? Unterdrücken Sie sie, ziehen Sie sich zurück? Krallen Sie sich fest und schlagen im strategisch günstigen Moment voller Missgunst zu? Lassen Sie Ihre Gedanken von diesen Gefühlen antreiben und bauen so ein Drama auf? Denken Sie über die langfristigen Konsequenzen nach, die es hat, wenn Ihre Bedürfnisse nicht befriedigt werden, und den Tribut, den Ihnen dies emotional, physisch und psychologisch abfordern kann. Wie lange halten Sie sich schon an diesem Kummer fest?

Emotionale Angriffe und die Ego-Reaktion

Da diese nichtphysische Form der Fight-or-Flight-Reaktion mehr auf Emotionen basiert, reagieren wir mit emotionalen Angriffen, statt jemanden zu schlagen oder wegzulaufen; wir blaffen jemanden an oder verschließen uns ihm. Es ist immer noch eine äußerst primitive Reaktion, und wir bedienen uns ihrer immer dann, wenn unser Ego statt unser Leben bedroht ist. Wenn wirklich unser Leben bedroht wird, dann übernimmt die Fight-or-Flight-Reaktion. Wenn unser Selbstgefühl (unser Ego) herausgefordert wird, ist die Ego-Reaktion die verbreitetste biologische Reaktion. David Simon hat die Ego-Reaktion als »die Überquerung eines Minenfelds« bezeichnet. Hier bewegen wir uns im Reich von *Ich, Mich, Mein* – unser großartiges Ego, unser Selbstgefühl … unser Gefühl, dass uns Leute, Dinge und Erfahrungen gehören. Wenn dieser Besitzanspruch infrage gestellt wird oder eine unserer Grenzen herausgefordert oder angegriffen wird, dann schlagen wir entweder zu, um es zu verteidigen, oder machen resigniert die Schotten dicht.

Die Ego-Reaktion hat das ganze Fight-or-Flight-Spektrum emotionaler Reaktionen in ihre Struktur eingewoben. Die Fight-Version der Ego-Reaktion mag sich als reaktives, wütendes, streitsüchtiges Verhalten manifestieren. Die Flight-Version kann die Form eines emotionalen Shut-Downs oder Rückzugs annehmen, zum Beispiel in Form der Weigerung, mit einer anderen Person zu sprechen, oder im Geben knapper Antworten. Extremere Formen von Fight-or-Flight können ihren Ausdruck in nicht hilfreichem, eskapistischem Verhalten wie Drogenkonsum, exzessivem Fernsehen, Spielen oder Internetsucht finden.

Denken Sie an einen Zeitpunkt, als Sie eine hitzige Diskussion geführt haben und mit Wut reagiert, die Stimme gehoben oder eine andere Person sogar angeblafft haben. Und zu irgendeinem Zeitpunkt haben die meisten von uns mit der emotionalen Variante der Flight-Reaktion geantwortet und sind weggegangen, haben den Dialog beendet oder den Hörer aufgelegt. Es ist die klassische »Sprich mit der Hand«-Direktive, einfach aus einem Gespräch davonzulaufen.

Männer und Frauen gehen mit stressigen Situationen tendenziell jeweils anders um. Hier handelt es sich freilich um eine starke Verallgemeinerung, und natürlich kann es Ausnahmen geben, aber bei Männern besteht die Wahrscheinlichkeit, bei einem Notfall oder etwas, das als Bedrohung wahrgenommen wird, mit einer eher maskulinen Reaktion wie Aggression zu antworten (Fight), während Frauen sich mit größerer Wahrscheinlichkeit der feminineren Reaktion der Flucht bedienen (Flight). Aber da jeder Mensch über feminine wie maskuline Aspekte verfügt, können Männer natürlich auch in jedem beliebigen Moment fliehen, während eine Frau mit Aggression reagiert. Aktuelle Studien haben herausgefunden, dass Frauen in einer bedrohlichen Situation zusätzlich zur Fight-or-Flight-Reaktion mit einer gewissen Wahrscheinlichkeit eine dritte Strategie einsetzen, die als Anfreunden bezeichnet wird, und Möglichkeiten finden, die Krise zu entschärfen, indem Sie Kooperation zustande bringen. Und das Erstarren (eine Form der Flight-Reaktion) ist in Form von Zwölf-Schritte-Programmen und Erholungskreisen als eine verbreitete Rückzugsalternative zum Flight-or-Fight hervorgegangen.

Die physiologischen und emotionalen Reaktionen auf Stress sind wohlbekannt, und wenn wir mit einer Ego-Reaktion auf jedes Bedürfnis reagieren, das nicht befriedigt wird, dann wird unser Leben früher oder später sicherlich schmerzhafter werden. Glücklicherweise bietet uns die Meditation ein Werkzeug, das uns hilft, die Wirkung, die die Fight-or-Flight- und Ego-Reaktionen auf unseren Geist und unseren Körper haben, umzukehren. Meditation ist das Werkzeug, das den zellulären Schaden, den der Stress verursacht hat, auflösen und unsere DNA-Programmierung in Sachen Fight-or-Flight-Reaktion verändern kann. Die Forschung der Nobelpreisträger von 2009, Elizabeth H. Blackburn, Carol W. Greider und Jack. W. Szostak, brachte zutage, dass unsere Chromosomen von *Telomeren* und dem Enzym *Telomerase* beschützt werden. Diese Schutzkappen an den Enden der langen, fadenartigen DNA-Moleküle, die unsere Gene tragen, legen die Gesundheit jeder Zelle fest, wenn sie geschaffen wird. Wenn durch Meditation ein geringeres Niveau von Stresshormonen in unserem System herbeigeführt wird, verschmelzen die Telomere, und unsere Immunfunktionen steigen an. Emotional fangen wir an, intuitiver und weniger reaktiv zu antworten, was uns aus dem Gefängnis der Ego-Reaktionen befreit. Mit der Zeit bewegen wir uns von einer Existenz konditionierter, beschränkter Glaubenssätze hin zu einem unkonditionierten Leben, voll unendlicher Möglichkeiten und besserer Gesundheit.

Die Reaktion erholsamer Achtsamkeit

Wenn wir meditieren, verändert sich die Chemie unseres Körpers. Tatsächlich erleben wir das Gegenteil der physiologischen Effekte, die von den Fight-or-Flight- oder Ego-Reaktionen produziert werden. Wir haben eine verminderte Tendenz zu schwitzen, unsere Atmung und unsere Herzfrequenz verlangsamen sich, die Produktion von Stresshormonen durch unseren Körper geht zurück, die Produktion von Sexualhormonen geht nach oben, unser Spiegel an Wachstumshormonen ist erhöht, unser Immunsystem wird stärker, unsere Blutplättchen werden weniger klebrig, und das Blut fließt leichter durch den gesamten Körper.

Wenn sich diese physiologischen Veränderungen an unserem Körper ereignen, beruhigt sich unser Geist, die Aufregung wird weniger, der Stress scheint sich zu verlieren, und es gibt eine Veränderung in unserer Wahrnehmung unbefriedigter Bedürfnisse. Dieser Zustand erholsamer Achtsamkeit kann einen Moment lang oder über eine ganze Meditation hinweg dauern. Aber das Schöne an diesem Prozess ist, dass der Zustand erholsamer Achtsamkeit auch dann unserem Körper weiter nützt, wenn die Meditationssitzung vorbei ist. Und wenn wir regelmäßig meditieren, verändern sich langsam und sachte unsere automatischen Reaktionsmechanismen hin zu etwas weniger durch Konditionierung geprägten.

Im Zustand der erholsamen Achtsamkeit bewegen wir uns mit größerer Anmut und Leichtigkeit durch Situationen. Wir sind reflektierter und weniger reflexiv. Die Wahrscheinlichkeit, dass wir um uns schlagen oder dem Kniesehnenreflex unterliegen, ist vermindert, denn wir kommen nicht länger aus dem konditionierten Bereich. Wir sind weniger impulsiv und eher intuitiv. Wir treffen mehr bewusste Entscheidungen, weil wir intuitiv wissen, was die beste Entscheidung in diesem Moment ist – die, die unser Selbst und die Person, mit der wir interagieren, ehrt; die, die uns beide auf die höchste Existenzebene hebt; die, die aus einem von Mitgefühl, Vergebung und der Sehnsucht nach Frieden gefüllten Herzen kommt.

Im Zustand erholsamer Achtsamkeit sind wir offener für multiple Interpretationen einer Situation oder eines Szenarios. Wir hängen weniger an unseren früheren Interpretationen, und unser Bedürfnis, sie zu verteidigen, ist weniger dringend. Wir sehen den größeren Zusammenhang ... eine weitere Landschaft statt nur den engeren Standpunkt, den wir einst innehatten. Während der ersten paar Wochen des Meditierens weben sich diese Anmut, Leichtigkeit und geweitete Achtsamkeit periodisch in unsere Interaktionen. Wenn wir weiter meditieren und Zeit in Stille und Ruhe verbringen, wird jeder Tag angenehmer; die erholsame Achtsamkeit wird ein immer natürlicherer Zustand, und eine größere Klarheit beginnt, sich einzustellen. Es wird weniger wichtig, unseren Standpunkt zu verteidigen, weil wir größere Möglichkeiten sehen, und es stellen sich kreative Lösungen für einst entmutigende Probleme ein. Verstrickungen entwirren sich auf magische Weise, und jeder Moment dehnt sich weiter und weiter aus.

Wir werden aufmerksamer, kreativer, intuitiver und entspannter. Wir fangen an, Tage ohne Angst zu erleben, und Stress wird leichter managebar. Und unsere erste Reaktion auf unbefriedigte Bedürfnisse ist nicht länger die Ego-Reaktion … das ist so *von gestern!*

Als häufigere Antwort beginnt sich die erholsame Achtsamkeit einzustellen – stilles Gewahrsein, bevor wir alte, konditionierte Reaktionsmuster nochmals ausleben. Dieser »neue« Zustand ließe sich auch als *erholsame Wachheit* bezeichnen, da unsere Sinneswahrnehmung verbessert ist und wir anfangen, eine neue Leichtigkeit des Seins zu erleben. Kleinigkeiten irritieren uns nicht länger oder bringen uns leicht vom Kurs ab. Wir werden fließender in unseren Gedanken und Handlungen, intuitiver, dann kreativer, dann visionärer … und dann fangen wir an, in jedem Tag ein Wunder zu sehen.

Den ganzen Tag über größeren Geistesfrieden zu erleben ist ebenfalls sehr verbreitet sowie erholsamerer Schlaf, bessere Verdauung und ein ganz neuer Grad von Vitalität. Langsam kehren wir ins Gleichgewicht zurück, in die Ganzheit!

Viele meiner Schüler erzählen mir, dass 30 Minuten Meditation erholsamer sind als 30 Minuten Schlaf. Wenn Sie ein unregelmäßiges oder abnormales Schlafmuster haben, dann kann es sich schon in wenigen Tagen normalisieren, nachdem Sie sich an Ihre neue Meditationsroutine gewöhnt haben. Wenn die Sache, die Sie wach hält natürlich eine tiefere emotionale Anspannung oder ein Schmerz ist, wird Ihnen die Meditation helfen, diesem Schmerz die Spitze zu nehmen. Jedoch wird nur die Hingabe an eine profundere Selbsterkenntnis, an emotionales Loslassen und emotionale Heilarbeit den emotionalen Schmerz heilen, der der Kern Ihrer Schlaflosigkeit ist.

Gespeicherten emotionalen Schmerz loslassen

Um diese schlafende, toxische emotionale Plage aufzudecken, zu mobilisieren und loszulassen, empfehle ich Ihnen einen ärztlich entwickelten emotionalen Heilungsprozess. Zwei Programme, die ich ausnehmend gut kenne, sind der Hoffman Institute's Quadrinity Process (den ich selbst 2006 mitgemacht habe), entwickelt von Dr. Robert Hoffman und den Free to Love / Free to Heal Process des Chopra Centers, geschaffen von Dr. David Simon. Ich hatte das Glück, mit David bei den letzten paar Free-to-Love-Workshops zusammenzuarbeiten, zusammen mit der Lehrerin Trista Thorp, und für eine Weile leitete ich seinen Prozess, bei dem wir den Leuten halfen, ihren emotionalen Schmerz zu identifizieren, zu mobilisieren und loszulassen und so ihre Wunden zu heilen. Im Wesentlichen dekonstruiert man sein emotionales Selbst und rekonstruiert es dann mit weniger Ballast, weniger Konditionierungen, weniger Zorn. David war besonders brillant, wenn es darum ging, den Leuten ihre Geschichte als eine Entschuldigung dafür erkennen zu helfen, dass sie nicht jetzt in der Gegenwart bewusste Entscheidungen trafen. Sobald Sie erst aus Ihrer Opferrolle herauskommen können und Ihr eigenes Leben in Besitz nehmen, können Sie das nächste Kapitel schreiben, in dem Sie sich für Leichtigkeit statt für Ballast, Vergebung statt Abscheu, Mitgefühl statt Beschuldigungen und bewusste Entscheidungen statt konditionierten entschieden haben. Es ist unmöglich, dieses Werk zu verrichten und sich nicht zumindest ein bisschen leichter zu fühlen, und diese Leichtigkeit erhöht sich nur mit einer täglichen Meditationspraxis.

Ich habe für mich festgestellt, dass diese emotionalen Heilungsprozesse mächtige Pfade zu Vergebung, Mitgefühl, echtem

Wachstum und Selbstliebe sind. Sie erlauben es Ihnen, eine bessere Version Ihrer selbst zu erfahren. Dieser kontinuierliche Prozess der Öffnung und des Loslassens meiner Engführungen hat meine Meditationspraxis sogar auf eine noch höhere Ebene gehoben, denn ich werde weiterhin leichter und bringe so weniger mentale Turbulenzen in meine täglichen Meditationssitzungen. Im Wesentlichen hat das Leichterwerden meines Bündels eine spirituelle Tür für mich geöffnet, die mein Verständnis der Meditation als eines Prozesses der Hingabe erweitert hat. Und diese machtvolle Energie der Stille übersetzt sich dann in mein tägliches Leben. Ich finde es nicht länger nötig zu versuchen, die Kontrolle über jeden Augenblick auszuüben. Manchmal ist es okay, seinen Kurs zu setzen, seine Intuition festzulegen, sich in die Richtung seiner Sehnsüchte zu lehnen und dann dem Universum das Steuer zu überlassen.

Vom spirituellen Nutzen der Meditation

Der spirituelle Aspekt der Meditation ist lange missverstanden worden. Jeder von uns sucht den Wiederanschluss an das Ganze, an die Quelle. Jeder von uns sucht sich den Pfad, der am meisten mit ihm resoniert, um die größeren, profunderen, universaleren Konzepte des Lebens wie Liebe, Tod, Schmerz, Wahrheit, Wonne und Sinn zu verstehen und zum Ausdruck zu bringen. Manchen Leuten sind diese Dinge nicht wichtig, denn ihre Aufmerksamkeit ist zu diesem Zeitpunkt in ihrem Leben noch nicht zu diesen Konzepten gewandert. Im Letzten wird jeder von uns diese Erfahrungen durchmachen und sich dann diesen Fragen gegenübersehen. Aber selbst wenn jemand momentan nicht an diesem Diskurs teilnimmt, erzeugt es doch schon ein Verstehen, dass es etwas Größeres gibt, etwas Weiteres, das über größeres Wissen und größere Intelligenz als wir verfügt, wenn man sich dieser natürlichen Prinzipien des Lebens bewusst ist. Wir könnten diese Entität als das universale Sein bezeichnen. Es wurde nie geboren und wird nie sterben. Es existiert in jedem Augenblick und ist simultan mit allen Dingen verbunden. Manche von uns nennen es Gott.

In der Vedanta, der uralten indischen Philosophie der Selbstrealisation, gibt es eine Schule mit dem Namen *advaita*, was ein Sanskrit-Begriff für »Nicht-Dualität« ist. Der Advaita zufolge ist Einheit die einzige Realität. Alles andere ist Illusion, was man in Sanskrit als *maya* bezeichnet. Diese Philosophie besagt, dass unser Nichtwissen um unser Einssein – was ebenfalls eine Illusion ist – die Ursache allen Leidens in der Welt ist. Nur durch das direkte Wissen dieses Einsseins (indem man es aktual erfährt) kann die Befreiung erfolgen. Im Sanskrit wird diese Befreiung als *moksha* bezeichnet. Das Begreifen, dass alle Existenz non-dual ist – nicht zwei Dinge, sondern *ein* reines Allgesamt –, ist der Pfad zum Moksha.

Die meisten von uns sind in Familien aufgewachsen, wo man uns von einem allwissenden, allsehenden, unendlichen Wesen namens Gott erzählte. Wie sonst könnten endliche Wesen aus Fleisch wie wir mit so beschränkten Erkenntniswerkzeugen und beschränktem Verständnis so ein Konzept – nicht von dieser Welt – wie das Einssein verstehen? Es muss einen allmächtigen Gott geben, der all die Charakteristika des Einsseins verkörpert, sodass wir sie besser verstehen können – eine Art Mittelsmann zwischen uns und dem Einssein. Die meisten von uns haben etwa so ein Verständnis vom Wesen Gottes. Im Wesentlichen hat dieses Wesen alles erschaffen, kontrolliert und beeinflusst alles, ist überall zugleich oder hat überall Halbgötter und Avatare, ist unendlich, unsterblich, allgegenwärtig, umfasst die Existenz der Zeit und ist daher selbst zeitlos, kann Wiedergeburt und Auferstehung gewähren, kann verehrt und angefleht werden und hat die Fähigkeit, etwas zu wirken, was wir als Wunder bezeichnen würden.

Selbst wenn Sie nicht in einer formalen religiösen oder spirituellen Tradition aufgezogen worden sind (wenn Sie ein Atheist sind, können Sie immer noch meditieren und all die Vorteile mitnehmen, die Sie suchen), ist es immerhin wahrscheinlich, dass Sie an irgendeine Form von Intelligenz glauben, die über unsere hinausgeht. Ob Ihre Orientierung sich nun auf etwas Göttliches, einen Gott, viele Götter oder eine höhere Macht richtet, definieren wir unser persönliches Verständnis dieser universalen Natur als *Spiritualität. Im Wesentlichen ist Spiritualität die Reise, die wir in jedem Augenblick unternehmen, und zwar von unserem individuellsten hin zu unserem universellsten Selbst und dann wieder zurück, von der Verengung hinaus in die Weite.*

Wenn unser Geist dieses Wesen oder diese Macht analysiert, sehen wir diesen allwissenden, allmächtigen, unendlichen Gott oder Geist zugleich in allem und doch getrennt von uns und der Welt. Advaita würde sagen, dass diese Trennung nur an der Oberfläche, in unserem Geist existiert. Tiefer unter der Oberfläche sind unser Bewusstsein, unser Körper und unser Geist alle dieselbe Sache – reines, unbegrenztes Bewusstsein –, Einssein, das unterschiedliche Gestalten anlegt. Der Vedanta zufolge liegt die Befreiung darin, die Realität dieser Einheit zu wissen und den Geist durch die unterschiedlichen Aspekte des Studiums *(gyan),* der Verehrung *(bhakti),* der Handlung *(karma)* und der Übung *(raja* oder Königsweg) zu erfahren.

Zwei der Praktiken des Königswegs, die uns am direktesten mit dem Geist verbinden, sind Meditation (erholsame Achtsamkeit) und Yoga (körperzentrierte erholsame Achtsamkeit). Der Pfad zu diesem Begreifen des Geistes ist ein tieferes Verstehen dessen, wer wir sind, was wir wirklich wollen und warum wir hier sind. Dies hat man als Erweiterung des Bewusstseins bezeichnet – der Weg von einem engen, konditionierten Raum, wo wir uns als die Rollen, die wir im Leben spielen, und die Dinge, die wir besitzen (also im Grunde genommen unsere Positionen und unser Eigentum) definieren und uns damit identifizieren, hin zu einer weiteren Perspektive dessen, wer wir sind, wie wir mit allem verbunden sind und was zu tun wir hergekommen sind.

Unser wahres Selbst entdecken

Die meisten Leute, die sich auf eine Meditationspraxis einlassen, tun dies, weil Sie mehr vom Leben wollen. Wenn sie beginnen, ihre Gedanken, Träume und täglichen Entscheidungen zu erforschen, stellt sich ein Gewahrsein ein, dass sie nicht ihre Gedanken oder ihr Körper sind, sondern mehr als das – dass sie reines, grenzenloses, für eine Lebensspanne in Fleisch gehülltes Bewusstsein sind. Diese Perspektive verändert alles, weil sie bedeutet, dass in jedem Moment alles möglich ist. Unsere früheren Muster, unser Trott, Straßensperren, unsere konditionierten Reaktionen, Gedanken und Verhaltensmuster fangen an, nicht mehr so stark diesen Konditionierungen zu unterliegen, wenn sie in Tropfen unseres unkonditionierten Selbst getaucht werden.

Die reinsten, schutzlosesten und unkonditioniertesten Aspekte unserer selbst beginnen, sich in unserer täglichen Routine zu verwurzeln und sich dann in unsere Physiologie einzuweben. Bei jeder Meditation bewegen Sie sich tiefer in die universalsten, unendlichsten Facetten Ihres Seins hinein, die im Zentrum Ihres Seins liegen: Ihr unbegrenztes, unkonditioniertes Selbst.

Und wenn Sie weitermeditieren, erweitert sich das Fundament Ihres Seins. Und wenn Ihr Ausgangspunkt für die ganze Sache schon auf einer höheren Ebene liegt, dann vibriert alles, was von diesem Punkt ausfließt, fortan auf einer höheren Ebene. Sie sehen die Welt mit anderen Augen; Sie erfahren Ihr Leben mit größerer Anmut und größerer Leichtigkeit. Sie erkennen, dass alles Geist ist, dass wir alle verbunden sind. Jeder von uns ist eine Welle in einem weiten Ozean, der Milliarden von Wellen enthält, das gewaltige Einssein, aus dem wir hin und wieder herausploppen, um uns zu individuieren und nach ein paar Augenblicken wieder zurück in die Einheit der unifizierten Brandung zurückzukollabieren.

Ich glaube, einer der wichtigsten Gründe, warum die Meditation nicht verbreiteter ist, liegt darin, weil es unmöglich ist, die verwandelnde Natur dieser Übung zu vermitteln. Die Leute probieren es aus, und wenn sie nicht innerhalb einer Woche ein Aha-Erlebnis oder die Erleuchtung erfahren, geben sie die Übung wieder auf. Osho, der große Philosoph und Guru, ist berühmt für seinen Ausspruch: »Erleuchtung bedeutet herauszufinden, dass es nichts zu finden gibt. Erleuchtung bedeutet erkennen, dass man nirgendwo hin muss.« Sie brauchen kein Guru, Yogi oder Anhänger einer bestimmten Philosophie oder Religion zu sein, um diese Fähigkeit in Ihr Leben zu integrieren. Sie brauchen nur die Bereitschaft, es auszuprobieren. Was also ist der beste Weg? In den nächsten paar Kapiteln gehen wir einer Vielzahl von Meditationspraktiken aus Traditionen unterschiedlicher Zeiten und Kulturen dieser Welt nach. Schauen Sie einfach, was Ihnen am meisten entspricht, wenn Sie jede ausprobieren, üben Sie sie und erfahren Sie die Vorzüge!

Teil 2

Viele Pfade zur Einheit

Es gibt Tausende von Schulen und Philosophien der Meditation. Und jede Schule der Meditation hat ihre einzigartige Technik oder Weise, Ihnen zu helfen, das Jetzt-Bewusstsein zu erfahren. Ich feiere sie alle, und dieses Buch ehrt jedes Werkzeug, jede Technologie und jeden Korpus des Wissens, der Ihnen helfen kann, die Fluktuationen des Geistes zu beruhigen und tieferen Sinn, Zielgerichtetheit, Frieden und Erfüllung in Ihrem Leben zu erreichen. Ich persönlich habe viele unterschiedliche Schulen der Meditation erforscht und ich habe einige praktiziert, manche nur zwei Monate, andere bis hin zu fünfzehn Jahre. Seit 2002 praktiziere ich die Urklangmeditation, normalerweise zweimal täglich für 30 Minuten und manchmal mehr, wenn ich einen Kurs leite oder an dem Tag einen Rückzug leite.

Auf dem Höhepunkt seiner Popularität enthielt der Seduction of Spirit Retreat des Chopra Center oft vier Meditationen pro Tag, angefangen mit einer Meditation bei Sonnenaufgang für die tapferen Frühaufsteher (manche davon an den Talcum Stränden Floridas, zwischen den roten Felsen von Sedona, auf den nebligen Wiesen von La Costa und hoch auf den majestätischen Gipfeln von Whistler haben sich für immer in meine Seele geschrieben). Während der letzten zehn Jahre haben Deepak und David auf diesen Workshops unterrichtet, und ich hatte das Privileg, die Meditationen zu leiten. Es passiert etwas sehr Machtvolles, wenn man mit 450 unserer engsten meditierenden Freunde gemeinsam meditiert, in einer Serie 30-minütiger Meditationen, die wir als »Runden« bezeichnen.

Das Konzept der Runden kommt bei vielen Meditationsrückzügen zum Einsatz. Man meditiert in 30-minütigen Runden, hört dann auf und richtet die Aufmerksamkeit durch Yoga, Atemübungen oder Tanz wieder auf seinen Körper. Dann, auf dem Höhepunkt der Aktivität, hört man auf, beruhigt sich und kehrt zu weiteren 30 Minuten Meditation zurück. Auf meinem allerersten Rückzug liefen die Runden jeden Tag über Stunden, und das über sieben Tage, durchsetzt mit fortgeschrittenen Meditationstechniken – man kennt diese unter dem Begriff Sutras – und Energiearbeit. Dieses Reich der Stille und Ruhe durchdringt für Tage alles, was Sie tun – vom Gesichtwaschen bis zur Yogapraxis, dem Kauen des Essens und Ihrer Interaktion mit anderen Menschen. Stellen Sie sich einfach vor, wie es ist, wenn die gesamte Aktivität, die Sie als so entscheidend für Ihre Existenz angesehen haben, von Stille und Ruhe ersetzt wird.

Nach einigen Tagen auf diesem Level der Übung erleben Sie, wie sich die Schichten Ihres konditionierten Selbst abzuschälen beginnen. Indem Sie Stunden in der Ruhe und Stille Ihrer eigenen reinsten Existenz zubringen, werden Sie näher als jemals zuvor an die Erfahrung der eigenen Seele herangeführt. Und dann realisieren Sie, dass alle um Sie herum genau denselben Prozess durchmachen und die Schichten dieses konditionierten Lebens abschälen, um ihre wahre, unkonditionierte Essenz zu offenbaren. Diese Erfahrung wird in spirituellen Kreisen als »Nacktheit« beschrieben – wenn all die Schichten Ihres konditionierten Lebens abgestreift wurden und nichts als Ihre Seele zurückgeblieben ist.

Die Kombination der täglichen Yogapraxis, Meditation, Gruppenmahlzeiten, Energiearbeit, des Tanzens, von Vorträgen über die Seele, der vedischen Lehren und Gruppeninteraktion verwebt die physischen, emotionalen und spirituellen Komponenten der Meditation zu einer sehr persönlichen Reise, die von Ihrem egobasierten, individuellen Selbst zu den göttlichsten und kosmischsten Aspekten Ihres universalen Selbst führt. Ich ermutige Sie, sich, wenn die Zeit reif ist (und Sie werden wissen, wann es so weit ist), einen Meditationsretreat zu gönnen. Ob Sie jetzt den Seduction of Spirit Retreat besuchen oder einen anderen einwöchigen Meditationsretreat finden – die Erfahrung, so viel Zeit in Stille zu verbringen, wird jede Zelle Ihres Körpers transformieren.

Vielleicht besuchen Sie niemals einen Meditationsretreat, aber Sie haben die Fähigkeit, denselben Nutzen für sich zu erleben, wenn Sie dieselbe Erfahrung jeden Tag mit einer einfachen

Meditationsübung leben. Der Schlüssel ist, es zu *tun,* statt lediglich zu versuchen, es intellektuell auszuknobeln. Der dritte Zen-Patriarch, Jianzhi Sengcan, auch bekannt als Seng-t'san, bekräftigte dies in seinem Zengedicht *Xinxin Ming (Hsin Hsin Ming):* »Je mehr du darüber nachdenkst und redest, desto weiter entfernst du dich von der Wahrheit. Hör auf zu reden und zu denken, und es gibt nichts mehr, was du nicht erkennen könntest. Zu den Wurzeln zurückzukehren bedeutet, den Sinn zu finden, aber Erscheinungen nachzujagen heißt, ihre Quelle zu verfehlen. Im Augenblick der inneren Erleuchtung geht man über Erscheinungen und Leere gleichermaßen hinaus.«

Diese Worte mögen wie New Age für Sie klingen, aber sie wurden vor 1500 Jahren geschrieben. Und wenn Sie darüber nachdenken, wird Ihnen auffallen, dass ausnehmend wenige Augenblicke in unserem Leben in totaler Stille und Ruhe vergehen. In so ziemlich jedem Augenblick Ihres Lebens, egal ob Sie schlafen, träumen oder wach sind, sind Sie aktiv. Selbst wenn Sie die Chance haben, in Stille und Ruhe zu sein, zum Beispiel wenn Sie durch Ihre Haustür gehen oder sich in Ihr Auto setzen, wählen Sie höchstwahrscheinlich die Aktivität.

Wie lange dauert es, bis Sie nach Ihrem iPod greifen, den Fernseher anmachen, Radio hören, sprechen, summen, singen, essen, lesen, mit dem Bein wippen, mit dem Finger tippen, sich die Lippen lecken, einen Anruf machen, jemandem eine SMS schreiben, online gehen, sich mit einem anderen Wesen in Verbindung setzen oder Ihren Körper strecken? Dies alles sind Ausdrucksformen der Aktivität, bis ihr körperlich-geistiges System schließlich zusammenklappt und schläft, um sich zu erneuern.

Wenn Sie in einem tiefen Ruhezustand sind, wenn Sie schlafen oder träumen, dann bezeichnen wir dies als Dumpfheitszustände – Zustände erholsamer Dumpfheit. Es herrscht immer noch Aktivität in jedem Moment des von Träumen durchsetzten Schlafes: schnelle Augenbewegungen, physische Eindrücke, die aus der Tiefe Ihrer Träume hervortreten. Und im tiefen Schlaf, wenn Ruhe herrscht, ist es nicht die aufmerksame Stille, die Sie in der Meditation erleben; es ist dumpfe Ruhe.

Von all den Übungen und Verhaltensweisen, die ich erforscht habe, ist die Meditation die leichteste und effektivste, die Sie sich zu eigen machen können, wenn es darum geht, Gegenwarts- und Zeugnisbewusstsein zu erleben, in einem Zustand der Ruhe und Stille – reiner, erholsamer Achtsamkeit in einem aufmerksamen Zustand – und letztlich in der Einheit Ihres physischen, emotionalen, egoistischen und Ihres spirituellen Selbst.

Es gibt nur eine Ruhe und Stille, die in Ihnen ist, es gibt nur eine universale Kraft, die durch alles fließt, und es gibt nur einen Moment der Gegenwart. Jedoch gibt es so viele Arten, Zugang dazu zu nehmen und sich dessen bewusst zu werden – kontemplatives Gebet, physische Formen der Meditation, die die Sinne und die Kommunikation mit der Natur benutzen. Man kann gehen, tanzen, Liebe machen … und es gibt sogar Rauchmeditationen, wie sie Osho unters Volk gebracht hat.

Die Kapitel in **Teil II: Viele Pfade zur Einheit** machen Sie mit den verbreitetsten Techniken und zugänglichsten Praktiken vertraut, sodass Sie ein Gefühl dafür entwickeln, wie sich jede anfühlt, und sich dann jener zuwenden können, die Ihnen am meisten entspricht. Ich habe sämtliche folgende Meditationstechniken erforscht und im Letzten festgestellt, dass die Urklangmeditation am leichtesten auf täglicher Basis zu ritualisieren und damit die für mich stärkste Praxis ist. Es hat mich jedoch viele Jahre unregelmäßigen Meditierens gekostet, in denen ich dilettiert habe, mich vertieft, aufgehört, wieder angefangen, in denen ich abgelenkt wurde, mich wieder vertiefte, wieder aufhörte, Meditation benutzte, um mit Krisen fertigzuwerden, wieder anfing und ein drittes Mal aufhörte, bevor ich schließlich die Urklangmeditation zu einem Teil meiner täglichen Routine machte. Ich hoffe, dass Sie auf weniger Umwegen zu Ihrer Übung finden.

Wenn die meisten Leute an Meditation denken, stellen sie sich jemanden vor, der entweder laut oder leise »Om« singt. Diese

Übung ist als Mantra-Meditation bekannt, und ich werde mich etwas später dieser Meditationsform detaillierter zuwenden. Aber lassen Sie mich erst von meiner Meditationsreise und den vielen Meditationsformen erzählen, die ich im Lauf meines Lebens als Meditierender erfahren durfte. Manche entsprechen Ihnen vielleicht mehr als andere; manche sind vielleicht praktischer für Sie als andere. Es kann jedoch ein großartiges Geschenk für Sie sein, die unterschiedlichen Möglichkeiten, die Fluktuationen des Geistes zu beruhigen und Ruhe und Stille in Ihr Leben zu bringen, zu erkennen und sich so tiefer mit unserer wertvollen Existenz auf dem Planeten Erde zu verbinden.

Kapitel 4
Geheimnisse geistig-körperlicher Meditation

*»Ein Moment. Der Moment des Orgasmus. Der Moment am Mee-
resufer, wenn es nur noch die Welle gibt. Der Moment des Liebens.
Der Moment der Krise, in dem wir uns selbst vergessen und das
tun, was nötig ist.«*

RAM DASS

Fangen wir mit einer der leichtesten und wissenschaftlich fundier-
testen Meditationstechniken an und gleichzeitig der, die mich als
erste auf die Bedeutsamkeit der Meditation als wirksames Werkzeug für unser Leben aufmerksam machte: *Biofeedback.* Biofeedback ist der Prozess, sich unterschiedlicher physiologischer Funktionen zu bedienen, indem man sie beobachtet, sodass man sie
wiederum beeinflussen, verändern und/oder kontrollieren kann.
Mit der Zeit können Sie sich darauf trainieren, dass Ihr Sympathikus weniger leicht auf Stressfaktoren reagiert und sich schneller
von ihnen erholt. Durch das Praktizieren von Biofeedback können Sie Ihren Puls, Ihre Muskeln, die Gehirnwellen, Ihre Schmer-
zwahrnehmung und andere Körperfunktionen beeinflussen.

Sie beobachten Ihren Fortschritt an einem Computermonitor, und wenn Sie sich der angezielten Pulsvarianz, dem Atmungsfluss und der Gehirnwellenfrequenz annähern, sehen Sie die Veränderungen auf dem Bildschirm – daher das Wort *Feedback*. Biofeedback wird benutzt, um Stress zu managen, Aufregung zu mildern, den Blutdruck zu regulieren, seine physische Leistungsfähigkeit zu verbessern, Kopfschmerzen zu lindern und seine geistige Wachheit zu stärken.

Schon früh auf meinem Meditationsweg habe ich mich in einer Studiengruppe eingeschrieben, die die Verbindung von Körper und Geist untersuchen sollte. Sie konzentrierte sich auf das Messen und Beobachten meiner Biosignale, wenn ich unterschiedliche Verhaltensweisen ausübte, um sie zu senken. Biosignale sind die elektrischen Ströme, die in einer Zellgruppe, einem bestimmten Gewebe oder einem Organ wie dem Herzen, der Haut oder dem Gehirn produziert werden. Energie strömt durch uns und genauso messbare Mengen von Elektrizität und magnetischer Anziehungskraft. Die moderne Wissenschaft hat sogar elektrische Ströme und Biosignale gemessen, die von Pflanzen erzeugt werden. Das Ziel des Biofeedback ist es, ihre Biosignale so genau zu beobachten, dass Sie sie anpassen und verändern können, wenn diese auftreten.

Sie können das gleich jetzt machen. Statt regelmäßig zu atmen, atmen Sie jetzt langsam sehr durch die Nase ein und zählen Sie dabei bis vier.

Eins. Zwei. Drei. Vier.

Halten Sie die Atmung und zählen Sie dabei bis vier.

Und jetzt atmen Sie durch die Nasenlöcher aus und zählen Sie bis vier.

Halten Sie jetzt die Atmung an und zählen Sie bis vier.

Wiederholen Sie diesen Prozess achtmal. Das sollte ungefähr anderthalb Minuten dauern. Ich warte so lange.

Höchstwahrscheinlich haben Sie Ihre Atmung auf weniger als zehn Atemzüge pro Minute verlangsamt, Ihre Aufregung in diesem Moment verringert und die Feuchtigkeit, die Ihre Haut absondert, wenn Sie übermäßig aufgeregt oder gestresst sind, reduziert. Sie sind ruhiger, als Sie es noch vor zwei Minuten waren. Wenn wir wollten, könnten wir all diese Biosignale formal beobachten, um unseren Fortschritt zu überprüfen. Die traditionellen Biosignale, die beim Biofeedback beobachtet werden, sind EKG (Elektrokardiogramm), EEG (Elektroenzephalogramm), HFV (Herzfrequenzvariabilität) und GHR (galvanische Hautreaktion). Die HFV misst die Zeit oder das Intervall zwischen jedem Ihrer Herzschläge. Seltsamerweise sind gerade Unterschiede im Intervall zwischen den einzelnen Schlägen der Indikator für ein gesundes Herz. Es gibt unendliche Möglichkeiten sogar bei Ihren Herzschlägen! Die GHR stellt erhöhte Transpirationsgrade, die von unserem autonomen Nervensystem generiert werden, und wird bei traditionellen Lügendetektionsverfahren eingesetzt, bei denen man an einen Polygrafen angeschlossen wird. Zusätzlich zu der Tatsache, dass unsere Haut beim Aussprechen einer Lüge leitfähiger wird, schwitzt sie auch stärker, wenn wir Zorn, Angst, Schmerz, Überraschung, sexuelle Gefühle und emotionale Erregung erleben. Die Verwendung von Lügendetektortests bei Gerichtsverfahren bleibt fragwürdig, aber die Wahrheit bei diesem Verfahren besteht darin, dass Lügendetektoren bestimmte unwillkürliche Reaktionen auf stressige Situationen ans Tageslicht bringen, so zum Beispiel erhöhte Leitfähigkeit der Haut und erhöhten Atemrhythmus. Aber das bedeutet nicht, dass jemand lügt … nur, dass er Stress zeigt.

Der Körper lügt nie

Unsere Biosignale enthüllen in jedem Augenblick unseren wahren emotionalen Zustand, aber nur wenige Leute um uns her können sie sehen. Unser Geist sendet unserem Körper Signale, und dieser reagiert spontan und kreiert eine perfekte Feedback-Schleife. Wir tragen unsere Emotionen auf unserem Körper und letztlich auch in unserem Körper. David Simon hat gesagt, dass 90 Prozent unserer Toxizität emotional bedingt ist. Es gibt sogar Leute, die sich auf das Studium menschlicher Emotionen durch die Interpretation von Gesichtsausdrücken spezialisiert haben. Ein solcher Forscher ist Dr. Paul Ekman, ein Psychologe, der anhand kleiner visueller Hinweise, bekannt als Mikroexpressionen, mit nahezu unfehlbarer Sicherheit feststellen kann, ob jemand lügt. Ekman fand heraus, dass das Gesicht 43 unterschiedliche unwillkürliche Muskelbewegungen an den Tag legt, die Tausende von Ausdrücken erzeugen, darunter die sieben grundlegenden menschlichen Emotionen Zorn, Verachtung, Ekel, Angst, Glück, Traurigkeit und Überraschung. Ekmans Arbeit war die Inspiration für die Fernsehserie *Lie To Me*, mit Tim Roth als dem Mikroexpressionsexperten Dr. Carl Lightman. Dieser Grad von Forschung und Begreifen war noch in den Kinderschuhen, als ich vor vielen Jahren in die Biofeedback-Studien einstieg. Es war eine sechsmonatige Studie mit recht rigorosen Kontrollen, besonders für einen Collegestudenten im zweiten Jahr – kein Alkohol, keine Drogen irgendwelcher Art und keine bewusstseinserweiternden Substanzen für ein halbes Jahr! Wöchentliche Blut- und Urinproben sorgten dafür, dass die Teilnehmer dem Prozess treu blieben. Und über ein halbes Jahr hinweg ging ich jeden zweiten Tag für 90 Minuten in die Klinik, verlangsamte für eine halbe Stunde alles, um eine Basis zu etablieren, und wurde dann über eine Hautleitfähigkeitsmanschette mit zehn Gummifingerhüten, die meine interne elektrische Schalterplatte über eine Stunde mit der Hauptplatine des Computers verknüpfte, an ein EKG angeschlossen.

Vor drei Labortechnikern in weißen Kitteln und mit Klemmbrettern vollführte ich Übung um Übung, benutzte meinen Geist, meine Atmung und mein Herz. Ich starrte auf ein Armaturenbrett, das mehrere Monitore und Skalen in sich vereinte, darunter auch eine, die meinen Blutdruck anzeigte. Ich lernte, die Zahlen auf Kommando zu senken, angefangen mit einem Grundblutdruck von 160/120. Innerhalb von ein paar Monaten kam ich auf 100/60 hinunter, und über die letzten 20 Jahre ist mein Blutdruck auch ungefähr bei diesem Wert geblieben.

Als die Monate ins Land gingen und wir uns dem Ende der Studie näherten, musste ich meinen Ruhepuls proaktiv anheben, nachdem er für ein paar Wochen auf unter 50 Schläge pro Minute gesunken war. Ich stellte fest, dass mir in Aufzügen und Flugzeugen schwindlig wurde. Um mein Gleichgewicht wiederzufinden, begann ich heimlich, meine Intention während der Tests an den entsprechenden Tagen umzukehren, und alle Zahlen fingen an, nach oben zu gehen, was mich wie ein gescheitertes Testsubjekt aussehen ließ. Letztlich verriet ich den Leuten in der Klinik, dass das Biofeedback so gut funktionierte, dass ich meinen Blutdruck anheben musste, um zu verhindern, dass ich ohnmächtig wurde.

Sie warfen mich aus der Studie!

Die HeartMath-Technik

In den letzten Jahren habe ich Biofeedback unter Verwendung eines Programms praktiziert, das vom Institute of HeartMath entwickelt worden ist, bei dem man Sensoren an seine Finger anschließt und in unterschiedlicher Tiefe und Frequenz atmet, um etwas herzustellen, was man als Kohärenz bezeichnet, ein höchsteffizienter physiologischer Zustand, bei dem Ihr Nervensystem, das kardiovaskuläre System, das Hormon- und Immunsystem alle verzahnt sind und in einem ausbalancierten und harmonischen Zustand zusammenarbeiten. Der Kohärenzzustand ähnelt sehr stark dem, was Athleten mit dem Ausdruck »in der Zone sein« beschreiben. Alles ist in totaler Übereinstimmung, aber, und das ist das Verblüffende, es geschieht mit müheloser Leichtigkeit.

Bei dem HeartMath-Programm, das ich benutzte, begann der Prozess mit einem Schwarz-Weiß-Bild auf dem Bildschirm, das sich langsam in Farbe wandelte, wenn ich immer tiefere Entspannungszustände erreichte. Als ich tiefer in den Zustand der Kohärenz hineinkam, traten lebendigere und farbenfrohere Aspekte der Natur aus dem Hintergrund hervor – ein Wasserfall, ein Regenbogen, Hasen, ein Reh, das durch den üppigen, grünen Wald tänzelte, der sich von monochrom hin zu einem Farbfilm entwickelte. Diese positive Verstärkung hilft Ihnen unterbewusst, all Ihre Aktivitätslevel zu senken, wenn Sie sich im Ruhezustand befinden.

Die unaufhörliche Evolution des Biofeedbacks

Über die letzten paar Jahre sind Biofeedback-Monitore und Feedback-Mechanismen durch den technischen Fortschritt billiger geworden und sehen nun fast aus wie Spielzeug; sie fühlen sich auch so an. Sie haben ihren Weg in den Mainstream der Meditationswelt gefunden und werden größtenteils als Werkzeuge zum Stressmanagement vermarktet. Biofeedback hat sich dahin entwickelt, auch Gehirnwellenbeobachtung durch Verwendung von an der Kopfhaut befestigten Sensoren zu ermöglichen. Fortschrittliche Computersoftware versetzt die Leute heute in die Lage, ihre Gehirnwellen zu sehen und mit Training und Übung ihre Gehirnwellenmuster zu verändern, um ihre physische, kognitive und emotionale Gesundheit durch einen ähnlichen Prozess zu verbessern, der als Neurofeedback bekannt ist.

Deepak Chopra hat dauerhaft eine Pionierrolle bei der Verschmelzung neuer Technologien mit alten Lehren innegehabt. In seinem Bemühen, der jungen Generation einen zeitlosen Korpus an Wissen nahezubringen, hat er *Leela* geschaffen, eine interaktive Spielerfahrung für Xbox360, die Bewegung und Atmung benutzt, um einem zu helfen, sich mit seinen Energiezentren zu verbinden. Und schon Jahre vorher, als sich die jüngsten Spieler gerade in ihre ersten Spielerfahrungen einloggten, bot Deepak mit seinem bahnbrechenden *Journey to the Wild Divine*, in dem man seine Finger in Manschetten steckte und durch Verwendung

seines Pulses und seiner Atmung in einer Fantasiewelt aus dem
Leben gegriffene Situationen meisterte, eine Alternative zu den
Joystik = Pistolen-Angeboten.

Obwohl ich gern Biofeedback praktiziert habe und es deutliche physiologische Ergebnisse brachte, stellte ich doch fest, dass
diese höchst physische Form der Meditation meinen Körper und
Geist sehr aktiv bleiben ließ. Man achtet auf die Resultate seiner
Atmung und Meditation, während man gerade dabei ist, und ich
konzentrierte mich stets darauf zu sehen, wie sehr ich die Skalen
veränderte. Obwohl das Biofeedback meine Atmung und meine
Herzfrequenz verlangsamte und ich meinen Ruhepuls schließlich
auf 45 Schläge pro Minute hatte, war ich niemals wirklich in
Ruhe. Stille vielleicht, aber niemals Ruhe. Ich erreichte während
meiner Sitzungen tiefe Entspannungszustände, aber dies führte
mich nicht zu dem Ort der Ruhe und Stille, den ich so leicht
durch Verwendung subtilerer, weniger physischer Meditationsformen aufsuchen kann. Ich fand auf diesem Weg auch nie die
Verbindung zur Erfahrung des Einsseins. Ich war entspannter,
klarer und hatte weniger Stress in meinem Leben, aber trotzdem
wurde ich immer noch in Aufzügen ohnmächtig. Also suchte ich
nach einer anderen Meditationstechnik, die nicht so physisch
und aktiv war.

Kapitel 5
Geheimnisse visueller
Meditation

»*Manchmal denke ich, dass all meine Bilder lediglich Bilder von mir selbst sind. Es geht mir um … die Zwickmühle, in der der Mensch steckt; nur dass das, was ich für diese Zwickmühle halte, einfach nur meine persönliche sein könnte.*«

RICHARD AVEDON

Als ich Anfang 20 war, begegnete ich einer Frau, die Kerzen liebte – einer der unschuldigen Pioniere im Reich des natürlichen Kerzenmachens, das heute ein globales Multimilliarden-Dollar-Geschäft ist. Sie hatte ein Rezept auf Sojabasis entwickelt, das ätherische Öle enthielt und – sobald der Docht brannte – ein großartiges, ursprüngliches Aroma verströmte, das aufweckte und heilte. Manchmal umringte sie ihr ganzes Haus reihenweise mit diesen berauschenden Kerzen, und wir saßen in der Dunkelheit und schauten den Hunderten flackernden goldenen Tänzern zu, die uns umgaben. Wir saßen da, solange die Kerzen brannten, manchmal mit Musik im Hintergrund, manchmal in Stille … schweigend. Die hypnotische Anziehungskraft der Flammen zog mich schließlich in sich auf, und ich erlebte eine Art High, als ich in das Licht schwebte und letztlich mit dem Licht selbst verschmolz, fühlte, wie mein Körper porös wurde und meine Individualität sich in etwas entfaltete, was größer war als ich ... jenseits meiner war ... alles und nichts gleichzeitig, nur im Moment existierend.

Jahre später, in einer Ashtanga Vinyasa Yogastunde, brachte man mir das erste Mal diese Konzentrationsübung als Teil des Yoga *Asana*, der Pose, bei. Die Technik wurde als *drishti* bezeichnet (auch *dristi* geschrieben), was im Sanskrit »Einsicht, Weisheit, Intelligenz oder Standpunkt« bedeutet. Während der Yogapraxis dient das *drishti* sowohl als Weg, sich über dieses lokale Reich von Raum und Zeit hinauszubewegen – über seine alltägliche Vision, über das physische Gleichgewicht und Equilibrium hinaus –, als auch als eine Metapher für die Konzentration des Bewusstseins auf eine Vision der Einheit. Es ist schon für sich genommen eine Form der Meditation.

Drishti Meditation

Wenn man *drishti* bei Yogaübungen oder Meditation mit offenen Augen verwendet, fokussiert man sanft seinen Blick auf einem konzentrierten Punkt, während man seine Aufmerksamkeit nach innen gerichtet hält. Der Drishti-Punkt kann eine Kerzenflamme oder der Rand der eigenen Nasenspitze sein, das dritte Auge (der Punkt zwischen den Augen), ihr Nabel oder ein Punkt in der Entfernung. Bei drishti geht es nicht um das externe Objekt, auf das Sie sich fokussieren; der Zweck ist, das Bewusstsein von den Ablenkungen um Sie her abzuziehen und auf einem Fokuspunkt zu vereinigen – einem Punkt, von dem aus die Konzentration schließlich nach innen gelenkt wird. Bei der Yogapraxis ist drishti ein Konzentrationspunkt, auf dem der Blick während Posen der Dehnung, des Gleichgewichts oder der Stärke ruht. Sich auf einen Drishti zu konzentrieren unterstützt die Konzentration, da es leichter ist, sich ablenken zu lassen, wenn die Augen im ganzen

Raum herumwandern. In bestimmten Yogastilen hat jedes Asana einen bestimmten Drishti, der auch bei der Pose hilft. Beispielsweise bilden die Arme und Beine beim Asana namens *parvatasana,* das auch als Bergpose oder großer Hund bekannt ist, einen A-förmigen Rahmen, bei dem der Po hoch in die Luft gereckt und himmelwärts gezogen wird, wobei der Drishti Ihr Nabel ist. Beim Asana *utthita parsvakonsana* oder gestreckte Winkelhaltung lehnt man sich zur Seite mit einer Hand zur Unterstützung auf dem Boden und dem drishti oben an der gestreckten Hand, die erhoben und gestreckt wird und den Kopf Richtung Himmel lenkt. Sie blicken zu den erhobenen Fingern, die schließlich der Himmel werden, und dieser wird letztlich zum Einssein.

Es war der legendäre Lehrer und Yogi Sri K. Pattabhi Jois, der als Erster die Praktik vom Drishti des weichen Blicks in die westliche Yogawelt einführte. Vor 70 Jahren lehrte er seine Schüler, ihre Aufmerksamkeit auf neun Fokuspunkte des physischen Körpers zu richten, während sie die 28 Asanas oder Übungsposen durchgingen. Die Ashtanga-Yoga-Tradition, die in Amerika durch Guru Jois eine große Beliebtheit erreichte, beschreibt neun klassische Drishtis und betont den fixierten, weichen Blick. Diese neun Punkte sind:

1. Die Nasenspitze
2. Das dritte Auge
3. Nabel
4. Daumen
5. Hände
6. Große Zehen
7. Weit rechts
8. Weit links
9. Oben am Himmel

Lassen Sie uns jetzt diese Drishtis erleben.

Atmen Sie einmal tief ein, halten Sie den Atem für ein paar Herzschläge und lassen Sie den Atem dann langsam durch die

Nasenlöcher entweichen. Atmen Sie im gleichen Tempo weiter. Langes, langsames Einatmen.

Lassen Sie Ihren Blick zu Ihrer Nasenspitze wandern, nachdem Sie das ein paarmal gemacht haben. Fühlen Sie, wie Sie zu schielen anfangen, und entspannen Sie sich. Machen Sie das etwa eine Minute.

Richten Sie Ihre Aufmerksamkeit jetzt auf Ihr drittes Auge in der Mitte Ihrer Stirn, etwas oberhalb der Augenbrauen. Fühlen Sie, wie sich Ihre Augen öffnen und schließen. Bleiben Sie ein paar Minuten in diesem Raum.

Richten Sie Ihre Aufmerksamkeit jetzt auf Ihren Bauchnabel. Schauen Sie nach innen. Halten Sie Ihren Blick weiterhin weich. Bleiben Sie ein paar Minuten lang so.

Und driften Sie jetzt langsam zu Ihren Daumen – ohne zu denken, schauen Sie einfach nur ein paar Augenblicke dorthin.

Erweitern Sie jetzt Ihre Aufmerksamkeit so, dass sie Ihre ganze Hand einschließt. Denken Sie daran, weiter lange, langsame, tiefe Atemzüge zu machen.

Lassen Sie Ihren Blick jetzt zu Ihren großen Zehen wandern. Wackeln Sie mit ihnen, um die energetische Distanz zwischen Ihren physischen und Ihren astralen Zehen zu überwinden.

Lassen Sie jetzt Ihren Blick ganz nach rechts wandern, ohne den Kopf zu bewegen, versuchen Sie, fast Ihr rechtes Ohr zu sehen. Halten Sie den Blick weich und atmen Sie weiter.

Bewegen Sie die Augen jetzt, so weit Sie nur können, sodass Sie nach links schauen.

Nachdem Sie eine Minute oder so nach links geschaut haben, richten Sie den Blick auf das Zentrum und erheben Sie die Augen zum Himmel.

Wenn Sie das eine Minute oder so getan haben, schließen Sie die Augen und sitzen Sie einfach nur da und lassen Sie den Prozess zur Ruhe kommen.

Wie fühlen Sie sich? Fühlt sich etwas anders an?

Wie bei vielen Formen der Meditation beinhaltet Drishti-Me-

ditation einen tiefen Fokus und tiefe Konzentration. Im Kontrast
dazu fokussiert oder konzentriert man sich in der Urklangmeditation nicht, was ich persönlich sehr befreiend fand. Aber Fokus
und Konzentration können bei der Yogapraxis machtvolle Werkzeuge sein, weil sie es Ihnen erlauben, über den physischen Körper zu dem jeweiligen Drishti voranzuschreiten. Und wenn Sie
sich im Zustand der körperzentrierten erholsamen Achtsamkeit
befinden, verschmilzt der Drishti schließlich mit Ihnen ... jenseits von Raum und Zeit. Es ist eine wunderbare und zutiefst zentrierende und einheitsstiftende Erfahrung.

Sri-Yantra-Meditation

Ähnlich dem Akt des Drishti, ist auch *Sri Yantra* eine populäre
Form visueller Meditation. Sie hat ihre Wurzeln in den vedischen
und yogischen Traditionen Indiens.

Die Leute meditieren seit Tausenden von Jahren, indem sie
auf die geistlichen Labyrinthe der buddhistischen Mandalas und
hinduistischen Mantras starren, um höhere Bewusstseinszustände zu erlangen. Diese sind visuelle Repräsentationen der
Reise der Evolution, in deren Zentrum üblicherweise eine Gottheit dargestellt wird, die als Quelle der Einheit fungiert. Um die
Gottheit herum sind sich stets erweiternde konzentrische Kreise
(*mandala* ist ein Sanskrit-Begriff, der »Kreis« bedeutet), andere
geometrische Formen und Darstellungen der Natur oder sakra-
ler Szenen.

Sri Yantra hat diese religiöse Kunst im achten Jahrhundert auf
eine neue Ebene gehoben, und zwar als eine der ersten nichtreli-
giösen geometrischen Darstellungen dieser heiligen Reise. *Sri*
(auch *shri* geschrieben) ist das Sanskrit-Wort für »Reichtum«
oder »Überfluss«; in diesem Fall bedeutet es »höchst verehrt«.
Yantra ist der Sanskrit-Begriff für »Vehikel« oder »Instrument«.
Das Sri Yantra ist also ein höchst verehrtes visuelles Instrument,

das mathematische Proportionen benutzt, die man als den goldenen Schnitt bezeichnet. Die wissenschaftlichen Proportionen, die benutzt wurden, solche Gebäude wie das Parthenon und die Pyramiden von Gizeh zu schaffen, basieren auf denselben, natürlich vorkommenden, heiligen Verhältnissen, die wir bei der Entwicklung von Tannenzapfen, Farnen, Fettpflanzen und Meerschnecken beobachten. Die heiligen Geometrien des Sri Yantra stellen einen reinen visuellen Ausdruck der Reise der Existenz dar und erweitern sich von kosmischem Einssein (der Quelle) hin zur Vielheit (unserem persönlichen Ausdruck des Universums) und dann zurück zur Einheit – während Sie die ganze Zeit eben die Erfahrung der Einheit zur Verfügung stellen. Das an sich ist schon eine Meditation.

Unter Verwendung dessen, was heute als mathematische Psychologie bezeichnet wird, haben die alten Handwerker des Sri Yantra wissenschaftliche Techniken wie die Fibonacci-Folge angewendet, bei der es sich um die mathematische Darstellung der heiligen Proportion handelt. Das simultan statische wie dynamische Zusammenspiel aller Elemente des Sri Yantra – Quadrate, Kreise, »perfekte« Dreiecke, Linien und ein Punkt – stellt den Evolutionsprozess (Wachstum weg von der Quelle) sowie den Involutionsprozess (Ausgang von den unterschiedlichen Schichten zurück zu der einen Quelle) in Form einer visuellen Meditation dar. Man hat dies oft als visuelle Repräsentation der Om-Vibration bezeichnet (der alle Schwingungstöne des Planeten enthalten soll) und ehrt die Macht der maskulinen wie der femininen Energie statt die Gestalt eines Gottes oder einer Göttin.

Da es sich um eine visuelle Repräsentation der Om-Schwingung handelt, wird Sri Yantra für das mächtigste Meditations-Yantra gehalten, da diese Schwingung in erster Linie eine stille Schwingung ist – die Glocke, die nicht geschlagen wird. Und diese stille Konzentration auf das Objekt Ihrer Aufmerksamkeit löst Sie aus aller anderen Aktivität und bringt Sie auf eine Reise zur Einheit, auf der all Ihre Sehnsüchte erfüllt werden. Mit dem Sri Yantra zu meditieren bedeutet im Kern, sich auf ein visuelles Zusammenspiel und eine Verschmelzung von Dualität – der manifesten Welt der Form und der Phänomene – und Nicht-Dualität – der formlosen Unbegrenztheit der nichtmanifesten Welt – einzulassen.

Das Sri Yantra wird von neun ineinandergreifenden Dreiecken gebildet, die einen zentralen Punkt umgeben und von diesem ausstrahlen, was dann 34 einzelne Dreiecke ergibt. Dieser zentrale Punkt, der auch als *bindu* bezeichnet wird, ist der Verbindungspunkt zwischen dem physischen Reich und seiner nichtmanifesten Quelle; er repräsentiert das Universum in seinem ganzen Überfluss. Vier der größeren Dreiecke zeigen nach oben und repräsentieren Shiva oder die maskuline Energie. Fünf der Dreiecke zeigen nach unten und repräsentieren Shakti oder die weibliche Energie. So repräsentiert das Sri Yantra auch die Union der maskulinen und femininen göttlichen Energie.

Da das Sri Yantra aus neun Dreiecken besteht, wird es oft als *navayoni chakra* (*nava* bedeutet »neun« und *yoni* bezeichnet den weiblichen Schoß als die Quelle allen Lebens, *chakra* bedeutet »Energiezentrum«). Die neun Dreiecke sind so miteinander verbunden, dass sie ein Netz von 43 kleineren Dreiecken bilden, das den gesamten Kosmos und den Schoß der Schöpfung repräsentiert. Dieses ist von einem Lotus mit acht Blütenblättern umgeben, dann einem Lotus mit 16 Blütenblättern und einem Erdquadrat, das einen Tempel mit vier Türen darstellt, die nach allen vier Richtungen ausgehen und Norden, Süden, Osten, Westen repräsentieren.

Das Sir Yantra wird auch als *nava chakra* bezeichnet, weil es ebenso als Darstellung mit neun Ebenen gesehen werden kann. Diese Ebenen, die in allen traditionellen Sri Yantras dargestellt werden, beginnen im Zentrum und verlaufen nach außen von:

1. *Sarva Anandamaya*, bestehend aus einem Punkt oder Bindu
2. *Sarva Siddhi prada*, bestehend aus 1 kleinen Dreieck
3. *Sarva Rogahara*, bestehend aus 8 kleinen Dreiecken
4. *Sarva Rakshakara*, bestehend aus 10 kleinen Dreiecken
5. *Sarva Arthasadhaka*, bestehend aus 10 kleinen Dreiecken
6. *Sarva Saubhagyadayaka*, bestehend aus 14 kleinen Dreiecken
7. *Sarva Sankshobahana*, ein Kreis, der einen 8-blättrigen Lotus einschließt
8. *Sarva Aasa Paripuraka*, ein Kreis, der einen 16-blättrigen Lotus einschließt
9. *Trilokya Mohana* oder *Bhupara*, der einen Platz mit 3 Linien und 4 Portalen umfasst

Um eine Sri-Yantra-Meditation zu vollziehen, setzen Sie sich bequem an einen Tisch. Stellen Sie das Yantra 30–50 Zentimeter von sich entfernt auf, direkt in Ihrem Blickfeld, oder schauen Sie

~~ auf einem Monitor an (werfen Sie einen Blick auf die Medita-
tions-Hilfsmittel auf der website **davidji.com**, suchen Sie nach
»full-color sri yantra«.)

Sobald Sie bequem vor Ihrem Sri Yantra sitzen, lesen Sie die
unten stehenden Anweisungen und fangen Sie dann an, nach Be-
lieben auf das Bild auf der Seite zu schauen.

Erlauben Sie es Ihren Augen, sich auf das Zentrum des
Yantra zu fokussieren, wenn Sie darauf schauen. Der
Punkt im Zentrum wird als Bindu bezeichnet, der die Einheit repräsentiert, die aller Verschiedenheit der physischen
Welt zugrunde liegt. Erlauben Sie es jetzt Ihren Augen, das
Dreieck zu sehen, das den Bindu umschließt. Das nach unten zeigende Dreieck repräsentiert die weibliche Schöpfer-
kraft, den Schoß aller Schöpfung, während das nach oben
zeigende Dreieck die männliche Energie repräsentiert, Bewegung und Transformation. Erlauben Sie es Ihrem Blick,
sich zu weiten, sodass er die Kreise außerhalb der Dreiecke
mit aufnimmt. Diese repräsentieren die Kreise des kosmischen Rhythmus. Das Bild des Kreises verkörpert den Gedanken, dass Zeit keinen Anfang und kein Ende hat. Die
weitesten Regionen des Raums und der innerste Kern eines
Atoms pulsieren beide mit derselben rhythmischen Energie der Schöpfung. Dieser Rhythmus ist in Ihnen und um
Sie her.

Richten Sie Ihre Aufmerksamkeit jetzt auf die Lotus-
blätter außerhalb des Kreises. Achten Sie darauf, dass sie
nach außen zeigen, als würden sie sich öffnen. Sie illustrie-
ren die Entfaltung unseres Verstehens. Der Lotus repräsentiert auch das Herz, den Sitz des Selbst. Wenn sich das
Herz öffnet, kommt das Verstehen.

Das Quadrat außerhalb des Yantra repräsentiert die Welt der Form, die materielle Welt, die uns unsere Sinne zeigen, die Illusion der Trennung, wohldefinierter Grenzen und Ränder. An der Peripherie der Figur sind vier T-förmige Portale oder Tore. Achten Sie darauf, dass diese ins Innere des Yantras weisen, die inneren Räume des Lebens. Sie repräsentieren unseren irdischen Weg vom externen und materiellen zum internen und sakralen.

Nehmen Sie sich jetzt einen Moment Zeit, in das Yantra zu blicken, und lassen Sie die unterschiedlichen Formen und Muster wie in Zeitlupe ganz natürlich hervorgehen, wobei Sie es Ihren Augen erlauben, sacht ihren Fokus zu halten. Schauen Sie in das Zentrum des Yantra. Sie schauen in die Perfektion: den goldenen Schnitt. Reine Balance und Gleichgewicht. Saugen wir dies in uns auf. Beginnen Sie Ihr Blickfeld, ohne die Augen zu bewegen, zu weiten und verweilen Sie kurz bei jeder Schicht, während sich der Blick erweitert. Setzen Sie die Erweiterung langsam fort, bis Sie Information von mehr als 180 Grad Blickwinkel aufnehmen.

Achten Sie darauf, dass all diese Information schon die ganze Zeit da war, aber Sie wurden sich ihrer gerade da *bewusst*, als sie sich entfaltete, weil Sie voll präsent waren. Dies ist ähnlich wie die Entfaltung Ihrer Lebensgeschichte, die sich stets entwickelt, verändert, verlagert, transformiert und sich in so viele unterschiedliche Richtungen ausweitet.

Kehren Sie jetzt den Prozess langsam um, indem Sie Ihre Aufmerksamkeit zu sich zurückholen. Fangen Sie damit an, noch alles um sich herum aufzunehmen, und verengen Sie dann Ihren Blick. Richten Sie die Aufmerksamkeit langsam wieder auf die vier Tore des Yantra und

bleiben Sie für ein paar Augenblicke dort. Dann gehen
Sie ganz sanft tiefer in das Yantra hinein. Lassen Sie den
Blick langsam durch jeden kreisförmigen Kanal der Lotus-
blätter und Dreiecke schließlich wieder zum Bindu zu-
rückkehren – zurück zur Quelle. Nehmen Sie sich ein paar
Minuten Zeit, um dies zu tun.

Dieser Prozess der Rückkehr zum Bindu wird als »Involution« bezeichnet – die Bewegung von der Vielfalt, unserer Multidimensionalität, zur Einheit, während das Bewusstsein Schicht für Schicht ins Zentrum des Yantra
zurückkehrt.

Sie müssen sich nicht verpflichtet fühlen, eine unange-
nehm lange Zeit auf das Yantra zu starren; von 5 bis 15
Minuten ist alles wunderbar, es ist nicht nötig, es zu über-
treiben. Jede Dauer, mit der Sie sich wohlfühlen, sollte
funktionieren. Und jetzt machen Sie den Prozess der Evolution und Involution selbst durch.

Nachdem Sie ein paar Minuten auf das Yantra geschaut
haben, schließen Sie Ihre Augen für 5 bis 25 Minuten und
lassen Sie das Yantra sich vor Ihrem geistigen Auge entfalten. Diese Praktik, sich das Yantra in Ihnen entfalten zu
lassen, ist ein machtvoller Teil der Meditation, und die ge-
speicherten geometrischen Bilder driften dabei zwischen
Tun und Sein hin und her. Die Muster der Kreativität, die
von diesen ursprünglichen Gestalten repäsentiert werden,
drücken die fundamentalen Kräfte der Natur aus, die
durch die gesamte Existenz und durch Sie hindurchströ-
men. Wenn Sie mit beiden Teilen der Meditation fertig
sind, haben Sie die Freiheit, einfach dazusitzen und die
subtile Essenz dessen, was Sie gerade erlebt haben, sich
durch Ihre Gedanken, Ihr Wesen und Ihren Atem kräu-

seln zu lassen. Achten Sie darauf, wie Sie sich fühlen. Achten Sie auf die Lautstärke und den Aktivitätsgrad der Welt um Sie her und werden Sie sich dann der Welt innerhalb Ihrer selbst bewusst. Seien Sie einfach Ihr eigener Zeuge bei dem ganzen Prozess. Und atmen Sie.

Erinnern Sie sich stets daran, sanft mit sich selbst zu sein, und nehmen Sie sich ein paar Minuten (oder mehr, wenn möglich), still dazusitzen, bevor Sie sich wieder irgendwelchen physischen Aktivitäten zuwenden. Der tranceartige Effekt der Sri-Yantra-Meditation kann Sie durch die nächsten paar Stunden Ihres Tages begleiten, also achten Sie darauf, dass Sie nicht unmittelbar nach dieser oder jeglicher anderen Form von Meditation Auto fahren oder schweres Gerät bedienen müssen.

Nachdem Sie Yantra-Meditationen praktiziert haben, werden Sie das Gefühl der Trennung zwischen sich selbst und dem Yantra immer mehr verlieren und sich so im Wesentlichen vom Konzept des Getrenntseins selbst verabschieden. Sie werden ein Einssein erleben, in dem Sie nicht mehr differenzieren können, ob Sie in dem Yantra sind oder das Yantra in Ihnen ist. *Nota bene:* Zu meditieren wird Sie nicht in einen permanenten psychotischen Zustand versetzen, in dem Sie nicht mehr in der Lage sind, Grenzen zu erkennen, oder unfähig, in der alltäglichen Welt zu leben.

Die Yantra-Meditation ist nicht dazu gedacht, Ihre tägliche Übung zu ersetzen, aber sie lässt sich an jedem Punkt in Ihren Tagesablauf einsetzen. Sie wird als Komplementärübung zu egal welcher anderen Form der Meditation, die Sie praktizieren, fungieren. Drishti-Meditationen sind intensive Erfahrungen und können dabei helfen, Fluktuationen des Geistes progressiv zu verlangsamen, während sie einem gleichzeitig Blicke auf spirituelles Erwachen erhaschen lassen. Dennoch sind das Aufnehmen visueller Eindrücke und die Aktivierung Ihrer Konzentrationskräfte immer noch *Aktivitäten,* die in den physischen und feinstofflichen Reichen der Aktivität verwurzelt bleiben! Lassen Sie uns also anderen Formen der Meditation nachgehen, sodass Sie sogar noch subtilere Erfahrungen machen können.

Visuelle Meditationen können Ihnen helfen, sich zu konzentrieren und zu fokussieren.

Kapitel 6
Geheimnisse der
Klangmeditation

*»Warum gibt es Bäume unter denen ich niemals wandere, aber
große und klangvolle Gedanken sinken zu mir hernieder?«*
WALT WHITMAN[2]

Jede Lebensform auf diesem Planeten äußert sich durch Klänge.
Jedes Tier hat eine bestimmte Stimme – von dem tiefen Bass des
Rumpelns eines Elefanten und dem vollmundigen Brüllen der
großen Katzen hin zu dem Quieken und Krächzen von Finken
und exotischen Papageien. Gigantische Wale und ihre kleinen
Cousins, die Delfine, schicken ihre großartigen Gesänge durch
die Tiefen der Meere, während Mäuse quieken, Eidechsen zi-
schen, Wiesel fiepen und Eulen einander ihre Rufe über Meilen
zukommen lassen.

Ton kann uns in die Gegenwart bringen. Er kann uns auch in
die Vergangenheit driften lassen und manchmal sogar für kurze
Perioden in die Zukunft. Die Welt um uns her ruft uns mit Zehn-

---

2   Dt. von Thoren Opitz und Nora Zapf

tausenden von Stimmen zu: Der Ozean rauscht und ruft, während er sich beständig am Ufer bricht, die Bäume knarzen und stöhnen, wenn sie sich in Windstößen biegen und schwanken, ihre Äste schütteln die Blätter wie Rasseln, selbst die Tausenden von Grashalmen in jedem Vorgarten und Hinterhof beugen sich und strecken sich nach dem Himmel, während sie zart ihren flüsternden Refrain singen.

Jede Pflanze und jedes Tier auf Erden benutzt Töne, um zu kommunizieren. Der ganze Planet singt, und diesen Gesang zu hören ist nur eine Frage der Mittel, die wir benutzen, um zu lauschen – unsere Ohren, unsere Augen, unsere Herzen, unsere Haut, unsere Knochen, unser Geist, unsere Seele. Wenn wir einen bestimmten Ton so verstärken können, dass er die lauteste Vibration in unserer Wahrnehmung wird, dann kann dies unsere Meditation werden. Es kann der Klang menschlicher Stimmen sein, singen, rezitieren oder sprechen; die Klänge von Meditations- oder Kristallschalen, das Läuten von Zimbeln und Gongs oder die nicht wahrnehmbaren Echos von Schallwellen. Alles kann eine Form der Meditation sein. Aber ganz so, wie die Sri-Yantra-Meditation nicht dazu gedacht ist, Ihre tägliche Meditationspraxis zu ersetzen, sollten auch Klangmeditationen und geführte Meditationen eine Ergänzung Ihrer täglichen Übung sein.

Geführte Meditation

Ich liebe geführte Meditationen. Ich habe tiefe Heilung und eindrückliche Aha-Erlebnisse erfahren dürfen, als ich geführten Meditationen zuhörte. Manche können Ihnen effektiv dabei helfen, Ihren Geist und Körper zu trainieren. Viele Athleten benützen geführte Visualisierungen, um die Feinabstimmung an einer Übung, die sie wiederholen wollen, vorzunehmen, beispielsweise den perfekten Golfschlag auszuführen, einen Basketball zu dunken, ein Tor zu schießen oder einen Hockeyschläger zu schwingen, gerade bevor der Puck ankommt. Indem Sie sich den Prozess und das gewünschte Ergebnis wieder und wieder im Geist vorstellen, stellen Sie sich auf den Zeitpunkt ein, wo das Ereignis tatsächlich eintritt, beispielsweise indem Sie den Schwung eines Schlägers genau auf einen mit 100 Meilen pro Stunde auf Sie zukommenden Ball abstimmen.

Weniger verbreitet sind Meditationen und Visualisierungen für nichtathletische Aktivitäten wie zum Beispiel das Entspannen des Körpers vor dem Kernspin, das Loslassen von Stress vor oder während eines Fluges oder eines medizinischen Eingriffs, die Vorbereitung auf eine schwierige Konversation, die Verminderung und das Loslassen von physischem Schmerz, der im Körper gespeichert ist, das Üben für eine Präsentation und das Leisten tieferer emotionaler Arbeit beim Loslassen von Erfahrungen, die einem nicht länger dienlich sind.

Ich habe mehrere geführte Meditationen entwickelt, die einen in den gegenwärtigen Moment bringen, indem sie Sie aus Ihrer Vergangenheit, Ihrer Zukunft und Ihrem Kopf holen, und zwar unter Verwendung von Worten, Klängen und Musik, die Sie auf eine Reise der Stärkung, Annahme, emotionalen Heilung und des Friedens führen. *Come Fly With Me*, meine CD des stressfreien Fliegens, wurde ins Leben gerufen, nachdem einige meiner Schüler mir verrieten, dass sie das Fliegen verabscheuten und die Tage und Wochen vor dem Flug in emotionalen Qualen verbrachten – vom Packen bis zum Einchecken und An-Bord-gehen und besonders während des Abhebens und der Landung. Jetzt haben sie, zusammen mit Zehntausenden anderer Flugzeugpassagiere, ein Werkzeug, das ihnen hilft, ohne Turbulenzen mit dieser Anspannung fertigzuwerden.

Über die Jahre – angefangen, als ich eine Raubkopie von Ram Dass' Vortrag von Passagen aus *Be Here Now* hörte, über meine Beschäftigung mit der Zenphilosophie als Freshman im College, als Alan Watts mich auf einer Reise aus dem Kopf in meine Seele anleitete – habe ich starke Durchbrüche und Erweiterungen meiner Wahrnehmung durch geführte Meditationen erfahren dürfen.

Meine tiefste Rückführung in ein vergangenes Leben war in einer geführten Meditation, durch die mich Deepak auf einem Meditationsrückzug führte. Sie dauerte nur eine Stunde, aber es fühlte sich an, als hätten sich die Jahrhunderte bewegt, als er mich zurück ins Gestern führte, dann letzte Woche, letzten Monat, vor zehn Jahren, vor 20 Jahren, in den Schoß und dann über den Schoß hinaus in mein früheres Leben!

Es war unglaublich verwandelnd. Und ja, ich war an einen Ort in den Äther abgedriftet. Aber es war keine Meditation der Stille und Ruhe. Mein Gehör war aktiviert; ich achtete ganz deutlich auf die Bedeutung seiner Worte. Mein Intellekt verarbeitete seine Äußerungen. Mein Geist war beschäftigt. Ich formte Gedanken, während er sprach. Ich war voll präsent und doch versenkt in Aktivität. Es fühlte sich ein bisschen wie schlafwandeln an. Solange wir zuhören, aktivieren wir bewusst Aufmerksamkeit, Intention und behalten einen Fuß im Reich der Aktivität – dem Reich der konditionierten Welt.

Abhängig davon, was Sie zu einem bestimmten Zeitpunkt brauchen, kann geführte Meditation Sie bewegen, öffnen, vorbereiten, beruhigen oder heilen. Aber sie kann nicht die ausgedehnten Perioden ersetzen, die Sie in *nicht geführter* Meditation verbringen, wo Sie das Reich ohne Gedanken betreten und sich in die Stille und Ruhe in Ihnen versenken.

Es ist ein starker Ausgangspunkt für jene, die mehr Frieden und Entspannung oder weniger Aufregung und Stress suchen. Und so viele von uns kamen zur Meditation zum ersten Mal durch eine geführte Meditation, da diese einen so sanften Weg für Anfänger darstellt, die Wasser auszuloten und einige der vielen Vorteile der Meditation zu erleben, ohne sich von Konzepten wie Spiritualität, Mantras oder langen Perioden des sitzenden »Nichtstuns« erschrecken zu lassen. So viele meiner Schüler mit starker, beständiger Mantra-Praxis haben ihre Reise mit einer geführten Meditation in einem Yogakurs, auf einer CD, einem Download oder auf ihrem iPhone begonnen!

Ich habe Hunderte von geführten Meditationen geschrieben und aufgenommen, und viele können Sie online finden unter **davidji.com**, **dcbaby.com**, iTunes, **amazon.com**, **chopra.com**, meinem YouTube Kanal und vielen anderen Websites. Suchen Sie einfach im Internet unter »davidji guided meditations«, bis Sie die finden, die Ihnen im Moment am meisten entspricht. Ich habe auch eine kostenlose Online-Quelle für Meditationsressourcen für die Leser dieses Buches entwickelt, mit Videos, Downloads, Tipps und zusätzlichen Meditationstools. Um Zugang zu diese Ressourcen, darunter speziellen geführten Meditationen, zu bekommen, gehen Sie auf **davidji.com** und geben Sie das Passwort **SECRETS** ein.

Wann man geführte Meditationen benutzt

Wenn Sie sich einer Meditationspraxis verschrieben haben, dann werden alle anderen Formen von Meditation oder spiritueller Übung, darunter auch geführte Meditationen, durch die Macht der Zeit, die Sie jeden Tag in Ruhe und Stille zubringen, verstärkt; benutzen Sie also Ihre tägliche Übung, um jede andere Form von geführter Meditation, Energiemeditation oder stiller Meditation, die Sie Ihrem Tag hinzufügen wollen, zu verstärken. Ich empfehle meinen Schülern, zweimal am Tag zu meditieren und dabei Ihrem Atem zu folgen oder ein Mantra zu benützen, zum Beispiel den Urklang (siehe Kap. 10), einmal morgens nach dem Aufwachen und dann wieder am Nachmittag oder frühen Abend. Zwischen diese Perioden können Sie andere Meditationsformen, die Ihnen zusagen, üben, zum Beispiel eine geführte Meditation jeden Tag, ein Mittags-Pranayam oder Atmungsübung oder das abendliche Einstimmen der Chakras vor dem Zubettgehen.

In Kapitel 14 werden wir uns tiefer damit beschäftigen, wie man seine tägliche Praxis erdet und mühelos ein Meditationsritual erschafft.

Denken Sie daran, die Kraft jeder anderen Meditationsform, die Sie praktizieren, ruht auf der Beständigkeit und Regelmäßigkeit Ihrer täglichen Meditationspraxis – den Bücherstützen Ihres Tages.

Der Klang der Schalen

Abseits vom Klang der menschlichen Stimme, die Worte mit all ihren Bedeutungen und deren konditionierten Assoziationen ausspricht, können nichtstimmliche Vibrationen sogar noch stärkere Objekte für unsere Aufmerksamkeit in der Meditation sein. Auch haben Sie eine energetisch-fluchtende Kraft, wenn sie durch jede Zelle unseres Körpers strömen. Seit den Zeiten des Buddha haben die Übenden Gongs, Glocken, Kristallschalen, Metallschalen, Trommeln und andere natürliche Vibrationen benutzt, um Zustände der Transformation und Meditation herbeizuführen, wobei der Klang im Wesentlichen dazu benutzt wird, Sie in die Stille zu führen.

Die langlebigsten Vibrationsgeneratoren sind die Schalen aus Tibet und Nepal, die traditionell aus einer Legierung namens *pancha dhatu* (was so viel bedeutet wie »fünf Gewebe« oder »fünf Schichten«) oder *panchloha* (was »fünf Metalle« bedeutet) hergestellt werden, eine Kombination von Kupfer, Zinn, Zink, Eisen und einem Edelmetall (üblicherweise Gold oder Silber). Die Handwerker, die die Fünf-Metall-Schalen herstellen, schätzen Eisen aus Meteoriten besonders hoch.

Um eine Schale zu »spielen«, wird mit einem gepolsterten Schlegel auf die Lippe, den Rand oder die Seite der Schale geklopft; dann wird der Schlegel ganz sacht im Uhrzeigersinn wie ein Zauberstab an der Außenseite der Schale entlanggerieben – als würde man einen Suppentopf umrühren (nur dass man sich eben an der Außenseite bewegt) –, um den einen Ton so hervorzulocken, dass aus ihm eine Vielzahl von Harmonien wird. Die Meister der tibetanischen Metallschalen stellen ein »Orchester« von Schalen vor sich auf und gehen darin herum, klopfen, rüh-

ren, blasen auf die Schalen, schlagen sie wie einen Gong und lo-
cken die Vibrationen in Wellen hervor, bis sich eine machtvolle,
heilende Symphonie ergibt.

Die Macht dieser Verschmelzungen von mehreren Metallen
liegt in der Tatsache, dass jede metallische Verbindung mit einer
unterschiedlichen Geschwindigkeit vibriert, was vielfältige Harmonien und polyphone Schallwellen ergibt, die dann durch Ihren
Körper kreisen. Andere Schlaginstrumente aus Metall wie Zimbeln, Tingshas, Gongs und Glocken können diese Vibrations-
erfahrung ebenso erzeugen.

Wenn der Schlegel an einer Kristall-Klangschale gerieben
wird, ist das so ähnlich, wie wenn man mit dem Finger über den
Rand eines Weinglases streicht, um einen Klang zu erzeugen.
Stellen Sie sich eine Schale vor, die zehnmal so dick ist wie ein
Weinglas und aus gestoßenem Quarz statt aus Kristall oder Glas
besteht. Die Form und Konsistenz der Schale erlauben es der Vibration, ein endloses Echo zu erzeugen und somit den Klang eines ganzen Chors hervorzubringen – daher der Begriff »singende« Schale.

Die meisten Kristall-Klangschalen bestehen aus Quarzkristal-
len mit physischen Eigenschaften, die dazu führen, dass sie Energie verstärken, leiten und transformieren. Aus diesem Grund wird
Quarz auch heute noch für Computerchips verwendet, für Fernseher, Mikrofone und Uhren. Bei der Herstellung einer Klangschale
formt der Meister gestoßenen Quarz zu einer Schale, deren Größe
und Design die gewünschte Vibration erzeugen – eine bestimmte
musikalische Note oder Noten oder einen Klang –, die mit einem
bestimmten Energiezentrum im Körper synchronisiert sind.

Die heilende Kraft der Töne

Ob Metall oder Kristall, die Vibrationen der Schale erklingen jenseits der Fähigkeit unserer Ohren, noch Klänge zu registrieren.
Es ist der ganze Körper, der widerhallt, nicht nur das Trommel-

fell. Wenn also eine reine Schwingung für ein paar Sekunden durch jede Zelle Ihres Körpers vibriert, dann für Minuten, dann länger, tritt ein natürlicher Zustand zellulärer Anpassung ein.

Diese Klangerfahrung ist weniger eine Form der Meditation und mehr wie eine heilende Klangbotschaft, die einen tranceartigen Zustand erzeugt, der Sie zeitweise von Ihren Gedanken, allen anderen Klängen und – bis zu einem gewissen Grad – Ihrem eigenen Körper entkoppelt. Die Vibrationen können über Tage weiter durch Ihren Körper laufen, und die nährende Kraft der Klangheilung auf physischer und emotionaler Ebene ist äußerst profund.

Ich habe festgestellt, dass das Lauschen auf Klangschalen dann am stärksten für mich wirkt, wenn ich eine emotionale Reinigung durchgeführt oder an emotionalem Loslassen gearbeitet habe und in einem zarten und verwundbaren Zustand zurückgeblieben bin. Wenn dann diese süßen, ungefährlichen Schallwellen durch mich fließen, sanft meine Wunden streicheln, ist das eine der heilendsten Erfahrungen in meinem Leben. Der Meister tibetanischen Klangschalenspiels Damien Rose ist mir ein teurer Freund. Seine CD *Liquid Bells Singing Bowls* ist eine machtvolle Reise in die Stille durch die transformierende Macht der Klänge. Damien hat auch live auf meiner ersten geführten Meditations-CD *Fill What Is Empty; Empty What Is Full* gespielt und mir mit seiner Hingabe an diese heilige Kunst Tränen in die Augen getrieben. Sie können fühlen, wie sein Herz bei den Tracks mit akkustischen Heilklangschalen-Tönen wirklich in jede Vibration fließt.

Die Gründer des Chopra Centers, Deepak Chopra und David Simon, haben eine Serie von zwölf unverkennbaren ayurvedischen Massagebehandlungen entwickelt; eine davon ist eine Kristall-Klangschalen-Massage mit dem Namen *Gandharva*. In der Hindu-Mythologie waren die Gandharvas himmlische Musiker, die eine exquisite, wohltönende Musik für die Götter spielten, wenn diese Bankette in ihren Palästen abhielten.

Als ich das erste Mal zum Journey into Healing Workshop ins Chopra Center kam, buchte ich jeden Tag während der Mittagspause eine Massage. Am ersten Tag suchte ich mir die Gandharva aus. Oh mein Gott! Zuerst strich mich die heilkundige Meisterin mit warmem, ätherischem Kräuteröl ein, um mich ins Gleichgewicht zu bringen. Nachdem ich dann auf dem Tisch zerschmolzen war, öffnete sie meine Energiefelder mit unterschiedlichen ayurvedischen Massagetechiken wie *abhyanga, vishesh, srota* und *Marma*-Therapie. Gleichzeitig spielte sie immer wieder auf einer Kristallschale, deren Vibration jede Zelle meines Seins durchdrang. Es war anders als alle Massagen, die ich bis dahin erlebt hatte, und seitdem bin ich davon nicht mehr losgekommen. Wenn Sie so vollständig geöffnet werden und dann die Schale gespielt wird, ist es eines der heilendsten Erlebnisse, die Sie jemals haben werden.

Das Gandharva ist eine zutiefst meditative Erfahrung, und die Vibrationen holen Sie noch Stunden nach Ende der Behandlung immer wieder in den gegenwärtigen Augenblick zurück. Sogar Tage danach fühlen Sie immer noch, wie die Vibrationen weiter wie Wellen an die Ufer Ihres geistig-körperlichen Systems branden. Der Einfluss der Vibrationen auf dasselbe ist äußerst real, und der Effekt, den sie einfach nur durch die Heilkraft des Schalls auf das Gehirn haben, ist unbestreitbar. Aber diese Art von Meditations-Massagetherapie kann unglücklicherweise nicht Teil Ihrer täglichen Routine werden, wenn Sie nicht in der Nähe eines Heilkunst-Meisters leben.

Dennoch wird Schall als machtvolles Werkzeug betrachtet, das uns paradoxerweise tiefer in Ruhe und Stille führen kann. Um jederzeit Zugriff auf die Macht des Schalls nehmen zu können, habe ich mir eine Abfolge von Oms und Klangschalen-Tönen aufgenommen, die ich abspiele, wenn ich einen besonders turbulenten Tag habe. Wenn ich die Augen schließe und auf diese Welle alles verschlingender Vibrationen höre, dann bringt das Stille in mein Sein und ein Lächeln auf mein Gesicht. Wissenschaftlich gesehen vibriert der Schall durch jeden Aspekt Ihres Seins und erzeugt eine Art Kohärenz, wenn er Gleichgewicht in

jede Zelle vibriert. An einem gewissen Punkt sagt die Außenwelt
»Om«, und die innere Welt schließt sich an. Sie können das kos-
tenlos unter **davidji.com** herunterladen.

Die Wissenschaft der Schallwellen

Tausende von Leuten benutzen die Aufnahmen von Schallwellen,
um zu meditieren, und viele haben festgestellt, dass dies eine für
ihr Leben ausnehmend positive Praktik ist. Über die letzten 20
Jahre hinweg hatte ich viele Schallwellenmeditationen, die mich
in tiefe Entspannungszustände geführt und mich zutiefst in die
Stille gebracht haben. Ich habe an mehreren Studien teilgenommen, bei denen ich an Biofeedback-Monitore angeschlossen war,
die gezeigt haben, dass sich meine Gehirnwellen verlangsamten,
als ich über Kopfhörer Schallwellen hörte, was einen tieferen
Entspannungszustand erzeugte. Tatsächlich hat die moderne
Wissenschaft bestätigt, dass bestimmte Schallwellen spezifische
Gehirnwellenmuster erzeugen. Jedoch herrscht angesichts der
gegenwärtigen Beschränkungen des wissenschaftlichen Verstehens lediglich die offensichtliche Annahme, für die es jedoch
noch keinen *schlüssigen Beweis* gibt, dass bestimmte Gehirnwellenmuster bestimmte Bewusstseinszustände indizieren.

Vertreter der Schallwellenmeditation weisen auf das Faktum
hin, dass das Abspielen einer Vibration ein bestimmtes Gehirnwellenmuster in Ihrem Kopf erzeugen kann, was dann einen bestimmten Bewusstseinszustand reflektiert. Im Wesentlichen läuft
es darauf hinaus, die Vibration abzuspielen, und das Gehirn reagiert entsprechend und stellt sich darauf ein. Und so würde lo-
gisch folgen, dass Sie, sobald Sie sich erst darauf eingestellt haben, den angezielten Gehirnwellenzustand der Welle, die Sie
hören, in Ihrem Bewusstsein erleben werden. Zum Beispiel wurden Gamma-Wellen lange mit Zuständen assoziiert, in denen
man die Dinge weniger persönlich nimmt, die Auflösung des eigenen Ego spürt oder ein überwältigendes Gefühl von Universa-

lität und Einssein erlebt. Die Logik würde also gebieten, dass man beim Abspielen von Gamma-Wellen die Eigenschaften dieser universalen Zustände erlebt. Es gibt mehrere Studien, die entweder Hinweise auf die Verbindung liefern oder sie implizieren. Da die Wissenschaft noch nicht herausgefunden hat, wie man den Bewusstseinszustand im Gehirn oder Geist einer anderen Person eruieren kann, gibt es bislang nur anekdotische Hinweise, dass diese Technik wissenschaftliche Gültigkeit hat. Dennoch, Tausende von Menschen benutzen Schallwellen, um zu meditieren, und viele haben festgestellt, dass es sich dabei um eine für ihr Leben positive Praktik handelt.

Wie bereits erwähnt, habe ich mich an Biofeedback-Monitore anschließen lassen, um festzustellen, dass mein Gehirn bei der Widerspiegelung von Theta-Wellen sogar noch tiefer ging, aber auch hier ist es wieder schwierig festzustellen, dass ich einen bestimmten Bewusstseinszustand erreicht habe. Im Wesentlichen funktioniert es folgendermaßen.

Beta-Wellen

In unserem normalen Wachzustand produziert unser Gehirn Beta-Wellen. Tatsächlich verbringen wir unser waches Leben so ziemlich im Beta-Zustand – ein Zustand wacher Aufmerksamkeit, charakterisiert durch geschäftiges oder aufgeregtes Nachdenken und aktive Konzentration. Wenn sich das Gehirn im Beta-Zustand befindet, auch bekannt als Beta-Rhythmus, kann man diese Frequenz auf einem Gehirnwellen-Monitor, der unter dem Namen Elektroenzephalogramm (EEG) bekannt ist, aufzeichnen. Das Frequenzspektrum der Beta-Wellen ist 13 bis 30 Zyklen pro Sekunde. Sie müssen sich das nicht auswendig merken; das dient nur vergleichenden Zwecken, wenn wir die anderen Gehirnwellenrhythmen betrachten, und Sie können auf die folgende Tabelle schauen, die alle Wellen und Frequenzen darstellt.

Alpha-Wellen

Wenn wir entspannt sind, verlangsamt sich der Rhythmus unserer Gehirnwellen. Wenn sich die Aktivität auf eine Frequenz von unter 13 Zyklen pro Sekunde verlangsamt, treten wir in einen Zustand, der als Alpha bezeichnet wird, ein. Dieser ist definiert als zutiefst angenehmer und entspannter Bewusstseinszustand, der mit tiefer physischer und mentaler Entspannung assoziiert wird. Auf dem EEG ist der Alpha-Zustand als Muster glatter, regelmäßiger Oszillationen im Gehirn definiert, die sich ereignen, wenn eine Person wach und entspannt ist. Im Gegensatz zu aktiveren Frequenzen wie den Beta-Wellen auf dem EEG haben die Alpha-Wellen, auch bekannt als Alpha-Rhythmus, ein Frequenzspektrum von 8 bis 13 Zyklen pro Sekunde.

Während einer Schallwellenmeditation kann man fühlen, wenn man sich aus dem Beta-Gehirnwellen-Zustand des normalen Wachbewusstseins herausbewegt und in das langsamere Muster, das mit dem Alpha-Zustand assoziiert wird, eintritt, wie sich eine starke Veränderung hin zu einem Bewusstseinzustand ereignet, der mehr durch Loslassen geprägt ist und durch physische Entspannung und emotionale Offenheit ausgedrückt wird.

Theta-Wellen

Sobald der Alpha-Zustand erreicht ist, entscheiden sich manche Leute, in diesem zu verweilen, weil dies ein Heilmittel gegen Stress ist oder eine Methode, sich zu beruhigen, wenn sie aufgeregt sind. Andere entscheiden sich, nachdem sie die Entspannung des Alpha-Zustands erlebt haben, noch tiefer zu driften. In manchen populären Schallwellen-Meditationstechniken wird von der Prämisse ausgegangen, dass wir sogar noch tiefer in die Stille driften können, wenn die Schallwellen weiter verlangsamen, und dadurch das Gehirn dazu bringen, seine Aktivität zu verlangsamen und Theta-Wellen zu erzeugen. Theta-Wellen, von denen man glaubt, dass sie sich sogar noch langsamer bewegen als Alpha-Wellen, werden im Frequenzspektrum von vier bis acht Zyklen pro Sekunde erzeugt.

Wenn das Gehirn sich im Theta-Rhythmus befindet, erweitert sich das Gefühl von Offenheit, das wir in Alpha erfahren, sogar noch mehr, hin zu einem Zustand holistischer oder universaler Aufmerksamkeit. Im Theta-Zustand erleben wir eine Art Aussetzen. Wie bei den sanften Gezeiten der Meeresbrandung – hereinbranden, einen Moment verharren und dann wieder hinausdriften – driften wir hin und her zwischen Aktivität und dem Schweben über der Grenze zur Stille. Natürlich können wir uns dieser tiefen Stille niemals bewusst werden, es sei denn, wir driften zurück in den Alpha-Zustand, dann haben wir einen Vergleichspunkt.

Wir alle haben diese surrealen Momente erlebt, gerade bevor wir in den Schlaf abgedriftet sind, die schon wie ein Traum sind, obwohl wir noch nicht wirklich schlafen. Dieser Zustand wird als Theta-Rhythmus bezeichnet, und die Fähigkeit, dort ein paar Momente zu schweben, ist fast, als würde das Bewusstsein surfen … auf der Grenze reiten, auf dem Übergang zwischen dem Auftrieb der Welle und dem Wühlen der Brandung direkt unterhalb … als wäre es in totaler Stille inmitten von Aktivität und bekäme es mit.

Delta-Wellen

Am langsamsten Ende des Gehirnwellenspektrums befinden sich die Delta-Wellen (null bis vier Zyklen pro Sekunde), die wir im Tiefschlaf erleben, was auch als langsamwelliger Schlaf bezeichnet wird. Auf dieser niedrigen Frequenz können wir etwas erleben, was als luzides Träumen bezeichnet wird, wo wir Zeugen unserer eigenen Träume sind und uns simultan als Subjekt und Objekt der Träume erfahren. Und in der Tat hat unser Verständnis der Gehirnwellen mit niedriger Frequenz im Lauf seiner Entwicklung zu einigen Theorien über Meditation und Gehirn-Energiekonsum geführt.

Gamma-Wellen

Gamma-Wellen sind ein Muster von Gehirnwellen mit einem Frequenzspektrum von 80 bis 100 Zyklen pro Sekunde. Ganz richtig: Viel höher als die Beta-Wellen unseres Wachzustands, die lediglich bei 13 bis 30 Zyklen pro Sekunde liegen. Aktuellen Forschungen zufolge scheinen Gamma-Wellen die Harmonie oder Synchronisation unterschiedlicher neuraler Netzwerke in uns widerzuspiegeln: das Gehirn auf Spitzenleistung, sozusagen. Und so ist das Gehirn, obwohl sein Frequenzrahmen auf dem hohen Niveau des Schallwellenspektrums liegt (fünf bis sieben Mal schneller als Beta-Wellen), in einem optimal aufnahmefähigen Zustand, in dem es die Grenzen seiner Aufmerksamkeit weiten und Informationen auf neue und verschiedenartige anzapfen kann.

Obwohl sie an unterschiedlichen Enden des Schallwellen-Aktivitätsspektrums liegen, nimmt man sowohl bei Delta- (am unteren Ende) als auch bei Gamma-Wellenlängen (am oberen Ende) an, dass sie Zustände von Euphorie und sogar noch tieferem Einssein harmonisieren, indem sie das Gehirn kurzzeitig in einen Zustand versetzen, in dem es höchst rezeptiv und vollständig aufmerksam ist, während es nur unendlich langsam Energie verbraucht. Dies wird in der wissenschaftlichen Gemeinschaft als »zero power hypothesis« bezeichnet, und genau das passiert, wenn Sie in der Meditation in die Lücke eintreten. Kurz gesagt, es ist ein Zustand, in dem Sie sich von der Gehirnaktivität entkoppelt haben. Sie benutzen im Wesentlichen so ziemlich null Gehirnenergie. Manche Forscher glauben, dass man in diesem Zustand weniger und doch mehr man *selbst* wird, weil man sich von der persönlichen Gehirnaktivität immer weiter sowie von den Konzepten und Perspektiven eines Individuums und sich einer universaleren und erweiterten Perspektive annähert.

Gehirnwellen und ihre Verbindung zu Bewusstseinszuständen

Wenn wir auch nicht den Bewusstseinszustand eines Individuums feststellen können, indem wir einfach seine Gehirnwellen beobachten, können uns doch wissenschaftliche Erkenntniswerkzeuge wie EEGs dabei helfen, den vermuteten Bewusstseinszustand zu verstehen. Die folgende Tabelle stellt die Korrelationen da.

Welle	Wellenfrequenz, Zyklen pro Sekunde	Vermuteter Bewusstseinszustand
Delta	0–4	Tiefschlaf / subtiler Zeuge der Träume
Theta	4–8	Universales oder Zeugenbewusstsein
Alpha	8–13	Wach und entspannt
Beta	13–30	Aktiver Wachzustand
Gamma	80–100	Erweitert / Einheitsbewusstsein / universales Denken

Eine überzeugende Studie zu den Effekten langzeitiger Meditation auf das Gehirn wurde von dem Neurowissenschaftler Richard Davidson an der University of Wisconsin durchgeführt. Veröffentlicht 2004 in *Proceedings of the National Academy of Sciences,* untersuchte die Studie die Gehirnwellenmuster von acht tibetanischen Mönchen. Die Mönche wurde an EEGs mit mehr als 250 Sensoren angeschlossen, sollten über »bedingungsloses Mitgefühl« als Objekt ihrer Aufmerksamkeit meditieren, woraufhin ein MRI-Gehirnscan von ihnen durchgeführt wurden.

Die Mönche, handverlesen von seiner Heiligkeit, dem Dalai
Lama, hatten das Training der tibetanischen Nyingmapa und Ka-
gyupa Traditionen absolviert und geschätzte 10000 bis 50000
Stunden in Meditation verbracht, über Zeiträume von 15 bis 40
Jahren. Eine Kontrollgruppe von zehn studentischen Freiwilligen
mit keiner vorangegangenen Meditationserfahrung wurde nach
einem einwöchigen Training ebenfalls getestet. Davidson und
seine Forscher fanden heraus, dass sich die Gehirnwellen der
Mönche signifikant von denen der studentischen Freiwilligen unterschieden. Während der Meditation produzierten die Mönche
wesentlich größere und stärkere Gamma-Wellen als die Studenten, die nur einen kleinen Zuwachs der Gamma-Wellen-Aktivität
aufwiesen. Aber selbst das Verhalten der Wellen war anders und
lief im Gehirn der Mönche in koordinierteren und geordneteren
Mustern ab als in denen der Studenten. Ebenfalls muss man unbedingt beachten, dass die Mönche, die am längsten meditierten,
den höchsten Grad von Gamma-Wellen aufwiesen. Ebenso aus-
sagekräftig war die Tatsache, dass, selbst wenn die Mönche nicht
meditierten, das Gamma-Signal in ihren Gehirnen aktiv blieb.
Ihre Gehirne unterschieden sich von denen der Studenten mit
stärkeren Wellen, die man mit Problemlösung, Bewusstsein und
Wahrnehmung assoziiert.

Das anpassungsfähige Gehirn

Die Davidson-Studie hat auch gezeigt, dass das mentale Training
und die neurale Koordination, die eine Meditationspraxis (und
vermutlich auch andere Disziplinen) liefert, sogar die interne Ar-
beitsweise des Gehirns und seine Verschaltung in dem Bereich
verändern kann, von dem man glaubt, dass er unsere Konzentrationsfähigkeit, unser Erinnerungsvermögen, die Lernmuster und
unsere Wahrnehmung des Bewusstseins kontrolliert. Davidsons
Studie hat klar eine starke Korrelation zwischen höherer mentaler Aktivität, einem Gefühl gesteigerter Aufmerksamkeit und

Gamma-Wellen dargetan. Wenn Wissenschaftler bisher glaubten, dass das Gehirn bereits in jungem Alter fest vernetzt würde und keine neuen Neuronen oder neuralen Pfade mehr generieren könne, hat eine Fülle von Studien, darunter auch zahlreiche Studien zur Meditation, mittlerweile bewiesen, dass das Gehirn unglaublich anpassungsfähig und dynamisch ist und sich das ganze Leben hindurch verändern kann; man bezeichnet diese Eigenschaft als Neuroplastizität.

Forscher in Harvard und Princeton haben damit begonnen, einige der Mönche zu testen, die an Davidsons Studie teilgenommen haben, sich unterschiedliche Aspekte ihrer Meditationspraxis angesehen, darunter ihre Fähigkeit, Bilder zu visualisieren oder ihr Denken zu kontrollieren. Und Davidsons weitläufige Forschungen (die ich in Kapitel 3 beschrieben habe) haben andere inspiriert, diesen Konzepten weiter nachzugehen, und ich rechne damit, dass über die nächsten paar Jahre hinweg Hunderte weiterer Studien zusätzliche Beweise zum Thema Neuroplastizität liefern werden.

Wenn auch viele Vertreter der Schallwellenmeditation sagen, dass es bestimmte Gehirnwellenmuster erzeugt, wenn man eine spezifische Vibration hört, welche wiederum einen bestimmten Bewusstseinszustand reflektieren, ist es tatsächlich gegenwärtig unmöglich, den Bewusstseinszustand im Gehirn oder Geist einer anderen Person festzustellen. Das könnte sich schon nächste Woche ändern, aber momentan ist das alles Interpretationssache.

Schallwellen-Audiotechnologie

Es gibt viele Firmen, die auf dem Gebiet der Schallwellentechnologie Pionierarbeit leisten und die Tieffrequenzaufnahmen von Gamma-Wellen in höchster Qualität zur Verfügung gestellt haben, um Meditationszustände zu induzieren. Eine der bekanntesten Firmen im Bereich der Schallwellenmeditation ist das Counterpoint Research Institute, das das populäre Audio-Meditationsprogramm Holosync Solution™ entwickelt hat. Viele meiner Schüler haben mit Holosync oder einem der anderen bekannten Schallwellen-Meditationstechnologien angefangen und sind dann zur Mantrapraxis übergegangen, weil sie schließlich fühlten, dass sie auf ihrer Reise nach innen für persönlichere, technikfreie Methoden offen waren. Aber sie machten die ersten Schritte auf ihrem Meditationsweg, weil sich das Lauschen auf Schallwellen als eine leichte Methode ausnahm.

Ich habe viel mit den unterschiedlichsten Frequenzen experimentiert, um von einem Zustand meiner Gehirnwellen in den nächsten zu kommen. Ich hatte viele tiefe Sessions, bei denen stundenlang Theta- und Delta-Wellen über Kopfhörer abgespielt wurden. 2005 experimentierten David Simon und ich lange mit Aufzeichnungen von Theta-, Delta- und Gamma-Wellen und erlebten tiefe Entspannung, intensive Meditationen und manch machtvolles Loslassen. Ich habe jedoch niemals die Tiefen der Ruhe und Stille erlebt, die ich jetzt in meiner Meditationspraxis, für die ich keinerlei Equipment brauche, erlebe, wo ich mich einfach meiner eigenen Stille und Ruhe überlasse.

Für viele meiner Schüler, die das Meditieren mit dem Benutzen von Klängen begonnen haben, gilt ebenfalls, dass sie heute eine tägliche Praxis bevorzugen, die sich ohne Zusatzequipment vollziehen lässt, eine Praxis, die die Möglichkeit bietet, selbstständig in das Einheitsbewusstsein einzutreten, egal ob man hoch oben auf einem Berggipfel sitzt, am Meer oder im Haus eines Freundes. Aber jenen, die sich wünschen, dass die Meditation ihnen *geschieht* oder die nach einem ersten Schritt suchen, können Schallwellenpraktiken die Augen für die Möglichkeiten, die bestehen, öffnen und gleichzeitig einige coole Erfahrungen bescheren.

Schallwellenmeditationen können Ihnen helfen,
sich hinzugeben.

Kapitel 7
Geheimnisse der Energie-meditation

»Du fließt vor Liebe und Mitgefühl über und willst dies teilen. Dies geschieht im vierten Zentrum, im Herzen. Aus diesem Grund glauben sogar die Leute in der gewöhnlichen Welt, dass die Liebe aus dem Herzen kommt. Für diese ist das nur ein Hörensagen, sie haben davon gehört; sie wissen es nicht, denn sie haben nie das eigene Herz erschlossen. Aber wer meditiert, erreicht schließlich das eigene Herz.«

OSHO

Zu meiner Zeit haben viele Leute meditiert, indem sie ihre Verbindung zu den Energiezentren innerhalb und außerhalb des Körpers benutzt haben. Es gibt Hunderte, wenn nicht Tausende von Möglichkeiten, zur eigenen Energie zu erwachen, sie zu nutzen, loszulassen und sich durch Meditation mit ihr zu verbinden. Die populärste und durchdringendste Form ist die Chakra-Meditation, bekannt als Chakra-Stimmen oder Chakra-Tonus. Ich habe meinen ersten Schritt in dieses Reich vor mehr als zehn Jahren gemacht, als ich in etwas hineingeriet, was ich für eine simple

Hatha Yogastunde hielt, was sich aber als zweistündige Chakra-Erweckungssitzung herausstellte. In diesem Kurs lernte ich, dass der alten vedischen Weisheit zufolge sieben Haupt-Energiezentren im Körper existieren. Diese werden als Chaktras bezeichnet, ein Begriff, der vom Sanskrit-Wort *cakram* stammt, was »Drehung« oder »Rad« bedeutet.

Was sind Chakras?

Das traditionelle indische Heilsystem, das als Ayurveda bekannt ist, lehrt, dass die Chakras die energetischen Anschlusspunkte, die unseren lokalen Weltbereich der Form und Phänomene mit dem nichtlokalen Reich des Nicht Manifesten verbinden. Die alten vedischen Texte der späten Upanischaden, eine philosophische Kernschrift des Hinduismus, sprechen von 108 Chakras im Körper und außerhalb desselben. Es gibt sieben Hauptchakras im Körper, die dessen Energiezentren sein sollen. Sie strahlen von einem Punkt des physischen Körpers nach außen wie Räder aus Licht und sodann durch die Schichten des feinstofflichen Körpers (individuelles Bewusstsein) und des kausalen Körpers (Geist) in einer stets zunehmenden fächerförmigen oder herzförmigen Formation. Man hält diese Punkte für die Fokuspunkte der Aufnahme und Weitergabe unserer vitalen Lebenskraft, die man im Sanskrit als *prana* bezeichnet.

Die sieben Hauptchakras sind in einer Säule angeordnet, die an der Wurzel des Rückgrats beginnt und sich bis zu Ihrem Scheitelpunkt erstreckt. Sie sind symmetrisch auf Ihrem Körper verteilt, jeder ungefähr sieben Fingerbreit von dem nächsten entfernt, das heißt eine Handbreit und dann noch zwei Finger vom Steißbein bis zu einem Punkt unterhalb des Nabels, zum Zentrum der Brust (auch Solarplexus genannt), zum Herzen, zur Kehle, zum dritten Auge (etwa zwei Zentimeter oberhalb der Augenbrauen) und schließlich am Scheitelpunkt.

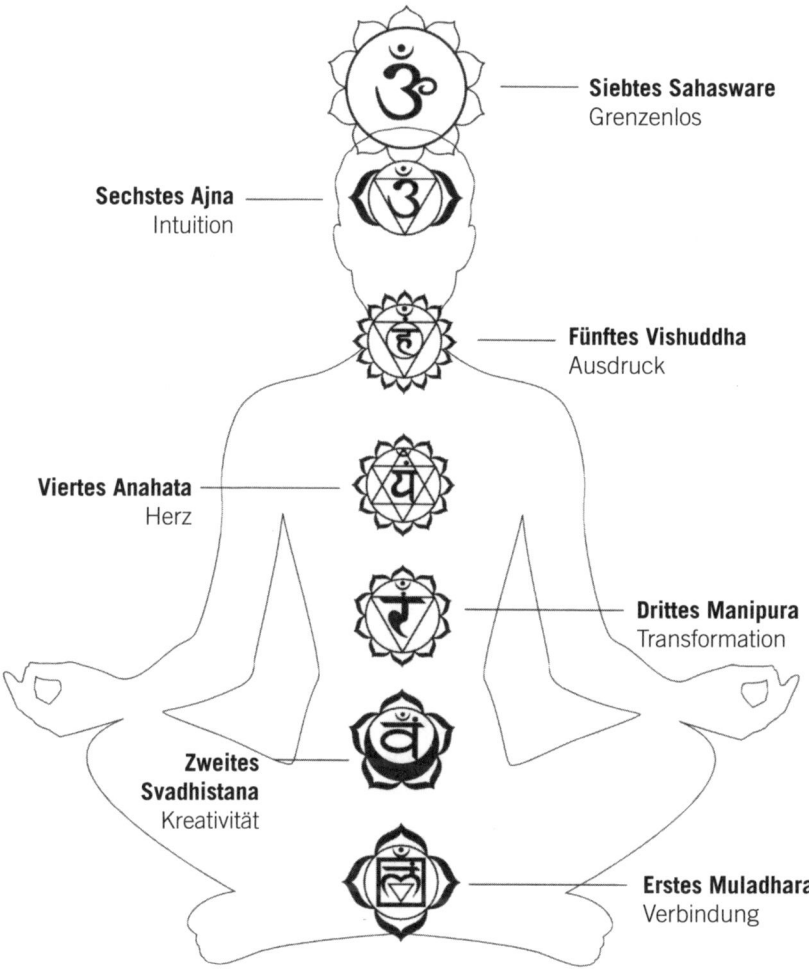

Siebtes Sahasware
Grenzenlos

Sechstes Ajna
Intuition

Fünftes Vishuddha
Ausdruck

Viertes Anahata
Herz

Drittes Manipura
Transformation

Zweites
Svadhistana
Kreativität

Erstes Muladhara
Verbindung

Zusätzlich zu den Veden haben auch andere Weisheitstraditionen aus Asien, dem mittleren Osten und sogar Nordamerika die Chakras in ihre Kulturen integriert. Beispielsweise spricht die herzweitende Philosophie des Sufismus, die ihre Wurzeln in der alten Türkei und in Persien hat, davon, dass vier dieser Chakras starke Persönlichkeiten haben. Entsprechend wird das Nabelchakra in diese Traditionen als »Selbst« bezeichnet; das Herzchakra ist das »Geheimnis«, das Kehlenchakra »mysteriös« und das Kronenchakra »der Lehrer.« Die Hopi-Indianer in Nordamerika sprechen ebenfalls von diesen vier Chakras und beschreiben sie als am Scheitel, im Kehlenbereich, im Herzen und im Nabel sitzend.

Die Farben und Vibrationen der Chakras

Jedes Chakra hat eine bestimmte Farbe, die mit ihm assoziiert ist, sowie ein Vibrationsmantra, das den Energiefluss in jedem unserer Energiezentren öffnet und einstellt. Dieses Einstellen ist ähnlich wie das Öffnen zusätzlicher Spuren auf einer Autobahn. Wenn der Verkehr eine größere Bandbreite hat, kann er leichter und schneller fließen. Meister der Chakra-Lehre wie Anodea Judith und Karla Refoxo haben die Ursprünge der alten Chakra-Übungen erforscht und die tiefere Bedeutung, weiterer Charakteristika und persönlichen Affirmationen jedes Chakras eloquent erläutert. Aneodea hat DVDs, Bücher und sogar Workshops zu dem Thema entwickelt. Karla lebt in der heiligen Enklave Nepal und macht spirituell aufgeladene Chakra-Amulette, um die Leute tiefer mit ihrem göttlichen Selbst in Verbindung zu bringen.

Chakra-Meditation ist extrem wirkungsvoll, weil sie Sie auf der Ebene Ihrer persönlichen Physiologie, Ihres emotionalen Zustands und Ihrer spirituellen Achtsamkeit für einen universaleren Energiefluss öffnet. Lassen Sie uns jedes der sieben Hauptchakras etwas detaillierter erforschen, um die Grundlage für die Meditation zu legen. In der vedischen Tradition fängt man mit dem erdverbundensten und schwersten Chakra an und bewegt sich aufwärts in den subtileren Bereich, wird leichter und leichter, bis man den Zustand des reinen Äthers erreicht.

Erstes Chakra

Das erste Chakra, auch Wurzel- oder Basischakra genannt, ist im Sanskrit bekannt als *muladhara*. Es ist Ihre persönliche Verbindung zu Erdung und Stabilität und das schwerste aller Chakras. Es ist an der Spitze des Steißbeins lokalisiert, und im Wesentlichen stellt es Ihren Kontaktpunkt mit der Erde dar, wenn Sie auf dem Boden sitzen. Das ist die Seite Ihrer physischen Verbindung mit der Welt. Traditionell gesehen wird die Farbe Rot mit dem Muladhara assoziiert. Bei einem Einstimmen oder Tunen des Chakras ist diese Wurzel der Punkt, wo der fundierende Fluss des Universums in Sie eintritt. Der Fluss alles Unmanifesten, Ungesehenen, Ungeborenen oder Unendlichen tritt also hier ein. Die Vibration oder das Mantra des ersten Chakras ist Laam.

Zweites Chakra

Das zweite Chakra, auch Sakral- oder Sexualchakra genannt, heißt in Sanskrit *Svadhisthana*-Chakra. Dabei handelt es sich um Ihre persönliche Verbindung mit der Kreativität – der eigenen und der des Universums. Es liegt drei Fingerbreit unterhalb Ihres Bauchnabels. Traditionell wird ihm die Farbe Orange zugeordnet. Die mächtigste Energie auf diesem Planeten ist kreative Energie. Das ist die Energie der Geburt, die das Nicht Manifeste manifest werden lässt, Gedanken in Handlungen verwandelt, Konzepte in Produkte, Ideen in Äußerungen und Sehnsüchte in Erfüllung.

Wenn das zweite Chakra im Gleichgewicht ist, sind Sie voll, überfließend, reich an Möglichkeiten. Sie bewegen sich auf Ihre Träume zu und Sie wissen, dass Sie sie verdienen. Die Vibration oder das Mantra für das zweite Chakra ist Vaam.

Drittes Chakra

Das dritte, auch Solarplexuschakra genanntes Chakra, wird im Sanskrit als *manipura* bezeichnet. Dabei handelt es sich um das Chakra des »Voranschreitens und konsequent Seins«, das Sie in Richtung der Samen führt, die Sie in den fruchtbaren Boden Ihres zweiten Chakras gepflanzt haben. Das Manipura sitzt im Zentrum Ihrer Brust am Solarplexus, ein paar Zentimeter unterhalb des Punktes, wo die Rippenbogen zusammenlaufen. Das ist so ziemlich das Zentrum Ihres Körpers, wo Ihr emotionales und physisches Verdauungsfeuer am stärksten brennt. Dieses leuchtende Kraftwerk bewegt Sie in Richtung Ihres Ziels und erweckt Ihre persönliche, innere Stärke, um Ihre Intentionen und Sehnsüchte zu verwirklichen. Traditionell assoziiert man damit die Farbe Gelb. Dieses Chakra wurde auch als Sonnen- oder *Surya Chakra* bezeichnet (*surya* bedeutet im Sanskrit Sonne), weil die goldgelbe Sonne, die vom Solarplexus ausstrahlt, sich stets entwickelt, transformiert und metabolisiert.

Wenn wir die Energie des Solarplexus anzapfen, finden wir Stärkung und Transformation. Die Vibration oder das Mantra für das dritte Chakra ist Raam.

Viertes Chakra

Das vierte Chakra, auch Herzchakra genannt, ist im Sanskrit als *anahata* bekannt. Das ist Ihre persönliche Verbindung zur Liebe (Selbstliebe und Liebe zu anderen), zu Mitgefühl, Empathie, Vergebung und Frieden. Es sitzt im Bereich Ihres physischen Herzens, ein Stück rechts von Ihrer linken Brust. Sie können jetzt die Hände auf Ihr Herz legen und einatmen, die Liebe fühlen, mit der Sie die Welt überschütten können. Das ist Ihr Anahata – Ihre wahre Buddha-Natur. Traditionell wird dieses mit der Farbe Grün assoziiert.

Die Welt kann immer ein wenig mehr Liebe vertragen; genau wie wir immer ein wenig mehr Liebe vertragen könnten. Wir können nie genug haben. Wenn wir das Gefühl haben, dass uns jemand erdrückt, dann ist das aller Wahrscheinlichkeit nach unser Widerstand gegen die Liebe dieser Person und nicht die Liebe der Person selbst. Wenn wir unsere Herzen jeden Tag auch nur ein wenig öffnen könnten, wären wir glücklicher, und die Menschen um uns her würden diese Veränderung fühlen und diese Energie teilen. Sie können tatsächlich etwas in der Welt bewirken, indem Sie jeden Tag etwas mehr lieben, als Sie es jetzt gerade tun. Wenn wir unser Herzchakra anzapfen, dann umstrahlt uns die Liebe und dringt hinaus in die Welt.

Natürlich müssen Sie, um die Liebe fließen lassen zu können, sich zuerst selbst lieben, was für viele von uns eine Herausforderung ist. Worin besteht diese Herausforderung? Wir haben viele Barrieren aufgebaut, wenn es darum geht, Liebe anzunehmen. Wir sagen uns »Ich bin es nicht wert«, »Ich verdiene es nicht« oder »Andere verdienen es mehr als ich«. Und manchmal fühlen wir uns einfach »weniger als«.

Wenn wir dazu fortschreiten wollen, unsere Gaben mit der Welt zu teilen, müssen wir uns zuerst füllen, sodass genug Liebe zum Verteilen da ist. Das ist ähnlich, wie wenn man an Bord eines Flugzeugs geht und der Steward etwas sagt wie »Wenn der Kabinendruck sinkt, fallen Sauerstoffmasken herab. Wenn Sie mit einem Kind reisen, stellen Sie bitte sicher, dass Sie zuerst selbst die Maske aufsetzen, bevor Sie dem Kind eine aufsetzen.« Dieser grundlegende Grundsatz des Buddhismus und offensichtlich auch der meisten Fluglinien, besagt im Wesentlichen: »Füll dich zuerst selbst auf, sodass du der Welt dienen kannst. Sei der Fluss, sei voll, fließe über; fülle dich so mit Liebe, dass sie an andere überströmt. Nehmen Sie sich jetzt ein paar Minuten und praktizieren Sie die Herzsutra-Meditation auf S. ... Sie werden sicherlich eine Veränderung fühlen. Die Vibration oder das Mantra des vierten Chakras ist Yaam. David Simon und einige andere Sanskrit-Gelehrte haben allerdings gesagt, dass sich diese Vibration auch als Yum aussprechen lässt.

Fünftes Chakra

Das fünfte Chakra, auch Kehlenchakra genannt, wird im Sanskrit als *vishuddha* bezeichnet. Diese ist Ihre persönliche Verbindung zur Ausdruckskraft, die sowohl Ihr persönliches Selbst wie Ihr gänzlich universales Selbst zum Ausdruck bringt. Es sitzt im Zentrum Ihres Halses, in der Mitte der Kehle. Traditionell bringt man es mit der Farbe Blau in Verbindung.

Das Kehlenchakra ist der Ort unserer Kommunikation, wo wir unsere Gefühle ausdrücken und uns erlauben, aus uns herauszugehen. Eine Stauung im Kehlenchakra ist oft ein Zeichen, dass Sie einen Aspekt Ihrer selbst unterdrücken, nicht willens sind, sich etwas einzugestehen, oder sich die Erlaubnis vorenthalten, etwas zu tun. Dieses Chakra ist die letzte Pforte zu den lichteren, höheren Chakras und dem eher ätherischen Teil Ihrer selbst. Bevor es einen Wachstumsdurchbruch oder einen Schritt in das nächste Kapitel in Ihrem Leben geben kann, müssen Sie sich die Erlaubnis geben, auf irgendeine Art voranzuschreiten – etwas, das Sie lange verleugnet oder unterdrückt haben.

Wenn sich dieses Chakra öffnet, haben Sie sich wirklich die Erlaubnis gegeben, das Universum durch sich wirken zu lassen. Die Vibration oder das Mantra für das fünfte Chakra ist Haam. David Simon und die Professorin für asiatische Studien und vedische Yogameisterin Claire Diab betonen dieses Mantra als Hum. Beides wird als korrekt angesehen.

Sechstes Chakra

Das sechste Chakra, auch drittes Auge genannt, ist im Sanskrit als *ajna* bekannt. Dies ist Ihre persönliche Verbindung zur Quelle, zur Einsicht, Intuition, im Wesentlichen die Pforte zu dem, was der Weise Adi Shankara im neunten Jahrhundert als das »kausale Reich« bezeichnete. Es sitzt in der Mitte des unteren Stirnbereichs, zwischen den Augen und dann ein Stück nach oben.

Traditionell assoziiert man die Farbe Purpur mit dem dritten Auge. Durch alle Zeitalter hindurch gab es – in vielen unterschiedlichen Kulturen – eine spezifische Verbindung zwischen dem dritten Auge und mystischen oder spirituellen Kräften. Es wird als der Verbindungspunkt zwischen Ihrer persönlichen Seele und dem Universalgeist gesehen – im Wesentlichen also der Ort, an dem Ihr Urteilsvermögen und Ihre Intuition ihren Sitz haben. Die Vibration oder das Mantra für das sechste Chakra ist Shaam.

In ihrem Klassiker *Babel* hat die Sängerin, Songwriterin, Preisträgerin und Rock-'n'-Roll-Göttin Patti Smith die Magie des dritten Auges so eloquent in diesem Abschnitt aus ihrem Gedicht über den berühmtesten Ninja, der je gelebt hat, beschrieben, den Ninja Sandayu, den Einzelnen:

»Sandayu tritt ein. Er bückt sich und gräbt ein Auge in die glatte Stirn seiner schlafenden Frau. Hand in Hand gehen sie durch den Garten. Dann blinzelt sie, konzentriert sich auf das Gesicht ihres Mannes, süßes Licht der Nasenlöcher, endlich kann man ihn sehen. Solchermaßen gefunden, lacht er und erschüttert den Himmel. Er ist nicht länger Sandayu, der Einzelne, sondern Momochi, der Schnitzer des neuen dritten Auges.«

Siebtes Chakra

Das siebte Chakra oder Kronenchakra ist im Sanskrit als *sahaswara* oder tausendblättriges Lotus-Chakra bekannt. Es ist Ihre Verbindung zum unbegrenzten, weitläufigen Fluss des Universums. Es sitzt am Scheitelpunkt Ihre Kopfes und wird in der Kunst oft als die Hindugottheit Shiva dargestellt, aus dessen Haupt der Fluss Ganges entspringt. Traditionell verbindet man die Farbe Weiß oder Ultraviolett damit.

Dies ist das Chakra, an dem alles, was gerade in Sie geflossen ist, wieder ins Universum zurückkehrt. Wenn Sie einengende Glaubenssätze hegen, dann erlaubt die Öffnung des Kronenchakras es Ihnen, Zugriff auf das gesamte Universum des Möglichen zu nehmen. Das sind Sie in Ihrem universellsten Zustand, wenn Sie Ihre Individualität und Ihr Ego zugunsten des kosmischen Bewusstseins aufgeben und sich von der Vielheit in die Einheit aufmachen. Die Vibration oder das Mantra für das siebte Chakra ist Om.

Es gibt einige Schulen der Chakra-Praxis, die die Om-Vibration für das sechste Chakra benützen und lehren, dass die Vibration des siebten Chakras jenseits aller Töne ist. Benutzen Sie einfach die Übung, mit der Sie sich am wohlsten fühlen.

Das Einstimmen der Chakras

Um Ihre Chakras zu aktivieren, zu öffnen, zu befreien oder zu erweitern, »stimmen« Sie sie, indem Sie Ihre Aufmerksamkeit auf sie richten, sich die Farbe des Chakras vorstellen, sich mit seiner spezifischen Funktion verbinden und dann die Vibration oder das Mantra wiederholen, das mit dem Chakra assoziiert wird. Am besten vertraut bin ich mit der Praktik, am Wurzelchakra anzufangen und mich durch die Chakras nach oben zu arbeiten. In anderen Traditionen, beispielsweise der Reiki-Energieheilung, ist es üblich, dass die Praktizierenden ihre Einstimmung oben am Scheitel beginnen und von dort aus nach unten gehen.

Leichtigkeit und darauf folgende Integration

Der Prozess der Chakra-Praxis vollzieht sich, indem man von der Wurzel zur Krone nach oben voranschreitet – von der am stärksten verdichteten hin zur subtilsten Manifestation Ihres Seins – und seine Energiepfade zuerst in den schwersten, physischsten und am stärksten geerdeten Aspekten seiner Existenz öffnet und sich dann zu den immer leichteren Ausdrucksformen seines Seins hinaufarbeitet. In vielen Praktiken webt man dann seinen Weg wieder vom Kronenchakra hinunter zur Wurzel, um die lichtesten Teile seiner selbst wieder in die dichteren Chakras zu integrieren. *Yogastha kuru karmani.* Handle gegründet in Einheit. Diese Einstimmung wird all Ihre Energiezentren so weit wie möglich öffnen und dann diese Energie auf allen Ebenen durch Ihre Essenz zurückströmen lassen. Das Ergebnis? Eine Offenheit, Kohärenz und Leichtigkeit des Daseins, die durch Ihren physischen Körper schwebt, durch Ihr emotionales, psychologisches und intellektuelles Wesen sowie Ihre Seele.

Über die Jahre habe ich viele Chakra-Meditationen aufgenommen, und manche davon finden sich auch online. Auf meiner ersten CD mit geführten Meditationen habe ich eine heilende Chakra-Meditation mit dem Titel *Heal Your Body* entwickelt, die die Mantras der Chakras und zusätzliche Vibrationen benutzt, um Sie zu einem tiefen Ort physischer und emotionaler Heilung zu führen. Auf meiner CD *Guided Affirmations: Channeling the Universe Through Your Chakras* habe ich mich von der Kunstfertigkeit von Karla Refoxos Tulku Chakra Amulett-Sammlung inspirieren lassen sowie von den Affirmationen, die sie in die aufgeladenen Chakras gewebt hat, die sie in Nepal fertigt.

In diesen 70 Minuten der »Meditation« öffnen Sie jedes Chakra und nehmen Zugriff auf die universalen Eigenschaften in jedem Energiezentrum, indem sie jedes davon durch die Kraft der Affirmationen stimmen; auf diese Weise stärken Sie sich. Die Chakra-Meditation lässt sich exklusiv downloaden unter **davidji. com** und **tulkujewels.com**.

Es gibt viele andere CDs und DVDs, die Ihnen eine Chakra-Meditation bieten können, von fünf Minuten Länge angefangen bis hin zu einer Stunde. Deepak Chopra hat eine wunderbare CD-Sammlung mit dem Titel *Chakra Balancing: Body, Mind, and Soul* aufgeommen, produziert von dem brillanten Musiker und Didgeridoo-Meister Adam Plack. Die Tracks sind erhältlich bei der Musik-Produktionsfirma von Donna D'Cruz, bei raSa music, bekannt für ihre authentische, atmosphärische Qualität, ihr wunderschönes Design und ihre elegante Technik. Egal welche CD oder welchen Download Sie sich aussuchen, ich möchte Sie ermutigen, irgendeiner Form von Chakra-Praktik nachzugehen, um eine einzigartige, heilende Öffnung zu erleben.

Sutra-Meditation

Sutras sind Mantras, die eine Bedeutung haben und oft aus mehreren Worten zusammengesetzt sind. *Sutra* ist das Sanskrit-Wort für »Stich« oder »Naht«, was eine Nahtbindung von zwei Stücken Haut oder Stoff bezeichnet. Im Reich der Meditation verbinden Sutras Ihre Welt von Raum und Zeit mit der Welt jenseits von Raum und Zeit, führen vom Reich des Physischen in den Bereich des Ätherischen, Astralen … aus dem lokalen Bereich in den nichtlokalen … aus dem Reich des Manifesten ins Reich des Nicht-Manifesten.

Die effektivste Sutra-Praxis, die Sie machen können, ist die nach Ihrer Meditation, wenn Sie so ruhig und still wie nur möglich geworden sind. Dann wiederholen Sie im Stillen das Sutra und gehen dabei im Geist von einem Chakra zum nächsten. Deepak Chopra hat mich – und Tausende andere meditierende Menschen auf der ganzen Welt – gelehrt, das »Sutra fallen zu lassen«, wie man einen Kieselstein in einen stillen Teich wirft, so dass sich die Wellen von dort nach außen ziehen.

Dieses Fallenlassen des Sutras ähnelt dem Fluss auf einer Autobahn aus Energie, wobei die Chakras die Schlagbäume sind, die Sie mit Ihrem Jetzt-Bewusstsein sanft öffnen. Bei jedem Übergang wiederholen Sie sanft das Sutra und lassen sich diese in den Bereich zwischen dem lokalen und dem nichtlokalen Bereich einweben. Dann gehen Sie mit Ihrem Bewusstsein zum nächsten Chakra weiter und lassen das nächste Set Sutras fallen, lassen es für ein paar Minuten widerhallen, gehen weiter zum nächsten Chakra und lassen dort das nächste Set fallen. Sie machen damit weiter, bis Sie alle sieben Chakras durchgegangen sind. Dieses machtvolle Ritual, bei dem man zuerst 30 Minuten in die Stille eintritt, erzeugt den perfekten Pfad, durch den die Energie mühelos in Ihnen und außerhalb Ihrer fließen kann, während Sie still dasitzen.

Die Herzsutra-Meditation

Die Seduction of Spirit Sutras werden verschwiegen und nur durch mündliche Überlieferung auf persönlicher Ebene von Lehrer zu Schüler weitergegeben, das heißt, ich werde sie hier nicht niederlegen. Aber ich kann Ihnen die vier Sutras für das Herzchakra enthüllen, da Deepak uns seit Jahrzehnten dazu ermutigt hat, diese mit der ganzen Welt zu teilen. Diese sind *Frieden, Harmonie, Lachen* und *Liebe*. Wenn Sie bei der Chakra-Meditation beim Herzchakra-Part angekommen sind, lassen wir unsere Aufmerksamkeit sanft zu unserem Herzen wandern, stellen uns eine grüne Farbe vor und wiederholen im Stillen jedes Sutraset viermal – oder »lassen es fallen«.

Es gibt vier Sutras für jedes Chakra, und jedes Kräuseln dauert ungefähr 15 Sekunden. Beispielsweise: Frieden (15 Sekunden), Harmonie (15 Sekunden), Lachen (15 Sekunden), Liebe (15 Sekunden). Statt zwischen den Sutras zu zählen, stellen Sie sich vor, dass Sie das Sutra in Ihr Herz fallen lassen wie in einen stillen Teich. Lassen Sie dann das Sutra seine Wellen schlagen, bis Sie viermal *Frieden, Harmonie, Lachen* und *Liebe* fallen gelassen haben. Die langsamen Wirbel dienen als Stoppuhr für das Fallenlassen des nächsten Sutras. Das ganze Set der Sutras viermal fallen zu lassen dauert etwa vier Minuten.

Versuchen wir das jetzt. Richten Sie die Aufmerksamkeit auf Ihr Herz. Stellen Sie sich in diesem Bereich eine grüne Farbe vor. Und jetzt wiederholen Sie ganz langsam und still mit geschlossenen Augen: Frieden, Harmonie, Lachen, Liebe; Frieden, Harmonie, Lachen, Liebe; Frieden, Harmonie, Lachen, Liebe; Frieden, Harmonie, Lachen, Liebe. Sitzen Sie dann ein paar Augenblicke einfach nur da und lassen Sie es setzen. Wenn Ihnen auffällt, dass Sie zu Gedanken abgedriftet sind, zu Geräuschen oder physischen Empfindungen, dann kehren Sie ganz sacht wieder zu Frieden, Harmonie, Lachen und Liebe zurück. Meditieren wir zusammen.

Wie fühlt sich das an? Fühlen Sie sich irgendwie anders? Wenn Sie es schaffen, dieses Ritual ans Ende Ihrer Morgenmeditation anzuschließen, wird Ihr Herz binnen Tagen anfangen, sich ein wenig mehr zu öffnen. Sie werden größeres Mitgefühl entwickeln, vergebungsbereiter sein und mit einem leichteren Seinsgefühl dahinfließen. Und Sie werden tatsächlich größeren Frieden, größere Harmonie, mehr Lachen und Liebe erfahren.

Es gibt sieben Chakras und sieben entsprechende Sutrasets. Sie können also, selbst wenn Sie niemals den Seduction of Spirit Meditationsrückzug mitgemacht haben, die Herzsutras als Teil Ihrer täglichen Praxis benützen (siehe den vorhergehenden Einschub), und Ihr Leben wird glücklicher und liebevoller werden. Sie werden, was Sie denken. Und die Herzsutras sind mächtige Affirmationen, wenn es darum geht, sich zu einem Leben größerer Liebe und größeren Mitgefühls zu entwickeln. Vertiefen Sie sich einfach in Ihre Meditation und hören Sie, nachdem Sie 30 Minuten in Ruhe und Stille verbracht haben, einfach auf, Ihr Mantra zu wiederholen oder Ihrem Atem zu folgen. Lassen Sie sich einfach eine Weile treiben. Und wenn Ihr Herz und Ihre Seele so schutzlos und verwundbar sind wie nur möglich, dann überlassen Sie sich ganz still dem Wiederholen von Frieden, Harmonie, Lachen und Liebe. Lassen Sie jedes Sutra sanft fallen wie einen Kiesel in einen stillen Teich. Frieden … Harmonie … Lachen … Liebe. Und machen Sie das viermal.

Deepak hat mich gelehrt, das mit einem anderen Set von Sutras für jedes Chakra zu machen, was dazu führt, dass man insgesamt 58 Minuten meditiert (30 Minuten für die Mantra-Meditation, 28 Minuten für die Sutras), jeden Morgen und jeden Abend für eine Woche. Nach sieben Tagen dieser meditativen Vertiefung werden Sie in der Lage sein, in aller Ruhe auf dem Times Square mitten in New York City zu meditieren. Nach zehn Jahren übe ich noch immer damit, und so ziemlich alles, was ich mir wünsche, entfaltet sich mühelos in meinem Leben.

Die Effektivität der Sutras aktiviert sich am effektivsten, wenn man sie in Ruhe und Stille hineinfallen lässt. Das ist der fruchtbarste Boden, auf dem Intentionen heranwachsen können. Damit die Sutras ihre volle Wirkung entfalten können, empfehle ich, dass Sie diese Herzsutra-Übung an das Ende Ihrer täglichen Meditationspraxis anhängen. Machen Sie das eine Woche lang, und Ihr Leben wird sich verändern. Sie werden nie mehr damit aufhören wollen.

Probieren wir das aus, indem wir genau jetzt eine Chakra-Einstimmung durchführen. Sie können für diese Meditation bequem in einem Stuhl sitzen, schließen Sie für einen Moment die Augen und stellen Sie sich die Chakras an ihren speziellen Orten in Ihrem Körper vor, wie sie in der Farbe, die mit jedem Energiezentrum assoziiert wird, glühen. Sehen Sie alle sieben, wie sie strahlen: Die Wurzel … rot; das Sakralchakra … orange; der Solarplexus … gelb; das Herzchakra … grün; das Kehlenchakra … blau; Ihr drittes Auge … purpur; das Kronenchakra … ultraviolett … ein schimmerndes, weißes Licht. Richten Sie Ihre Aufmerksamkeit jetzt sanft auf das Basis- oder Wurzelchakra – im Sanskrit bezeichnet man es auch als *Muladharachakra*. Seine Farbe ist Rot und die dazugehörige Vibration Laam. Wenn Sie sich den energetischen Fluss und die Farbe vorstellen, dann sprechen Sie das mit mir und halten Sie die Vibration so, als würden Sie Om singen.

Laam. Laam. Laam. Lassen Sie sich das für eine Weile setzen und atmen Sie einfach nur.

Wir haben soeben unsere Energie des Verbunden- und Geerdetseins, der Stabilität geweckt. Diese fundierende Energie muss stark sein, denn sie dient als Plattform für alle anderen Energieflüsse im ganzen Körper. Fühlen Sie den starken roten Puls des Muladhara mit jedem Herzschlag und kanalisieren Sie diese Energie der Ganzheit, Stabilität und Balance. Sehen Sie sich selbst als Leiter für die Lebenskraft. Sie sind ein Gefäß für diesen Fluss des Chi, Ki oder Prana. Es reist durch Ihre Energiezentren, stärkt Sie mit jedem Schlag und bewegt sich überall in Ihnen und durch Sie.

Richten Sie als Nächstes die Aufmerksamkeit von Ihrem Steißbein auf den Ort ein paar Zentimeter unterhalb Ihres Bauchnabels. Das ist das zweite oder das Sakralchakra; im Sanskrit ist es als *Svadhisthanachakra* bekannt. Das ist das Zentrum Ihrer Kreativität, des Gebärens neuer, heilender Aspekte Ihrer selbst. Hier entspringen die Entscheidungen, die Ihnen nützen. Dies ist der Quell all Ihrer kreativen Energie.

Seine Farbe ist Orange, und mit jedem Atemzug können Sie die orange Erweiterung Ihres Svadhisthanachakras fühlen. Die Vibration ist Vaam. Sprechen Sie es langsam mit mir, wenn Sie sich den energetischen Fluss und die Farbe vorstellen. Vaam. Vaam. Vaam. Kommen wir ein paar Momente an und atmen einfach nur. Hier strahlt die Energie des Erwachens, des Wachstums, der Expansion und der geistigen Nahrung durch jede Zelle aus. Diese Energie zentriert Handlungen als den fruchtbaren Boden für die Geburt unendlicher Möglichkeiten und des reinen Potenzials der Schöpfung aus nichts.

Richten Sie jetzt Ihre Aufmerksamkeit auf das Solarplexuschakra – das Zentrum Ihres Rumpfes. Im Sanskrit wird es als *Manipurachakra* bezeichnet. Seine Farbe ist Gelb wie die Sonne, und die dazugehörige Vibration ist Raam. Sprechen Sie dies langsam gemeinsam mit mir aus, während Sie sich den energetischen Fluss und die Farbe vorstellen. Raam. Raam. Raam. Lassen wir uns für ein paar

Minuten nieder und atmen einfach nur. Wir haben soeben die Energie des Voranschreitens erweckt, die Energie der Konsequenz, des Vollendens von Dingen. Das ist das Pitta-Chakra, das Chakra unseres inneren Feuers, das im Sanskrit als *agni* bezeichnet wird. Diese metabolische Energie muss stark sein, um alles, was wir emotional und physisch aufnehmen, zu verzehren, zu kochen, zu verwandeln, Zugriff auf das zu nehmen, was uns stärkt, und das loszulassen, was uns nicht länger dient. Fühlen Sie mit jedem Herzschlag das starke gelbe Feuer des Manipura.

Wenn das innere Feuer des Manipurachakras schwach oder blockiert ist, fühlen wir uns oft müde, frustriert und zurückgezogen. Wir haben Angst, Risiken einzugehen und Menschen oder Probleme zu konfrontieren. Wir haben nicht genug Energie, um die Samen unserer Intentionen und Sehnsüchte zu pflanzen und zu pflegen, sodass sie nicht keimen und blühen können.

Indem wir die Kraft unseres Manipurachakras stärken, nähren wir das innere Feuer, das alles verbrennt, was uns nicht länger dient, darunter einschränkende Glaubenssätze, Ideen und Erinnerungen. Dies wird es der Lebensenergie erlauben, frei zu fließen, sodass Sie die freudige Kraft, die all Ihre Intentionen antreibt, erleben können, was Ihnen wiederum dabei helfen wird, Ihre tiefsten Träume und Sehnsüchte zu verwirklichen.

Richten Sie jetzt Ihre Aufmerksamkeit vom Solarplexus auf das Herzchakra. Legen Sie einfach nur die Hand auf Ihr Herz, um es zu finden. Das ist der Punkt, von dem Ihre Liebesenergie ausstrahlt. Im Sanskrit bezeichnet man es als *Anahata-Chakra*. Dabei handelt es sich um das Zentrum Ihres Mitgefühls, die Buddha-Natur. Dort sitzt Ihre Fähigkeit, Frieden zu *sein*, bedingungslos zu *lieben* und – am allerwichtigsten – zu *vergeben*. Das heißt nicht nur, anderen zu vergeben, sondern auch sich selbst.

Die entsprechende Farbe ist Grün – spüren Sie also, wie mit jedem Atemzug ein grüner Impuls reiner Liebe durch Ihren Körper geht. Die Vibration ist Yaam. Wenn Sie sich den energetischen Fluss und die Farbe vorstellen, sprechen Sie es langsam mit mir. Yaam. Yaam. Yaam. Lassen wir es sich für ein paar Augenblicke setzen und atmen einfach nur.

Lassen Sie Ihre Aufmerksamkeit als Nächstes zum Kehlenchakra wandern, das vorne an Ihrem Hals sitzt. Im Sanskrit heißt es *Vishuddha-Chakra* und ist für Ihre Ausdrucksfähigkeit und Ihre Fähigkeit zuständig, sich in allen Lebensbereichen etwas zu erlauben. Dieses Chakra wird mit dem Traumzustand des Bewusstseins assoziiert. Seine Farbe ist tiefes Blau, und seine Vibration ist Haam. Stellen Sie sich jetzt den energetischen Fluss und die Farbe vor uns sprechen Sie langsam mit mir: Haam. Haam. Haam. Lassen wir dies ein wenig setzen und atmen einfach nur. Wir haben soeben die Energie der Kommunikation und Ausdrucksfähigkeit geweckt. Verengungen in diesem Bereich verhindern oft, dass wir uns anderen gegenüber klar ausdrücken, und eine totale Blockade ist ein Zeichen dafür, dass Sie sich selbst mundtot gemacht haben. Das Vishuddha muss stark sein, sodass die ganze Energie, die im Körper erzeugt wird, einen Ausdruck finden kann.

Richten wir jetzt unsere Aufmerksamkeit von der Kehle auf den Ort zwischen den Augenbrauen und von dort etwa zwei Fingerbreit nach oben. Dies ist das Chakra des dritten Auges oder Ajna. Es hat seinen Sitz in der Mitte der Stirn und ist Ihre Verbindung zur spirituellen Energie.

Die dazugehörige Farbe ist Purpur und die entsprechende Vibration Shaam. Stellen Sie sich jetzt den energetischen Fluss und die Farbe vor und sprechen Sie es langsam mit mir. Shaam. Shaam. Shaam. Lassen Sie es sich für ein paar Augenblicke setzen und atmen Sie einfach nur.

Wir haben gerade die Energie in uns erweckt, die uns mit dem Geist verbindet. Das Ajna muss offen und klar sein, damit wir in die Zukunft sehen und es uns erlauben können, dem Universum zu vertrauen.

Richten Sie jetzt Ihre Aufmerksamkeit vom dritten Auge nach oben zu Ihrem Scheitel. Dieser Punkt ist als das Kronenchakra bekannt, auch Sahaswara genannt – der tausendblättrige Lotus. In diesem Zustand gibt es keine Aktivität des Geistes mehr – keinen Wissenden, kein Wissen und nichts, was gewusst werden könnte. Wissen, Wissender und Gewusstes werden eins und damit befreit.

Seine Farbe ist reines ultraviolettes Licht und seine Vibration Om. Sprechen Sie das jetzt langsam mit mir, wenn Sie sich den energetischen Fluss und die Farbe vorstellen. Om. Om. Om. Lassen wir es sich für ein paar Augenblicke setzen und atmen einfach nur. Wir haben soeben die Energie geweckt, die uns mit Grenzenlosigkeit, Allwissenheit und reinem Bewusstsein verbindet. Das Sahaswara-Chakra muss weit geöffnet sein, dass die Energie vom Steißbein bis zur Krone frei ein- und ausfließen kann, durch den ganzen Körper hindurch.

Indem Sie all die Vibrationen rezitieren, haben Sie alle Energiezentren geöffnet und harmonisiert. Es mag immer noch Stauungen und Verengungen geben, also vollziehen Sie diese Einstimmung der Chakras regelmäßig, und Ihre Heilung wird sich beschleunigen. Lassen Sie uns gleich jetzt die natürlichen Heilkräfte des Körpers aktivieren, indem wir fühlen, wie die heilige Energie von der Wurzel zum zweiten Chakra, zum Solarplexus, zum Herzen, zur Kehle, zum dritten Auge und zur Krone durch uns fließt. Wenn die Verengungen geöffnet sind, fließt die Energie mühelos durch Sie auf einer Reise, die Ihre Ganzheit wiederherstellt.

Sitzen Sie ein paar Augenblicke nur da und seien Sie Zeuge des Geschehens in Ihrem geistig-körperlichen System. Achten Sie auf das, was Sie fühlen und wie Sie es interpretieren. Vielleicht wollen Sie es aufschreiben oder einfach nur weiter den Fluss der Energie des Erwachens in sich vibrieren lassen. Was auch immer Sie sich zu tun entscheiden, seien Sie sanft mit sich selbst, nachdem Sie meditiert oder eine Einstimmung der Chakras durchgeführt haben. Sitzen Sie ein paar Augenblicke einfach nur mit offenen oder geschlossenen Augen da und lassen Sie Stille und Ruhe in sich ankommen. Springen Sie nicht auf, um ans Telefon zu gehen, und denken Sie nicht, Sie müssten mit dem Meditieren aufhören, bis Sie nicht von selbst dazu bereit sind. Und hören Sie bei Energiemeditationen oder Chakra-Einstimmungen auf Ihr körperlich-geistiges System und fahren Sie direkt nach der Meditation nicht Auto und hantieren Sie nicht mit schwerem Gerät.

Sie können jederzeit eine Chakra-Einstimmung durchführen, indem Sie Ihre Augen schließen und Ihre Aufmerksamkeit und Intention auf jedes Chakra richten. Das kann durch Rezitieren, Sprechen, Flüstern oder das stumme Wiederholen einer Affirmation geschehen (*Ich bin kreativ, ich bin liebenswert, ich bin ganz* und so weiter), durch ein Mantra (*Om mani padme om, aham brahmasmi, so hum* und so weiter), Sutras (*Frieden, Harmonie, Lachen, Liebe*) oder die Klänge jedes Chakras (*Laam, Vaam, Raam* und so weiter). Allein der simple Akt der Kombination von (1) einfacher Aufmerksamkeit auf den Punkt Ihrer Chakrs und (2) der subtilen Intention, sich zu öffnen und zu empfangen, wird eine Erweiterung ihrer energetischen Beziehung mit der Welt zurfolge haben.

Energiemeditationen können Ihnen helfen,
sich zu öffnen und zu erwachen.

Kapitel 8
Geheimnisse sensorischer Meditation

»Es wäre ein Segen für uns, wenn wir stets in der Gegenwart leben würden und jeden Unfall, den wir erlitten, zu unserem Vorteil nutzten, wie das Gras, das den Einfluss des kleinsten Tautropfens, der auf es fällt, bekennt, statt unsere Zeit darauf zu verschwenden, für das Übersehen vergangener Gelegenheiten zu sühnen, was wir ›unsere Pflicht tun‹ nennen. Wir halten am Winter fest, wo es doch längst Frühling geworden ist.«

HENRY DAVID THOREAU

Sensorische Meditation konzentriert sich darauf, die Welt um Sie her durch den Körper aufzunehmen, und feiert es, in einer bestimmten sinnlichen Erfahrung präsent zu sein. Sensorische Meditation benutzt einen oder mehrere der fünf Sinne – das Hören auf Geräusche, sanftes Schauen, das Einatmen von Düften, Fühlen mit den Händen oder anderen Körperteilen und Schmecken – um den gegenwärtigen Augenblick ganz zu erleben. Indem man zulässt, dass die Sinneseindrücke eines bestimmten Sinnesorgans das Objekt der Aufmerksamkeit werden, driften die Botschaften, die von unseren anderen Sinnesorganen vermittelt werden, einfach langsam weg. Der Sinn wird eine Art offener Leiter für alle Informationen, die in Ihren Körper eintreten, und alle Ihre Gedanken schmelzen in das Sich-Entfalten dieses kostbaren gegenwärtigen Augenblicks hinein.

Durch diese Praktik können Sie es lernen, eine tiefere Achtsamkeit durch die Verwendung Ihrer Sinne zu entwickeln. Mit der Zeit wird diese Achtsamkeit Ihnen Einsichten in einen Aspekt Ihrer selbst, das unter Ihren Sinnen verborgen ist, liefern, nämlich in Ihr energetisches Selbst, das man im Sanskrit als *pranamaya kosha* bezeichnet. Wörtlich bedeutet *prana* »Lebensenergie«; *maya* bedeutet »Illusion« und *kosha* »Schicht«. Also ist dieser Aspekt Ihrer selbst die illusorische Schicht der Lebensenergie!

Wir sind bereits den Geheimnissen von Klangmeditation und visueller Meditation in Form einer spezifischen Übung nachgegangen, doch haben wir die Fähigkeit, in jedem Moment einfach nur stille Zeugen durch unsere Augen und Ohren zu sein und dasselbe Objekt aus ganz unterschiedlichen Perspektiven zu erleben … unsere Welt mit neuen Landschaften zu sehen … mit neuen Augen und Ohren! Nehmen Sie sich in den nächsten Tagen ein paar Momente Zeit und halten Sie inne, schauen Sie sich um, richten Sie den Blick entweder auf etwas ganz Bekanntes oder etwas gänzlich Unbekanntes und verharren Sie ein paar Minuten dabei. Benutzen Sie es als Drishti und vertiefen Sie sich mit weichem Blick in sein Sein und verschmelzen Sie sich dann mit seiner Gestalt, Textur, seinem Muster, seiner Struktur, Farbe, Dicke, Dichte, Beziehung mit Dingen, die es umgeben, und seiner Essenz. Machen Sie das in den nächsten Tagen auch mit den Geräuschen um Sie her. Sie können ausschließlich Naturgeräusche benutzen – Vogelrufe, Knirschen von Stiefel im Schnee, das Rascheln der Blätter im Wind, fallender Regen, bellender Hund, das Rauschen der Meereswellen. Oder erlauben Sie es jedem Geräusch, zum Objekt Ihrer Aufmerksamkeit zu werden, darunter Zugsignale, Autohupen, Laubsauger, Flugzeugmotoren und Autobahnverkehr. All das sind nur Vibrationen.

»Clarity. Clarity of Vision. What you've been looking at from the wrong angle and not seeing at all.«

THE EDGE, U2

Aroma- und Geschmacksmeditationen sind eigentlich mehr experimentielle Vertiefungen denn Meditationen, aber Sie können eine wunderbare Pforte ins Jetzt-Bewusstsein sein. Bei der Aromameditation ist die Nase das Objekt Ihrer Aufmerksamkeit und der sanfte Atem, der durch Ihre Nasenlöcher fließt. Was Sie dabei inhalieren, ist beliebig: die erdigen Aromen eines Zedern- oder Kiefernwaldes, die sich kringelnden Rauchspiralen eines Räucherstäbchens, der subtile, berauschende Duft ätherischer Öle, der salzige Nebel des Ozeans, der an die Küste schäumt, das aromatische Bouquet, das von einem Curry aufsteigt, das in einem Kupfer-Karahi brutzelt, sogar der beruhigende erste Hauch, wenn wir unseren Morgenkaffee machen.

Geheimnisse der Aromameditation

Unsere Verbindung zu Gerüchen und den Bedeutungen, die sie in unser Nervensystem gegraben haben, ist tief greifend. Geruch ist unser ursprünglichster Sinn und kann in einer Nanosekunde Erinnerungen an die frisch gebackenen Kekse unserer Großmutter wecken, das Parfüm unserer Volksschullehrerin oder die modrige Hütte in einem Sommerlager unserer Jugend. Ereignisse, die Jahrzehnte zurückliegen, werden in unserem Geist auferweckt, wenn das richtige Aroma in unsere Nase gerät. Und wir sind ebenfalls in der Lage, unterschiedliche Aromen dazu zu benutzen, für kurze Zeitspannen voll in den gegenwärtigen Moment einzutreten.

Bei einer Aromameditation können Sie sich entscheiden, ob Sie sich in *einen* Duft versenken wollen oder in eine Reihe unterschiedlicher, sodass Sie die Tiefe eines bestimmten Geruchs besser erfahren können, indem Sie ihn mit einem anderen vergleichen. Dieser Prozess erweckt Aspekte Ihrer nasalen Rezeptoren, die Sie vielleicht zuvor nicht gefühlt haben. Und dies wird Sie beständig mit kurzen Schüben von Jetzt-Bewusstsein versorgen, selten aber mit Schüben von Einssein.

Die Nase ist so empfindlich, dass unsere Rezeptoren nach längeren Perioden von Kontakt mit einem Aroma gesättigt sind und wir auf eine sensorische Schwelle stoßen. Die Komplexität des ersten Einatmens wird subtiler, und die Intensität lässt sich nur wiedergewinnen, indem man sich eine Weile von dem Aroma entfernt und seinen Geruchssinn »regenerieren« lässt. Eine andere Weise, dies zu bewerkstelligen, ist, einen Fluss multipler Gerüche aufzunehmen, zum Beispiel unterschiedlicher aromatischer Gewürze, Kräuter oder Öle. Aber selbst mit sich ändernden Aromen kommen Sie schnell an einen Sättigungspunkt, und die Gerüche gehen ineinander über.

Bei meinem ersten ayurvedischen Kochkurs, kochte uns unser Koch durch eine geführte Meditation aller Kräuter, die er für sein *masala* verwendete, ein Wort, das in Hindi, Urdu und Bengali »Mixtur« bedeutet. Sechs von uns saßen vor seiner Kochinsel, und er goss die rohen Zutaten eine nach der anderen in unsere Hände, und wir inhalierten mit geschlossenen Augen. Dann gab er dieselben Zutaten in eine Pfanne bei hoher Flamme und röstete sie, sodass das nussige, schärfere Aroma des Gewürzes die Luft um uns erfüllte. Als Nächstes gab er einen Spritzer Öl in seine Pfanne, und das Aroma veränderte sich wieder, wurde süßer, reicher und in manchen Fällen wirklich abstoßend süß. Er machte weiter, indem er uns mit einer Parade von Gewürzen durch diese sinneserweckende Meditation führte, darunter weißer Pfeffer, Nelken, Malabar-Blätter, Pippali (langer Pfeffer), schwarzer Kümmel (bekannt als *shahi jeera*), Kümmelsamen,

Zimt, grüner Kardamom, Muskat, Sternanis und Koriandersamen. Wir atmeten zuerst mit geschlossenen Augen einfach nur das rohe, dann das geröstete und schließlich das sautierte Aroma der Kräuter ein. Wir saßen einfach nur da und atmeten mit einem breiten Lächeln im Gesicht die atmosphärische Qualität des Raums ein, und unser Bewusstsein verwandelte sich mit jedem Gewürz und erzeugte eine neue Welle aromatischen Bewusstseins.

Geheimnisse der Geschmacksmeditation

Nachdem wir gründlich von den Aromen der Kräuter verlockt worden waren, nahmen wir eine der köstlichsten Mahlzeiten zu uns, die ich jemals gekostet hatte. Die Tiefe des Aromas, das jeder Biss mit sich brachte, trug die Feinheit jeder Phase der Entwicklung des Gewürzes im Kochprozess in sich. In der letzten Form, als Masala, hatte jedes Gewürz ein eigenes Aroma sowie das Zusammenspiel mit allen anderen Gewürzen – und obendrein ein Aroma, das die Mischung aller anderen war! Mit jedem Bissen ... jedem Einatmen ... ließ ich mich so von dem Moment absorbieren, dass die Zeit stillstand. Jedes Mal, wenn ich indisch esse (es gibt Zeiten, da ist das jede Woche), erlebe ich einen kostbaren Hauch dieses Jetzt-Bewusstseins, getränkt von einem Aroma, das das Lachen und die Wonne dieser Meditation mit sich führt. Unser Geschmacks- und Geruchssinn sind so ursprünglich, dass sie uns unmittelbar zurück in diesen Moment transportieren können und wir genau dieselben physiologischen Reize und Emotionen erleben, die beim ersten Mal auftraten. Immer, wenn ich eines dieser rohe Gewürze rieche, lächle ich und fühle mich getröstet.

Man kann übrigens sehr leicht achtsam essen, egal was man isst oder wo. Probieren Sie es demnächst bei einer Mahlzeit aus – wirklich jeden Bissen auszukosten, jedes Kauen, jedes Schlucken. Ich möchte Sie ermutigen, eine Mahlzeit pro Woche in Stille zu essen, ohne Fernseher, Reden, Musik, ohne etwas zu lesen … nur Sie und das Essen vor Ihnen.

Die Herausforderung, einen Sinn schnell zu überladen, gilt auch beim Schmecken von Essen, was einer der Gründe ist, warum Champagner-Meditationen und Schokoladen-Meditationen so populär geworden sind – sie müssen ganz kleine Schritte machen, jedes Einatmen, jeden Geschmack, Schluck, jedes Kauen, Lecken und Schlucken genießen, während sie vollkommen achtsam und im Prozess bleiben. Das prickelnde Kitzeln eines blubbernden Tropfens, der Ihre Kehle hinabrinnt, zu erleben oder das Gefühl, wie eine Schokoladentrüffel auf Ihrer Zunge schmilzt, wenn das Masala erdiger Aromen mit Ihrem Sein eins wird – Geschmack, Aroma und Ritual, all das kann als Objekt Ihrer Aufmerksamkeit dienen. Bei einer Meditation über Schokolade können Sie ganz feinsinnig eine Trüffel oder ein anderes feines Stück Schokolade verkosten, als wäre es das letzte auf der Welt, und sich wirklich Zeit nehmen, seine Textur, die Dichte, Aromen und Komplexität der Düfte in ihm zu fühlen, bis Sie die Schokolade *sind* … und sie Sie ist. Sie können diese Meditation allein oder mit anderen durchführen. Ich schätze es, mindestens eine Mahlzeit die Woche auf diese Art zu feiern/meditieren.

Was ich bei allen Essens- und Aromameditationen beobachtet habe, an denen ich teilnahm, ist, dass unsere olfaktorischen und gustatorischen Systeme so ursprünglich sind, dass der Prozess, Sinneseindrücke zu identifizieren und sie zu dekodieren, sofort durch alle Gerüche und allen Geschmack in unserer Vergangenheit zurückpulsiert … nicht zu diesem Moment, sondern von dem tatsächlichen Moment hin zu den Erinnerungen, die wir von dieser Sinneserfahrung haben. Es gibt also ein Aha-Erlebnis – den ersten Moment, wenn die Üppigkeit des Geschmacks auf Ihrer Zunge explodiert oder das Aroma zuerst bei Ihrer Nase ankommt –, doch dabei handelt es sich selten um einen ausgedehnten Zeitraum von Jetzt-Bewusstsein.

Aber selbst wenn dieses Eintauchen nicht die lang dauernden Vorteile einer nicht sinnesgebundenen Meditation mit sich bringen, haben Sie doch einen großen Nutzen: Sie stellen eine unterhaltsame Art dar, im Jetzt zu sein. Solange Sie während solcher Erfahrungen bewusst achtsam bleiben – achtsam essen und trinken –, werden sie Sie stärken und Ihre Fähigkeit, sich selbst und das Leben bewusster zu beobachten, verstärken. Wenn wir in der Lage sind, unser Verhalten mit größerer Beständigkeit zu beobachten, können wir unser nicht hilfreiches Verhalten in einem objektiveren Licht sehen, und statt in die Defensive zu gehen, können wir bewusstere, lebensdienlichere Entscheidungen treffen.

Körpermeditationen

Achtsamkeitsmeditation, über die wir schon zuvor gesprochen haben, ist eine »Körpermeditation«, weil Sie Energie und Informationen von all Ihren Sinnen aufnehmen, Ihrem Hören, Sehen, Riechen, Schmecken, Atmen und dem, was Sie in Ihrem ganzen Körper fühlen, darunter dem größten Organ in Ihrem Körper: Ihrer Haut. Aber es gibt noch intimere Formen der Meditation, die eine Verbindung zwischen zwei Menschen beinhalten, zum Beispiel Partner-Yoga, Massagen und Liebesspiel.

Ein wirklich begabter Massage-Therapeut kann das Universum in einem dynamischen Energie-Austausch zwischen sich und dem Objekt seiner Aufmerksamkeit diesem eröffnen, indem er sich ihr nicht in den Weg stellt und diese Energie leitet. Jemandem eine Massage zu geben kann selbst schon eine Massage sein. Und sich der nährenden und heilenden Berührung einer Massagebehandlung hinzugeben ist sicher eines der stress reduzierendsten Dinge, das man tun kann, weil man dabei sein Herz und seine Physiologie ein Stück weit öffnet. Eine Massage zu bekommen ist eine vollständige Erfahrung im Jetzt-Bewusstsein. Egal wohin Ihr Geist wandert, Sie werden stets zu dem Objekt Ihrer Aufmerksamkeit zurückgebracht: dem Punkt, an dem Sie gerade berührt werden und welche energetische oder emotionale Verbindung das Gefühl der Berührung auslöst.

Es gibt Tausende von Büchern und Videos über Massage, sodass ich mich hier diesen Experten in der Frage unterordne, welches »die besten« oder »die effektivsten« Massage-Modalitäten sind. Über die letzten zehn Jahre hinweg bin ich vor allem mit traditioneller ayurvedischer Massage vertraut geworden, bei der warme, kräutergetränkte Öle verwendet werden, die die körperlich-geistige Persönlichkeit eines Menschen ins Gleichgewicht bringen sollen. Die Heilkunst-Meister, die im Chopra Center for Wellbeing ausgebildet werden, haben es alle gelernt, die heiligen ayurvedischen körperlich-geistigen Meditationen durchzuführen, statt einfach nur Massagen zu geben. Es ist wunderbar anzuschauen: Sie glauben wirklich, dass sie sich in der Gegenwart des Körpers des göttlichen Geistes befinden, wenn sie Massagetherapien anbieten. So eine Massage zu bekommen ist selbst schon Meditation. Ich bin ziemlich lange in Fernost unterwegs gewesen und habe dabei viele Massagen bekommen, auf den Philippinen, in Thailand, Vietnam, Kambodscha und Indien, aber nichts lässt sich damit vergleichen.

Ich hatte die Ehre, Hunderte dieser Behandlungen von diesen wahrhaft göttlichen ayurvedischen Heilkunst-Meistern zu bekommen, darunter Maureen Sutton, Grace Wilson, Kelly Luvera, Angela Smith, Bess O'Connor, Bridgte McKenna, April Stickelman, Misty Murray, Jilian, Nicole King, Josy, Kathrin, Nicole Gabrielle, Jenny Lisa, Merwan Ramsden, Kelie Micho und meine teure Freundin und brillante körperlich-geistige Energieheilerin Jennifer Johnson – alle im Chopra Center in Kalifornien; Kate und Rene aus dem Chopra Center in New York und Melissa aus dem Grove Park Inn in Asheville, North Carolina. Über die Jahre haben diese Therapeuten ihre heilendste Energie und nährenden Berührungen dazu verwendet, meinen physischen Körper ganz subtil zu öffnen, dann meinen Geist, meine Seele, und mich schließlich brillant dazu angeleitet, mich dem Einssein zu überlassen. Sie haben dies auch für zahllose andere Leute auf der ganzen Welt getan. Viele von ihnen haben die Spas, in denen Sie arbeiteten, zurückgelassen, um ihre Gaben mit neuen Gemeinschaften zu teilen. Sollten Sie jemals in den Genuss der stärkenden Berührung eines dieser Heiler kommen, dann betrachten Sie sich als gesegnet und bereiten Sie sich darauf vor, eine transformierende Erfahrung zu machen.

Ich bin auch ein Anhänger der Thai-Massage, die meistens bekleidet durchgeführt wird. Es ist ähnlich, als würde jemand Yoga mit Ihnen machen. Ihr Thai-Massage-Therapeut bringt Sie im Grunde genommen in Positionen, die Yoga-Asanas ähneln, und hält Sie dann dort, während Sie hineinatmen ... mit ihnen verschmelzen, während Ihr Körper davon absorbiert wird. Sie dehnen sich langsam und mühelos, Millimeter für Millimeter, weiter als Sie jemals glaubten, dass Ihnen das möglich wäre. Sie strecken den Körper, strecken den Geist, strecken Ihr Herz. Der Prozess ist enorm expansiv. Und unter diesen Umständen ist es sehr leicht möglich, sich dem gegenwärtigen Augenblick hinzugeben.

Partner-Yoga ist über die Jahre immer beliebter geworden und hat ein paar ausnehmend starke Zweige hervorgetrieben, zum Beispiel Familien-Yoga und Kontakt-Yoga. Kontakt-Yoga, basierend auf der heilenden Kraft von Liebe und Intimität, wurde von der amerikanischen Yogini und Philanthropin Tara Linda Guber gegründet, die auch Yoga Ed. geschaffen hat, das national anerkannte Yoga-für-Schulen-Programm, das Gettoschule für immer in Tempel der Achtsamkeit verwandelt hat, angefangen mit Schulen in South Central L.A. (Stellen Sie sich das vor: Die Metalldetektoren werden aus den Schulen entfernt und durch Regale für Yogamatten ersetzt. Das ist Transformation!) Kontakt-Yoga fungiert als machtvolle Körpermeditation, da Sie Partnerpositionen benutzen, um *Beziehung* in Ihrem Leben darzustellen ... Ihre tiefsten Muster, sich zu verbinden und sich zu entziehen, zu lieben und zu beschützen, zu geben und zu empfangen – Muster die üblicherweise unbewusst bleiben, bis man sie ins Licht des Yoga rückt. Tara und Koautorin Anodea Judith haben mit ihrem Buch *Contact: The Yoga of Relationships* diese Lehren der breiten Masse zugänglich gemacht und darin brillant die physischen, emotionalen und spirituellen Formen des Erwachens dargestellt und erforscht, die sich durch das Praktizieren der sieben Kontaktpunkte vollziehen können: Vertrauen, Leidenschaft, Hingabe, Liebe, Kommunikation, Vision und Einheit. Kontakt-Yoga zu praktizieren kann ein starkes Werkzeug zur persönlichen Entwicklung sein sowie eine körperzentrierte meditative Erfahrung.

Sexuelles Yoga

Seit Tausenden von Jahren wird Sex, der Akt des Liebesspiels, selbst der Moment des Orgasmus, als meditative Erfahrung beschrieben, weil dabei eine Welle von Jetzt-Bewusstsein durch die Teilnehmer fließt. Das Liebesspiel kann eine Meditation sein, wenn der gemeinsame Fokus die Reise, nicht das Ziel ist, wenn man sich von einer Erwartung hin zur Kostbarkeit jeden Moments begibt, wobei das Objekt Ihrer Aufmerksamkeit jeder Atemzug und jede physische Bewegung, die Sie erfahren, ist. In dieser Atmosphäre stellt die Praktik eine starke körperlich-*geistige* Verbindung dar, wenn unsere physische Erfahrung in eine emotionale Erfahrung überfließt. Der Moment des Orgasmus wurde definiert als reines Jetzt-Bewusstsein, bei dem die Gedanken nicht auf Zukunft oder Vergangenheit gerichtet sind, sondern auf das Jetzt!

Unglücklicherweise dauert dieser Moment nur ein paar Augenblicke, aber das eigentliche Liebesspiel kann Stunden dauern und so den gegenwärtigen Moment am Leben erhalten, indem jeder Liebende Welle um Welle der Verschmelzung zweier Körper zu einem durchmacht. Die alte Hindu-Abhandlung über sexuelles Verhalten mit dem Titel *Kama Sutra* ist einer der bekanntesten Führer in Sachen Liebe, Liebesspiel und sexueller Akt. Sexuelle Meditation ist im Wesentlichen eine körperzentrierte Form erholsamer Achtsamkeit, bei der es sich um eine Fusion von statischem und dynamischem Prana – der Lebenskraft – in unserem Körper handelt. Auch wenn während dieser sinnlichen Reise stärkende Chemikalien und nährende Hormone in den Blutkreislauf ausgeschüttet werden, ist es eher eine Aktivität – Achtsamkeit auf die Aktivität um Sie her und in Ihrem Innern – als Stille.

Tantrische Meditation

Der Weise Osho hat einmal gesagt: »Yoga ist Unterdrücken mit Achtsamkeit, Tantra ist Genießen mit Achtsamkeit.« Tantra ist ein Korpus ritualisierten spirituellen Mystizismus und esoterischer Studien, der seit Jahrtausenden besteht. Tantra ist historisch gesehen nicht ein einziges, kohärentes System, sondern mehr eine Denkrichtung, die fast Stammescharakter hat, im Hinduismus und im Buddhismus. Tantra hat es primär mit spirituellen Praktiken und Ritualen der Verehrung zu tun, die auf die Befreiung aus der Unwissenheit des *samsara* (des Kreislaufs der Wiedergeburten) zielen. Einige obskure Ausprägungen hinduistischen Tantras haben sich die Feier der Sinnlichkeit und sexuelle Meditationen zu eigen gemacht, um den Geist zu erweitern, wachsen zu lassen und höhere Bewusstseinszustände zu erreichen. Tatsächlich kommt das Sanskrit-Wort *Tantra* von zwei anderen Sanskrit-Worten: *tanoti* - »strecken« oder »erweitern« und *trayati* – »Befreiung«.

Die Wissenschaft des Tantra hat zwei Hauptzweige oder Pfade: *Vama Marga* (der »linke Pfad«) und *Dakshina Marga* (der »rechte Pfad«). Vama Marga, der linke Pfad, kombiniert sexuelles Leben mit Yogaübungen, um die Energie des Universums mit der ursprünglichen Energie in uns zu verbinden. Dakshina Marga, der rechte Pfad, ist Yoga ohne sexuelle Verbindung. In einigen Sekten des linken tantrischen Pfades werden die unterschiedlichsten sexuellen Praktiken und Rituale im Detail beschrieben, da sie eine Opfergabe an die Göttin Shakti darstellen. Ein Ritual ist die Teilnahme an den sexuellen Riten des Vama Marga, einer Verschmelzung maskuliner und femininer Energien, die zu einer ekstatischen spirituellen Erfahrung führen. Die nahtlose Verschmelzung entgegengesetzter heiliger Energien (das Erzeugen von Einheit) wird als Pfad zur Erleuchtung gesehen und der nichtphysische, spirituelle Orgasmus, der sich ereignet, ist ein Einblick in ein höheres Bewusstsein reiner Wonne, jenseits der Ekstase.

Die Übungen sexueller Vereinigung des frühen hinduistischen Tantra, die im Sanskrit als *maithuna* bezeichnet werden, wurden dazu entwickelt, dass die Übenden ihre persönliche sexuelle Energie in heilige Energie transformieren können und damit höhere Zustände physischer und spiritueller Bewusstheit erleben, wenn sie diese heiligen Energien austauschen. Wenn die beiden Praktizierenden sich tiefer in das Maithuna hineinbewegen, erreichen sie ekstatische sexuelle Zustände und erreichen, was man als statische Umarmung bezeichnet. Der Orgamus bei diesem Ritual findet statt, wenn der Transfer der spirituellen Energie zwischen den Übenden in der Einheit ihrer feinstofflichen Körper gipfelt. Es gibt keine physische Ejakulation, sondern eine Verschmelzung der Shiva- (männlichen) und Shakti- (weiblichen) Energien der beiden in eins, was eine Vereinigung des Energiefelds nach sich zieht.

Vor langer Zeit haben sich diese tantrischen Rituale von sexuellen Praktiken auf physischer Ebene zu einer metaphysischeren und metaphorischeren Art der Übung ohne tatsächliche sexuelle Penetration weiterentwickelt. Man muss auch bedenken, dass sexuelle Riten historisch nur bei einer Minderheit der tantrischen Sekten praktiziert wurden. Dennoch hat sich unsere Kultur Tantra mit der Fehlinterpretation zu eigen gemacht, es ginge dabei nur um Sex. Moderne Ausdrucksformen des Tantra feiern das kosmische Bewusstsein durch das Vergnügen der Sinne. Einige Ableger der modernen tantrischen Philosophie feiern auch die physische und emotionale Beziehung der Shiva- (männlichen) und Shakti- (weiblichen) Energie in und zwischen zwei Menschen. Eine starke Form tantrischer sexueller Meditation ist die der Erweckung des Gottes und der Göttin in sich – ihres göttlichsten Sinnenaspekts –, sich selbst einer anderen Person in Form der Verehrung hinzugeben und sich Zeit dafür zu nehmen … bis die Zeit stillsteht, seine Sinne zu verwenden, um Energie miteinander auszutauschen, zwei Wesen eins werden zu lassen, während beide voll präsent sind. Egal was Sie miteinander teilen wollen, bei tantrischen Meditationen geht es immer darum, sich gegenseitig etwas zu schenken und sicherzustellen, dass Ihre Körper, Ihr Bewusstsein und Ihr Geist auf demselben Pfad sind.

Wenn zwei Menschen beginnen, die Übung des Liebesspiels zu praktizieren, legen sie die Intention fest, dass die Erfahrung eine heilige Reise wird, bei der sie ihre Gefühle und Emotionen wie Zeugen beobachten sowie die Ihres Partners und die Einheit der beiden. Diese Intention der Heiligkeit und ständigen Aufmerksamkeit auf den Atem des anderen, das Heben und Senken der Bäuche, das Auftreten von Feuchtigkeit auf der Haut, der Klang und das Gefühl des schnellen Herzklopfens des jeweils anderen, ausgesprochene und unausgesprochene Worte werden das Paar auf eine höhere Ebene individuellen, empathischen und kollektiven Bewusstseins heben. Das Gefühl spiritueller Einheit, das man erlebt, wenn zwei Menschen aufs Intimste miteinander verschmelzen, ähnelt durchaus einem Aha-Erlebnis. Wenn man diese Ebene von Einheit auch nur einmal kurz berührt, kann das einem Paar helfen, seine Beziehung auf eine andere Daseinsebene zu heben. Und selbst wenn sonst nichts passiert, werden Sie durch das Erforschen Ihrer Emotionen, Ihrer Sinne und Ihres gemeinsamen Gefühls mit dem Partner sich selbst besser verstehen, und das ist der perfekte Ausgangspunkt für eine Beziehung mit einem anderen Menschen. Das ist eine wunderbare Meditation, die man benutzen kann, um seine Beziehung mit sich selbst sowie mit seinem Partner zu stärken und zu erweitern.

Wie steht Yoga mit Meditation in Verbindung?

Yoga bedeutet Einheit. Das heißt, Yoga ist Meditation. Und Meditation ist Yoga. Jede Praxis, die einen Zustand von Jetzt-Bewusstsein herbeiführt oder eine Beruhigung des Geistes, ist eine Form der Meditation: Dieser Moment beim Rennen oder Radfahren oder Schwimmen oder Tanzen oder Schreiben oder Zum-Orgasmus-Kommen oder einen Verkaufscoup zu landen oder mit der Achterbahn zu fahren oder die acht Glieder des Yoga zu üben. Dieser Moment, wenn Sie voll präsent sind, in dem es keine Vergangenheit oder Zukunft gibt, in dem die Zeit keine Bedeutung hat, wo es keinen Gedanken gibt, wenn Sie total in der Zone sind, dieser Moment, wenn Sie in völliger Harmonie mit Ihrem Körper sind, Ihrem Geist, dem Moment, dem Universum. Es gibt nur noch den Zustand des reinen Jetzt-Bewusstseins. Dieses Einssein ist die wahre Definition von Yoga – reines Sein, reine Einheit.

Die meisten Leute stellen sich Yoga in Begriffen einer physischen Übung vor, die man auf einer Matte praktiziert und bei der man seinen Körper in Positionen bringt oder Posen einnimmt, die man im Sanskrit als *asana* bezeichnet. Dann – abhängig von der Schule, in der Sie üben, und Ihrer philosophischen Orientierung – »leben« Sie die Pose und fließen dann in die nächste weiter. Jede Yogaschule verwendet unterschiedlich viel Zeit auf eine Pose und konzentriert sich auch nur auf ein paar aus den Hunderten von Asanas. In diesem Kontext hat Yoga die Fähigkeit, das dynamische Spiel von Ruhe und Aktivität zu nutzen. Sie atmen in die Pose … Sie werden die Pose … Sie lassen sich selbst *sein*. Asana ist ein wirklich schöner Ausdruck von Bewusstsein in Bewegung.

Aber dann kehren Sie zurück in die physische Welt und wechseln die Pose. Und dann wechseln Sie die Pose wieder. Mit der Zeit entwickelt so ziemlich jeder Yogaschüler eine fortgeschrittene Homöostase in den internen Rhythmen des Körpers, was zu besserer Dehnbarkeit, Konzentration und Balance führt; physisches und mentales Selbstvertrauen wachsen; oft nehmen Geduld und Kraft des Übenden zu, und Symptome von PMS, Prä-, Peri- oder Menopause und Postmenopause werden massiv gelindert. Forschungen, die in den Jahren 2010 bis 2012 durchgeführt wurden, haben eine Verbindung von täglicher Yogapraxis und Schmerzlinderung bei Krebspatienten gezeigt, was ein Hinweis auf die Bedeutsamkeit von Atmen und Asanas für verbesserte Immunfunktionen ist. Der Quellenbereich meiner Website **davidji.com** wird ständig mit den aktuellsten wissenschaftlichen Studien und klinischen Versuchen zu Yoga und Meditation upgedatet, besonders in Sachen Schmerzlinderung. Ich möchte Sie einladen, sie zu besuchen und sich die ganzen Studien anzusehen (googeln Sie »yoga pain study« oder »yoga cancer study« und Sie bekommen Tausende von Links in den Suchergebnissen).

Aber Stille und Ruhe während des Übens sind nicht kontinuierlich. Tatsächlich führen die meisten Yogalehrer Sie in ihren Stunden gerade *nicht* dorthin. Aber es gibt großartige Lehrer, die Sie ermutigen, Ihr Sein zu erforschen. Und es gibt talentierte und intuitive Lehrer, die Sie zu eindrücklichen Erfahrungen anleiten können, die Sie öffnen, zentrieren, entspannen, beleben, aufwecken, weicher machen und erweitern; darum bezeichnet man Yoga als die Praxis der körperzentrierten erholsamen Achtsamkeit.

Jede Praxis, die Sie unterstützt, Ihnen hilft, sich zu entwickeln, und Ihren Lebenswert steigert, ist es wert, nachgegangen zu werden. Ich habe die Zehntausenden von Yogapraktiken der vier Hauptpfade des Yoga geübt, studiert und gelehrt: *Raja, Bhakti, Karma* und *Gyan* (auch *Jnan* oder *Jnana* genannt, ausgesprochen »Dschi-Ahn«). Über die letzten paar Jahrzehnte habe ich die Asana-Praktiken aus dem Anusara und Kundalini-Yoga schätzen gelernt; die Strenge und Vergeistigung des Jivamukti, geschaffen von den großartigen Yogameistern David Life und Sharon Gannon; und in jüngerer Zeit die sieben spirituellen Gesetze des Yoga, in denen ich 2011 mit 61 anderen geschätzten Yogis zertifiziert wurde. Ich ehre jeden Schüler jeden Alters und jeder Philosophie, der sich in ein Studio aufmacht. Ob es jetzt Kundalini, Anusara, Ashtanga, Bikram, Jivamukti, Iyengar, Vini-Flow, Swaroopa, Hot Yoga, Joey's Yoga oder Yoga nach einer DVD in Ihrem Wohnzimmer ist, der Schlüssel ist die Praxis.

Eines meiner Lieblings-Yogastudios über viele Jahre hinweg war Kundalini East in Manhattan (am Broadway, direkt gegenüber von ABC Carpet and Home, in dem sich auch Deepaks Salon an der Ostküste – Deepak Home Base – befindet). Es war bei Kundalini East im Jahr 2001, als ich zum ersten Mal die wunderbare Praxis des Kundalini-Yoga aufgriff und mich in die machtvollen Übertragungen des Sikh-Visionärs und Meister-Yogis Guru Bhajan vertiefte. Jeder Kurs endete damit, dass wir alle süßen Chai tranken und uns mit freudigem Grinsen in die Augen schauten, während wir die Vibrationen der vergangenen Stunde ausstrahlten. Die tägliche Praxis verwandelte über die Jahre meinen Körper und meinen Geist. Und ob ich jetzt bei Kundalini East war oder bei Starseed Yoga in Montclair, New Jersey, oder in einem Jivamukti-Kurs von David Life oder bei einem Anusara-Workshop von John Friend oder bei meiner eigenen Lehrer-Ausbildung bei Seven Spiritual Laws of Yoga an der Chopra Center University war, war es für gewöhnlich nur am Ende einer Yogastunde, währende des Savasana (toter Mann), dass ich mich endlich ganz von Körper und Geist verabschieden und in die Stille driften konnte, um die Lehren zu integrieren, indem ich Einssein erlebte.

Viele Yogaschulen scheinen die Betonung darauf zu legen, dass man den perfekten physischen Work-out bekommt oder die perfekte Pose erreicht, was unsere Kraft, Flexibilität und Balance aufbaut, uns aber stärker auf die Welt des Physischen konzentriert hält. Die Seven Spiritual Laws of Yoga – eine spirituelle Hatha Yoga Praxis, entwickelt von Deepak Chopra, David Simon und der Yogini Claire Diab – legen eine stärkere Gewichtung darauf, in die eigene Seele zu reisen, während wir uns in einer bestimmten Pose befinden, statt Perfektion in einem Asana zu erreichen. In einer Seven-Spiritual-Laws-of-Yoga-Stunde verlagern wir unsere Aufmerksamkeit zwischen Stille und dynamischer physischer Aktivität hin und her.

Viele Yogastile, darunter Seven Spiritual Laws of Yoga, beinhalten eine Reihe fließender Asanas, die man als Sonnengrüße bezeichnet (oder *surya namaskar* im Sanskrit). Aber selbst während der Sonnengrüße werden unsere Momente erholsamer Achtsamkeit beständig in die physische Welt zurückgebracht; es ist ganz klar der gegenwärtige Augenblick, aber leider befinden wir uns im Reich physischer Aktivität … in Unruhe. Während aller Yogapraxis müssen wir ins Reich des Physischen zurückkehren. Und die Tatsache, dass die Praxis *körperzentriert* ist, hält Sie in der physischen Welt. Wenn wir an Yoga denken, stellen wir uns vor, wie jemand ein Asana praktiziert. Aber das Üben der Asanas ist nur ein Aspekt des Yoga, das eine breite Philosophie ist, die alle Aspekte des Lebens beinhaltet. In der Tradition des Raja (königlichen) Yoga, die sich im alten Indien entwickelte, definierte der große Yogalehrer, Weise und Weisheitslehrer Patanjali Yoga als *das Versiegen aller mentalen Fluktuationen; alle wandernden Gedanken stehen still, und der Geist ist auf einen einzigen Gedanken konzentriert.*

DIE ACHT GLIEDER DES YOGA

Es war vor mehr als 2000 Jahren – irgendwann zwischen 200 Jahre vor und 200 Jahre nach dem Tod Christi –, dass die Grundlagen der Yoga-Philosophie von Patanjali in den »Yoga Sutras« dargelegt wurden. Dieser heilige Text beschreibt einen achtgliedrigen Pfad, der die strukturellen Rahmenbedingungen für ein Programm des rechten Lebens bereitstellt. Keines der acht Glieder ist wichtiger als ein anderes, denn jedes ist Teil einer holistischen Lebensweise, das einer Person zu völliger Ganzheit von Körper, Geist und Seele verhilft.

Patanjali zufolge sind die als *asanas* bekannten Haltungen oder Posen *nur* eines der acht Glieder der Yogapraxis, aber es gibt noch sieben weitere, die ebenso wichtig sind. Die acht Glieder (im Sanskrit als *ashtanga* bezeichnet) sind folgende:

1. YAMA: Erleuchtetes Verhalten (Benehmen)

Die Yamas sind ein universeller Code von Geboten oder moralischen Imperativen (im Wesentlichen Verbote), die entwicklungsförderliches Verhalten beschreiben, das heißt wie erleuchtete Wesen ihr Leben leben sollten. Im Sanskrit bedeutet Yama Tod. Die Yamas sind also eigentlich der Weg, wie wir voller Mitgefühl unser Ego zu Tode bringen. In den Upanischaden bezeichnet man dies als die »Beschränkungen«. Es gibt fünf Yamas: *Ahimsa:* Gewaltlosigkeit; *Satya:* Wahrheit in Wort und Gedanken; *Asteya*: Nicht stehlen; *Brahmacharya:* das Treffen bewusster Entscheidungen bezüglich sexuellen Verhaltens (traditionell assoziiert man Brahmacharya mit Zölibat oder *»Du sollst keinen Sex haben«*, ich ziehe es vor, es als »Achten wir auf die Entscheidungen, die wir bezüglich unserer Beziehungen treffen« zu interpretieren); und schließlich *Aparigraha:* Abwesenheit von Gier.

2. NIYAMA: Persönliche Regeln (Entscheidungen)

Die Niyamas sind die vorgeschriebenen Handlungen und persönlichen Regeln, die den internen Dialog von Menschen widerspiegeln, die bewusst leben. Wenn es sich bei den Yamas um die *universellen* Verbote handelt, sind die Niyamas die *persönlichen* Gebote. Diese Regeln beinhalten Praktiken und Lehren zum Treffen der förderlichsten Entscheidungen für das eigene Leben. Historisch sind folgende Niyamas: *Shaucha:* Reinheit von Körper und Geist; *Santosha:* Zufriedenheit mit dem, was man hat; *Tapas:* Strenge; *Svadhyaya:* Studium der vedischen Schriften zum besseren Verständnis des Selbst; und *Ishvarapranidhana:* die Hingabe an Gott. Die Tradition lehrt, dass das Einhalten dieser Observanzen eine ernste Sache ist.

3. ASANA: Körperhaltungen oder Posen

Die Asanas sind die intime Verbindung unseres persönlichen mit unserem erweiterten Körper.

4. PRANAYAMA: Atmungsübungen und Kontrolle des Prana (Lebensenergie)

Pranayama repräsentiert die Bewusstheit und die Integration der Rhythmen, Jahreszeiten und Zyklen in unserem Leben.

5. PRATYAHARA: Kontrolle der Sinne

Indem wir uns von unseren fünf Sinnen zurückziehen, können wir uns auf unsere feinstofflichen Sinneserfahrungen einstimmen – über unsere Augen hinaussehen, ohne die Ohren hören, ohne die Nase riechen, ohne den Mund schmecken, ohne den Körper fühlen.

6. DHARANA: Konzentration und das Kultivieren der inneren Achtsamkeit auf die Wahrnehmung

Dies ist der allererste Schritt im Prozess der Meditation: das Achtsamsein. Dharana ist der entwicklungsmäßige Ausdruck von Achtsamkeit und Intention. Es ist die aktive Praxis der Kultivierung seiner Fähigkeit, einen einzigen Punkt der Konzentration zu wahren.

7. DHYANA: Meditation

Der zweite Schritt im Prozess des Meditierens – sobald die Aufmerksamkeit gemeistert ist – ist Dhyana. Patanjali bezeichnete das als Meditation, was stattfindet, wenn der Akt der Konzentration vervollkommnet wird und kein Bedürfnis mehr besteht, etwas zu versuchen oder zu tun, um sich mit dem Bewusstseinszustand des reinen Seins zu verbinden. Es ist die Verbindung zwischen den persönlichen und den universalen Aspekten unseres Seins – der nichtdualistische Bewusstseinszustand.

8. SAMADHI: Einheit mit dem Göttlichen

Samadhi ist das dritte Stück meditativer Erfahrung, sobald Dharana (verfeinerte Aufmerksamkeit) und Dhyana (Meditation) einmal gemeistert sind. Ähnlich dem Meistern der Metta und Samatha Bhavanas vor dem Eintreten in das Reich des Vipassana ist Samadhi, sobald Sie Ihre Aufmerksamkeits- und Meditationsfähigkeit kultiviert haben, das Einssein, die progressive Expansion des Selbst.

Yoga ist ein reiches, breites, wunderschönes Muster, das sich durch jeden Aspekt unseres Daseins webt ... unseren physischen Körper, unsere Umwelt, unseren Geist, Intellekt, unser Ego, emotionales Wesen, unsere täglichen Interaktionen und unser spirituelles Selbst – unsere Seele. Yoga verbindet sie alle durch das Praktizieren der acht Glieder. Erweitern Sie das nächste Mal, wenn das Wort »Yoga« Ihnen zu Bewusstsein kommt, Ihre Wahrnehmung über das Konzept der Asanas hinaus und schließen Sie die anderen sieben Glieder mit ein. Dann praktizieren Sie Yoga wirklich auf und abseits der Matte.

Obwohl der physische und emotionale Nutzen täglicher Yogapraxis gut dokumentiert ist und eine hervorragende Grundlage für die rechte Lebensführung und eine solide Meditationspraxis darstellen, hält uns die Praxis der Asanas in beständiger Aktivität.

Selbst wenn wir die Seven Spiritual Laws of Yoga praktizieren, eine spirituelle und meditative Form des Yoga, hält uns die körperzentrierte Form der Übung immer noch aktiv. Nur in der sitzenden Meditation lösen wir uns wirklich von der Aktivität, um Ruhe und Stille zu erleben. Meditation erzeugt den passiven Zustand ruhender Achtsamkeit – die reine Erfahrung, in der wir weder in der Vergangenheit noch in der Zukunft sind, sondern solide in den gegenwärtigen Augenblick vertieft.

Sensorische Meditation kann Ihnen helfen zu fühlen.

Kapitel 9
Geheimnisse
buddhistischer Meditation

»Es braucht keine Tempel, keine komplizierten Philosophien. Mein Gehirn und mein Herz sind meine Tempel, meine Philosophie ist Güte.«

Seine Heiligkeit, der 14. DALAI-LAMA

Prinz Siddhartha Gautama, gemeinhin als der Buddha oder »der Erwachte« bezeichnet, soll vor ungefähr 2500 Jahren gelebt haben. Mit 29 Jahren machte sich der junge Siddharta zum ersten Mal jenseits der Palastmauern auf und sah eine ganz neue Welt – eine Welt des Leidens, des Alterns, der Krankheit, der Geburt und des Todes. Dies führte dazu, dass er sich für den Pfad der Armut, des Rückzugs von allen weltlichen Sehnsüchten, der Selbstverleugnung irdischer Freude und des Hungerns entschied. Daraufhin weihte er sich einem Leben der Strenge, der Askese und Meditation. Natürlich war das Ergebnis lediglich ein ziemlich dünner und strenger Meditierender.

Eines Tages, als er dem Hungertod durch Fasten nahegekommen war, bot ihm ein junges Mädchen eine Schüssel Reis an, und er nahm sie an. In diesem Moment realisierte er, dass übergroße Strenge nicht zur Erleuchtung führen würde. Von da an ermutigte Siddharta die Menschen, einem Pfad zu folgen, den er »den mittleren Weg« nannte – auf dem man sich der Mäßigung zwischen den Extremen von Selbstgenuss und Selbstabtötung verschrieb. Seine Anhänger trennten sich von ihm, weil sie glaubten, er habe seinen Fokus und den Verstand verloren. Also verließen sie ihn.

In dieser Nacht saß er unter einem Baum und meditierte in der nordindischen Stadt Bodhgaya, wobei er gelobte, er würde nicht eher aufhören, bis er nicht die Verwirklichung erlangt habe. Er praktizierte *anapanasati*, eine Meditationspraxis, bei der man sein Bewusstsein auf Einatmen und Ausatmen fokussiert. Nachdem er 49 Tage meditiert hatte, erlangte er im Alter von 35 Jahren die Erleuchtung. Von da an war er bekannt als der Buddha, was »der Erwachte« bedeutet. Es gibt Geschichten, in denen erzählt wird, dass der Buddha aufgrund der Tatsache, dass keine Zeugen seiner Erleuchtung in der Meditation vorhanden waren, seine rechte Hand von seinem Schoß herabsenkte und den Boden unter seinen gekreuzten Knien berührte, sodass die Erde sein Zeuge sein könne. Aus diesem Grund sieht man so oft Statuen und Bilder des Buddha, wie er mit vom Knie herabgestreckter rechter Hand meditiert.

Nachdem er die Erleuchtung erlangt hatte, verbrachte der Buddha jedes Jahr vier Monate mit seinen Mönchen und diskutierte und praktizierte seine Lehren. Nach seinem Tod gaben seine Anhänger seine Lehren weiter, zunächst indem sie die mündliche Überlieferung fortsetzten, und schließlich indem sie sie aufschrieben. Der Buddhismus ist in vielen Regionen dieser Welt aufgeblüht, und seine Philosophie und seine Praktiken erfreuen sich in der westlichen Welt immer größerer Beliebtheit, da man ihren Wert, ihre Weisheit und ihren praktischen Nutzen zu erkennen beginnt.

Worum geht es bei der ganzen Sache?

Es ist viel über Siddhartha geschrieben worden, von Autoren wie Hermann Hesse hin zu Deepak Chopra, und Sie müssen kein Buddhist sein, um buddhistische Meditationsübungen zu praktizieren. Es ist an keinem Punkt einer buddhistischen Meditation vonnöten, dass Sie zu Buddha beten oder an seine Lehren glauben. Tatsächlich geht es bei allen buddhistischen Meditationen um Aufmerksamkeit und Achtsamkeit, nicht um eine Person oder eine Gottheit. Buddha kann Ihnen sogar helfen, Jesus Christus näherzukommen.

Die zentralen buddhistischen Lehren bestehen in den sogenannten vier edlen Wahrheiten:

1. Leiden oder *Dukkha* ist die vorherrschende Erfahrung im Leben.
2. Die Wurzel des Leidens oder *Dukkha Samudaya* ist das Hängen an Begierden.
3. Das Ende des Leidens oder *Dukkha Nirodha* erreicht man durch das Aufgeben dieser Anhaftungen.
4. Die Freiheit vom Leiden lässt sich erreichen durch das Praktizieren von *Dukkha Nirodha Gamini Patipada Magga*, bekannt als der edle achtfache Pfad, die acht Wege zum Beenden des Leidens, wie sie von Siddharta dargelegt wurden.

Der edle achtfache Pfad ist eine praktische Richtlinie für die spirituelle, moralische und mentale Entwicklung eines Individuums. Buddha lehrte, dass man, wenn man jeden Tag mit diesen acht Charakteristika als Leitprinzipien lebt, die konditionierten Anhaftungen, Illusionen und die Verblendung, die das Leiden in Ihrem Leben erzeugen, übersteigen kann. Das Befolgen dieser Richtlinien führt zu einem tieferen Verständnis aller Dinge, darunter die Erweiterung von:

⊙ *Weisheit* durch 1) rechtes Sehen; 2) rechtes Denken
⊙ *moralischer Lebensführung* durch 3) rechtes Reden; 4) rechtes Handeln; 5) rechten Lebenserwerb

⊙ *mentaler Entwicklung* durch 6) rechte Anstrengung; 7) rechte Achtsamkeit und 8) rechte Sammlung

Dem Buddhismus zufolge erlangt man ein höheres Existenzniveau und tritt schließlich ins Nirwana – die buddhistische Version des Einsseins – ein, wenn man die Richtlinien des achtfachen Pfades im täglichen Leben praktiziert und gleichzeitig ein tiefes Verständnis der vier edlen Wahrheiten besitzt.

Wenn man eine buddhistische Meditationspraxis übt, dann bedeutet das nichts anderes, als einfach mit den Vibrationen des Universums zu resonieren, und zwar durch die Führung eines der erstaunlichsten Lehrer, die je gelebt haben, wobei man sich mit seinen Charakterzügen von friedlicher Koexistenz und bedingungsloser Liebe verbindet und gleichzeitig Mitgefühl und liebevolle Güte anderen gegenüber zum Ausdruck bringt. Dies scheint die Gebote des Christentums, des Islam, des Judentums, des Hinduismus, Jainismus, Mormonismus, Skhismus, Taoismus, Konfuzianismus, Sufismus und sogar des Atheismus zu unterstützen ... und das sogar in den fundamentalsten Ausdrucksformen der Hingabe an eine höhere Macht.

Die Bhavanas

Der Primärzweck buddhistischer Meditation ist es, den Geist dazu anzuleiten, still zu sein. Der buddhistische Begriff für Meditation ist *bhavana* oder »mentale Kultivierung«, wobei die drei bekanntesten Bhavanas die folgenden sind: Metta (liebevolle Güte), Samata (Seelenruhe) und Vipassana (Einsicht). Sehen wir uns diese Punkte einzeln an.

1. Metta – liebevolle Güte

Beim *Metta Bhavana* konzentrieren Sie sich darauf, liebevolle Güte an alle lebenden Wesen auszusenden. Bei meditativen Übungen, bei denen Metta thematisiert wird, beginne ich gerne

damit, Gedanken des Wohlwollens, der Liebe und des Mitgefühls nach *innen* zu lenken. Obwohl der Buddha niemals auf sich
selbst ausgerichtete liebevolle Güte als eigenen Punkt gelehrt hat,
habe ich festgestellt, dass mich das Beginnen der Meditation auf
diese Weise schnell meine Aufmerksamkeit fokussieren lässt und
mich stärkt, da es mir ein ganz klares Objekt für meine Aufmerksamkeit zur Verfügung stellt. Meister der Metta-Übung haben
mir versichert, dass andere buddhistische Schriften implizieren,
dass es sich dabei um einen angemessenen Ausgangspunkt für die
Meditation handelt. Nachdem Sie liebevolle Güte nach innen
ausgestrahlt haben, schreiten Sie vom leichtesten zu den schwie-
rigeren Punkten weiter. Benutzen Sie das eigene Wohlergehen
oder Ihr Herz als Referenzpunkt, um nach und nach liebevolle
Güte nach außen auszustrahlen, und richten Sie sie zuerst auf die
Personen, die Sie am meisten respektieren, zum Beispiel Ihre ver-
ehrten Lehrer oder Führer in Ihrem Leben. Strahlen Sie als
Nächstes liebevolle Güte an die Menschen aus, die Sie lieben,
und dann an Ihre Freunde, dann die Bekannten und schließlich
an die, die Sie nicht einmal kennen. Und während Sie so Ihren
Kreis liebevoller Güte ausdehnen, richten Sie sie auch auf Ihre
»Feinde« und schließlich auf alle Wesen auf diesem Planeten.

Ich erlebe die Metta-Übung für mich als eine sehr stärkende
Übung. Sowohl Leute, die das erste Mal meditieren, wie erfah-
rene Meditierende schätzen ihre simple Süße. Ich empfehle, dass
Sie sich dabei Zeit nehmen und es sehr langsam machen. Fangen
Sie mit 15 Minuten an, bis Sie sich mit Ihrer Übung wohlfühlen,
und schauen Sie dann, ob Sie es auf 30 Minuten ausdehnen können – die perfekte Zeitspanne, um den optimalen Nutzen aus
einer Praktik zu ziehen.

2. Samatha – Seelenruhe

Bei *Samatha Bhavana* geht es um die Unbeirrbarkeit der Zwecksetzung. Der Meditierende konzentriert sich auf ein Objekt oder
eine Handlung, wie Atmen oder einen Drishti-Punkt. Diese Me-

ditation kultiviert Ihre Konzentrationsfähigkeit. Menschen, die Samatha Bhavana praktizieren, glauben, dass der Geist, indem sie sich für eine Weile auf nur eine einzige Sache konzentrieren, still wird ... beruhigt bis an den Punkt der Ruhe, der Seelenruhe ... daher der Name Samatha. Diese Praktik soll den Geist auf die dritte Praktik oder das Bhavana, das *Vipassana,* vorbereiten, die Meditation der Einsicht. Buddhistische Meditationsmeister raten dazu, den Geist über Jahre durch Samatha Bhavana zu kultivieren, bevor man zum Vipassana weiterschreitet, das das anspruchsvollere Bhavana darstellt. Allerdings ist in der Blüte des amerikanischen Buddhismus in den letzten 40 Jahren die Aufmerksamkeit für das Samatha Bhavana verkümmert, und Vipassana allein ist aufgeblüht.

3. Vipassana – Einsicht

Nachdem der Geist durch Samatha Bhavana beruhigt worden ist, ist er bereit, durch die Übung des *Vipassana Bhavana* weiter kultiviert zu werden, bei der man auf alle seine Gedanken und Gefühle achtet und sie losgelöst bezeugt, bis man die Erfahrung macht, eine Einsicht in die Wahrheit seines Lebens gefunden zu haben. Wenn man Gedanken, Geräusche oder physische Eindrücke erfährt, reagiert man nicht auf sie. Stattdessen bleibt man präsent bei ihnen, wenn sie auftreten, und bezeugt sie, ohne zu urteilen. Sie lassen sie einfach nur *sein.*

Vipassana ist als die Meditationspraktik bekannt, die der Buddha praktiziert hat. Ich erlebe es als sehr einfach und umfassend. Allein aufgrund seiner Leichtigkeit habe ich es über viele Jahre praktiziert und diese Praktik als stärkende und sanfte Form der Meditation erlebt. Ich empfehle Ihnen, dass Sie an irgendeinem Punkt in Ihrem Leben Erfahrungen mit Vipassana sammeln, aber wenn Sie nicht den Wunsch haben, die ersten beiden Bhavanas zu erforschen, werden Sie nicht die wahre Tiefe dieser wunderbaren Praxis erleben. Ich bin von Metta Bhavana direkt zu Vipassana übergegangen. Meine Ungeduld war mir hinderlich, da ich niemals die Tiefe des Einsseins und den postmeditativen Reichtum erleben durfte, den mir die Urklangmeditation bietet. Hätte ich ein paar Jahre damit verbracht, ein paar Jahre meine Samatha-Praktik zu kultivieren, hätte ich wahrscheinlich eine größere Wertschätzung für Vipassana entwickelt.

Jeden Monat, wenn ich mich mit Tausenden von Menschen auf der ganzen Welt verbinde, indem ich der Meditation nachgehe, bin ich immer von der süßen Energie jener berührt, die den Pfad des Buddha beschreiten – nicht unbedingt jener, die behaupten, Buddhisten zu sein, sondern derer, die auf täglicher Basis Achtsamkeit praktizieren, egal welcher Philosophie oder Religion sie »offiziell« anhängen. Sie leben ihr Leben als Ausdruck eines offenen Herzens. Sie praktizieren liebevolle Güte ohne dafür Anerkennung oder Bestätigung zu erwarten. Sie sind sanfte Wesen und erzeugen so Sanftheit in der Welt. Sie sind in weniger Dramen verstrickt, weil sie sich weniger Gedanken um Zukunft oder Vergangenheit machen und im Jetzt bleiben … sie gehen weich, süß und voll Mitgefühl auf der Erde einher. Es ist ein Vergnügen, sich in ihrer Gesellschaft zu befinden; sie sind wahrhaft eine Verkörperung liebevoller Güte. Ich lerne so viel über mich selbst und die Welt von diesen Menschen. Meistens erzählen sie mir, dass sie nicht unbedingt Buddhisten sind, aber eine tägliche, herzöffnende Übung oder Meditationsform praktizieren, beispielsweise Metta Bhavana. Wenn Sie Ihr Herz jeden Tag für eine Stunde mit liebevoller Güte füllen, dann beginnt diese schließlich, von Ihnen auszuströmen, egal wie tief oder leer der Abgrund ist, in dem Sie gerade stecken.

Buddhistische Meditation kann Ihnen helfen,
achtsamer zu werden.

Kapitel 10
Geheimnisse der Mantra-Meditation

»Ein menschliches Wesen ist Teil eines Ganzen, das man als Universum bezeichnet, ein Teil, der raumzeitlich begrenzt ist. Es erfährt sich selbst, seine Gedanken und Gefühle als getrennt vom Rest des Ganzen – eine Art optische Täuschung seines Bewusstseins. Diese Täuschung ist eine Art Gefängnis für uns, beschränkt uns auf unsere persönlichen Wünsche und auf Zuneigung für ein paar Personen in unserer Umgebung. Unsere Aufgabe muss darin bestehen, uns aus diesem Gefängnis zu befreien, indem wir den Kreis unseres Mitgefühls erweitern, bis er alle lebenden Wesen umfasst, sowie die ganze Natur in ihrer Schönheit.«
ALBERT EINSTEIN

Meine gegenwärtige Mantra-Praxis ist eine, die aus meiner lebenslangen spirituellen Reise geboren ist, die im Schoß meiner Mutter begann. Sie glaubte an das Konzept des unbeschränkten, universalen Selbst und erforschte dieses auf vielerlei Art in meiner Jugend, bevor ihr Körper starb. Ich fühle immer noch eine tiefe spirituelle Verbindung mit ihr, und das, 30 Jahre nachdem

sie diese irdische Ebene verlassen hat. Sie war stets offen für neue
Lehren und leitete mich dazu an, meinen Referenzrahmen über
den religiösen, philosophischen und spirituellen Unterricht, den
ich bekam, hinaus zu weiten. Das ermutigte mich, den Ritualen
und tieferen Philosophien, die in viele andere Kulturen und Formen der Andacht eingewoben sind, zu erforschen und wertzuschätzen.

Die Tatsache, dass ich mich mit einer polyphilosophischen
Herangehensweise an unsere Existenz wohlfühle, hat es mir erlaubt, die Thora sowie die Veden zu umarmen, das Christus-Be-
wusstsein, den mystischen Sufismus des Islam, den Taoismus
Oshos, den Sikhismus von Guru Nanak, das liebevolle Mitgefühl
der Lehren des Buddha und die Universalität der Religionswis-
senschaft. Ich sehe sie alle als unterschiedliche Pfade zum selben
Ergebnis, alternative Narrative derselben archetypischen Geschichte, die alle dieselbe Frequenz und ein gemeinsames Thema
wiedergeben, nämlich ein Leben mit Sinn, Frieden, Mitgefühl,
Liebe und Erfüllung zu leben.

Diese Mischung von Lehren zu studieren und zu praktizieren
hat mir geholfen, viele Traumata, Kämpfe und Herausforderungen zu überstehen, die ich in meinem Leben erfahren habe. Es
hat mir geholfen, Frieden mit einem Großteil des Schmerzes in
meiner Vergangenheit zu schließen sowie mit den potenziellen
Turbulenzen, die ich jeden Tag durchschwimme. Es hat mir geholfen, den Weg in die Gegenwart zu entdecken und andere dabei zu unterstützen, tiefere Erfüllung in ihrem Leben zu finden.
Es hat mich zu erkennen gelehrt, dass ich die Vergangenheit nicht
ändern kann … dass ich die Glocke, sobald sie einmal geschlagen
ist, nicht verstummen lassen kann … dass ich die Verletzungen,
die ich zugefügt habe, nicht ungeschehen machen kann – aber ich
kann in diesem Moment andere Entscheidungen treffen, um vergangene Fehler zu korrigieren, jetzt das zu tun oder zu sagen, was
ich damals nicht konnte, vergangene Fehltaten zu sühnen, das zu
hören, was ich damals nicht hören konnte, das Leben der neuen

Menschen in meinem Leben zu versüßen, so, wie ich den Menschen in meiner Vergangenheit das Leben sauer gemacht habe, in meinem Herzen und meinem Kopf mit meiner Vergangenheit abzuschließen, selbst wenn ich nicht in der Lage bin, das in der physischen Welt zu tun, und Verantwortung für meine Gefühle, Interpretationen und Träume zu übernehmen.

Was ist ein Mantra?

Das traditionelle Bild des Meditierenden ist das eines Menschen, der mit gekreuzten Beinen und geschlossenen Augen, die Hände auf den Knien, dasitzt, wobei sich Daumen und Zeigefinger berühren und so einen Kreis bilden, während er den Klang Om rezitiert. Das Om-Singen ist, was man als Mantra-Rezitation bezeichnet, und wenn Sie sich noch an Kapitel 1 erinnern, wissen Sie, dass das Wort »Mantra« von zwei Sanskrit-Worten stammt: *man*, was »Geist« bedeutet, und *tra*, was »Vehikel« oder »Instrument« heißt. Ihr Mantra ist also Ihr geistiges Vehikel ... Ihr geistiges Instrument. Es ist ein Werkzeug, das Ihren Geist aus einem Zustand der Aktivität in Stille und Ruhe versetzen kann. Aus der Sanskrit-Wurzel *tra* erhalten wir das Wort »transportieren«. Die meisten Mantras bestehen aus den 50 Buchstaben des Sanskrit-Alphabets. Mantras können aus einem einzigen Buchstaben, einer Silbe oder einer Reihe von Silben, einem Wort oder einem ganzen Satz bestehen.

Typischerweise sind die meisten Mantras Töne, Silben oder Vibrationen, die nicht unbedingt eine Bedeutung haben müssen. Ihr Wert liegt in der Qualität ihrer Vibration, nicht in einer Bedeutung, die ihnen die menschliche Kultur, die Gesellschaft oder die Zivilisation während der letzten paar Tausend Jahre beigelegt hätte. Darum gehen Sie über den Zustand menschlicher Existenz auf diesem Planeten hinaus. Und sie führen Sie in größere Tiefen, denn es sind Vibrationen, die seit der Morgendämmerung der Schöpfung existieren.

Die Hymne des Universums

Om, oft auch Hymne des Universums genannt, ist das älteste Mantra, das die Hindus, Buddhisten und Jains heilig halten. Om wird als die ultimative Vibration betrachtet, weil es alle Vibrationen enthält, die jemals existiert haben und jemals existieren werden. So wie weißes Licht alle Farben des Spektrums enthält, enthält Om jeden Klang des Vibrationsspektrums – selbst die, die wir mit unseren Ohren nicht hören können. Eine der klarsten visuellen Repräsentationen befindet sich auf dem Cover des Pink-Floyd-Albums *Dark Side of the Moon*. Dort ist ein weißes Licht zu sehen, das in ein Prisma fällt, aus dem auf der anderen Seite alle Farben des Spektrums herauskommen. Dasselbe könnte man vom Om sagen. Es ist das weiße Licht der Töne.

Historisch wird Om das erste Mal in den zwölf Versen des alten vedischen Mandukya Upanischaden erwähnt, das die drei grundlegenden Zustände des Bewusstseins erklärt: Wachen, Schlafen und Träumen. In der ursprünglichen Schreibweise und Aussprache *Aum* (ausgesprochen Ah-Uh-mmmm) bedeutet es eine Verschmelzung dieser drei Bewusstseinszustände in die Einheit dreier unterschiedlicher Silben: A, U und M. Diese drei Vibrationen repräsentieren die drei Stadien unserer bekannten Existenz: Geburt, Leben und Tod.

Die Vibration *a* (so ausgesprochen, wie wenn Sie beim Doktor den Mund aufmachen) repräsentiert den Wachzustand und den Anfang aller Dinge. So, wie der Buchstabe A der erste Buchstabe fast jeden Alphabets ist – der erste Buchstabe des Rig Veda, des Koran, der Odyssee des Homer, selbst des ersten Wortes des Neuen Testaments – die Vibration A kündet von Schöpfung ... dem Anfang. Die vedischen Weisen bezeichnen es als das *A-kara,* und es repräsentiert das Reich der Form und Gestalt – das physische Reich.

Die Vibration *u* wird als *U-kara* bezeichnet und repräsentiert den Traumzustand, das Reich ohne Form und Gestalt – das ätherische Reich der Luft, des Wassers, des Feuers, der Träume – stets veränderlicher Aspekte der formlosen Welt um uns her.

Die Vibration *m* ist bekannt als *Ma-kara*, welches den Zustand des traumlosen Tiefschlafs repräsentiert ... weder geformt noch formlos wie die anderen beiden Reiche, sondern jenseits von Form und Formlosigkeit ... das Reich des Bewusstseins im Winterschlaf, das darauf wartet, sich zu entfalten.

In der Sanskrit-Grammatik werden die Buchstaben A und U, wenn man sie beim Schreiben kombiniert, als O übersetzt. Daher sehen wir so oft die Schreibweise Om statt Aum. Seit Tausenden von Jahren steckt die Schreibweise Aum hinter Om zurück, was dazu geführt hat, das jetzt Om der Klang ist, der meistens von westlichen Yoga-, Vedanta- und Meditationsschülern und -lehrern rezitiert wird. In Indien, wo die Leute durchs tägliche Gebet vertrauter mit dem Sanskrit sind, wird der Klang immer noch als Aum ausgesprochen.

Wenn die drei individuellen Vibrationen kombiniert werden, wird eine vierte Vibration erzeugt, wie ein Akkord in der Musik, der aus individuellen Noten besteht. Aum repräsentiert den vierten Bewusstseinszustand – transzendentes Bewusstsein oder *turiya* ... was wir Erleuchtung oder Einssein nennen. Im Hinduismus ist es die Einheit des Göttlichen, das aus seinen drei Komponenten besteht: *Brahma* – Schöpfung; *Vishnu* – Bewahrung und *Shiva* – Zerstörung und Wiedergeburt. Das Singen des Mantras Om kündet von unserer Universalität, was der Grund ist, warum wir Om üblicherweise vor und/oder nach unserer Meditations- oder Yogapraxis rezitieren sowie beim Lesen heiliger alter Texte.

Indem man eine Vibration oder einen Klang immer wieder wiederholt, wird er Teil Ihrer Physiologie; er wird eins mit Ihrem Geist; er wird *Sie*. Er wird alle Bedeutung verlieren, alle Definition, alle Relevanz. Es wird keine Trennung mehr zwischen Ihnen und der Vibration, die genau jetzt erklingt, geben.

Om – die Hymne des Universums

Dies ist das Sanskrit-Symbol für die Silbe Om. Die große Kurve unten links repräsentiert die materielle Welt des Wachzustands; die kleinere Kurve oben links repräsentiert den Zustand des Tiefschlafs. Die rechte Kurve, die sich vom Schnittpunkt der zwei linken Kurven nach unten erstreckt, repräsentiert den Traumzustand – die dünne Linie zwischen Wachen und Schlafen. Der Punkt ganz oben ähnelt dem Punkt (oder Bindu) im Zentrum des Sri Yantra, das wir in Kapitel 5 »Geheimnisse visueller Meditation« erörtert haben, und repräsentiert das Universum in all seinem Überfluss. Dieser Zustand wird oft als *turiya* bezeichnet, ein Sanskrit-Wort für »absolutes Bewusstsein«, »das Universum« oder »Einheit«. Und die gekrümmte Linie unter dem Bindu repräsentiert Maya, die Illusion der Existenz, die unsere körperlich-geistige Substanz von der Einheit trennt und von uns überstiegen werden muss, um ins All-Eine zurückzukehren. Ommmmm!

Mantras können laut oder leise gesprochen werden. Wenn ein Mantra laut gesungen wird, ist die Intention dabei, das Bewusstsein zu konzentrieren, zu intensivieren und zu erweitern. Alte vedische Texte behaupten, dass ein geflüstertes Mantra tausendmal nützlicher ist als ein gesprochenes und ein stilles Mantra tausendmal nützlicher als ein geflüstertes.

Zu Om meditieren

Wir können jetzt sofort meditieren und dabei das Mantra Om benutzen. Sprechen Sie es laut aus und fühlen Sie, wie die Vibration *a-u-m* geboren wird, dann verharrt und dann erstirbt, wenn sie die Lippen spitzen. Und jetzt beginnen Sie, es für sich im Stillen zu wiederholen. *Om, Om, Om, Om.* Schließen Sie die Augen und wiederholen Sie unablässig Ihr Mantra, wenn Sie Mantra-Meditation üben wollen. Wenn Ihnen auffällt, dass Sie vom Mantra wegdriften und sich Gedanken in Ihrem Geist zuwenden oder Geräuschen in der Umgebung, Gefühlen in Ihrem physischen Körper, dann driften Sie sanft zurück zum Mantra. Es wird lauter und leiser werden, schneller und langsamer, es wird durcheinandergeraten, verzerrt werden und unhörbar. Egal wie sich das Mantra verändert, wiederholen Sie es einfach weiter, und wenn Ihnen auffällt, dass Sie weggedriftet sind, dann driften Sie einfach zurück. Vor und zurück und wieder zurück und vor. Geben Sie sich diesem Vor und Zurück einfach sanft hin.

Probieren wir es jetzt gleich für ein paar Momente aus. Nur ein paar Augenblicke. Aber machen Sie zuerst einen tiefen Atemzug durch die Nasenlöcher und halten Sie ihn für ein paar Momente, bevor Sie langsam ausatmen. Wiederholen Sie es. Und schließen Sie dann die Augen und beginnen Sie, im Stillen *Om* zu wiederholen.

Meditieren wir jetzt für ein paar Augenblicke.

Wie hat es sich angefühlt?

Was haben Sie gespürt?

Mantras mit Bedeutung

Früh in der Geschichte der Veden haben die Lehrer damit begonnen, Mantras als entweder bedeutungstragend oder bedeutungsfrei zu charakterisieren. Bedeutungsfreie Mantras sind einfach nur Laute, die wegen ihrer Vibrationsqualität verwendet werden. Sie haben keine bestimmte Bedeutung oder Korrelation. Bedeutungstragende Mantras, andererseits, beinhalten eine Intention oder Bedeutung, die von der Sprache und Kultur, aus der sie stammen, determiniert sind sowie von ihrer persönlichen Bedeutung. Diese Mantras verbinden den Rezitierenden mit einer bestimmten Intention und dienen als Meditationsvehikel, helfen dabei, zu einem bestimmten Bewusstseinszustand zu erwachen. Beispiele bedeutungstragender Mantras sind etwa die alten Sutras, die im Sanskrit als *mahavakyas* oder »Meisterausprüche« bezeichnet werden. Deepak Chopra beschrieb diese sieben Mahavakyas en detail in seinem Bestseller *The Spontaneous Fulfillment of Desire* als:

> ⊗ Aham brahmasmi – Ich bin das Universum
> ⊗ Tat tvam asi – Dies bin ich
> ⊗ Sat chit ananda – Wahrheit, Wissen, Wonne
> ⊗ San kalpa – Die Macht subtiler Intention
> ⊗ Moksha – Ich bin emotional frei
> ⊗ Shiva-shakti – Erwache zu deiner göttlichen maskulin-femininen Energie
> ⊗ Ritam – Fließ mit dem Rhythmus des Universums

Die Mahavakyas stammen aus alten vedischen Texten, die als die Upanischaden bekannt sind. Als hingebungsvoller Student dieser Lehren war eines der Highlights meiner Lehrtätigkeit am Chopra Center zusammen mit Deepak und David Vedanta bei den SynchroDestiny Manifestations-Workshops zu lehren. Für geschlagene zehn Jahre – bis Synchronicity 2012 in den Ruhestand ging – lernten es Tausende von Teilnehmern, ihre tiefsten Sehnsüchte in Übereinstimmung mit den Mahavakyas zu manifestieren, und empfingen Führung für ihr Leben mit Respekt, Brillanz und Integrität von diesen beiden Meistern.

Aber es gibt außer den Mahavakyas noch viele Sutras, und ich möchte Sie ermutigen, eines zu finden, das sich für Sie stimmig anfühlt – eines, das eine Bedeutung hat, mit der Sie etwas anfangen können, sowie eine Vibrationsqualität, die mit Ihnen resoniert. Aham brahmasmi ist eines meiner bevorzugten. Es fühlt sich angenehm und stärkend an und ist beruhigend auf der Vibrationsebene.

Mantras, die aufgrund ihrer Vibrationsqualität benutzt werden

Die meisten Formen der Mantra-Meditation benutzen ein Mantra oder geistiges Instrument, um sich von der Aktivität um uns her zu lösen – den Gedanken, den Geräuschen und den physischen Eindrücken, die Teil jedes Moments in unserem Leben sind. Im Kontrast zu Vipassana-Meditation, bei der die Praktizierenden ihre Aufmerksamkeit auf diese Aktivitäten ihres körperlich-geistigen Systems richten, verwendet man in der Mantra-Meditation die Wiederholung einer bedeutungslosen Silbe oder mehrerer Silben oder Vibrationen, um sich von besagten Aktivitäten zu lösen. Unser Jetzt-Bewusstsein richtet sich auf die Vibration des Mantras, nicht auf die vielen möglichen Aktivitäten des Moments, und nach beständiger Wiederholung im Stillen wird es zum einzigen Objekt unserer Aufmerksamkeit. Wir haben jeden Tag zwischen 60 000 und 80 000 Gedanken – etwa ein Gedanke pro Sekunde und ein simultanes Bewusstsein von Bedeutungen, das zu Aktivität führt. Indem man eine *bedeutungsfreie* Silbe oder Silben wie Om wiederholt, kann sich der Meditierende von der Aktivität lösen und in den Bereich zwischen den Gedanken eintauchen, wo es keine Aktivität gibt. Indem man etwas Bedeutungsfreies immer wieder wiederholt, brandet ein undefinierter Raum über jeden Aspekt Ihres Seins – über Ihre Bezeichnungen, Definitionen, Bedeutungen und Ihr Verstehen hinaus – hinein in den Bereich des Einsseins.

Ihr Mantra ist Ihr Hyperlink ins Reich des Nichtlokalen.

Die Macht des Mantras

Sobald dieser Raum der Stille und Ruhe mit Ihnen eins wird, lösen Sie sich wirklich von den Gedanken in Ihrem Kopf, den Geräuschen in Ihrer Umgebung und den physischen Eindrücken in Ihrem Körper. Ihre Herzfrequenz verlangsamt sich … Ihre Atmung verlangsamt sich … Ihre Vergangenheit driftet weg … das ständige Grübeln über die Zukunft hört auf. Es entsteht ein subtiles Bewusstsein der Bewegung von der Aktivität in die Stille; Geräusche und Gedanken gehen durch Sie hindurch, statt von Ihnen aufgenommen und verarbeitet zu werden. Eine Leichtigkeit des Seins beginnt, in Sie zu fließen. Das Konzept Ihrer selbst erweitert sich von einem atmenden menschlichen Wesen hin zu einem stillen Beobachter in einem einheitlichen Wesen, das das Heilige in jedem Gesicht, jeder Blume und jedem Objekt um sich her sieht. Im Letzten verschmelzen Sie mit allem ohne Unterschied.

Da ist Einssein … da ist Einheit … da ist Stille … Ruhe … Wonne … keine Trennung mehr zwischen irgendetwas … Ihr reines, unkonditioniertes Selbst.

Das ist »es« – das, was man normalerweise als »in der Lücke sein« bezeichnet. Und das Schöne daran ist, dass Sie nicht wissen können, dass Sie dort sind; es ist jenseits von Raum und Zeit. Sie bleiben in dem höheren Bewusstseinszustand, bis Ihr Körper Sie zurück in die Aktivität holt, wenn Ihr Bewusstsein sich einem Gedanken, einem Geräusch oder einem physischen Eindruck zuwendet – Sie fließen in die Einheit und wieder heraus in die Dualität.

Ab dem Moment, wo Sie aus der Stille und Ruhe herausdriften, fangen Sie an, dem Moment Bedeutungen zuzuschreiben. Das ist der Zeitpunkt, wo Sie realisieren, dass Sie »in der Lücke« waren; es geschieht immer danach … niemals, wenn Sie dort sind. Das ist der Moment, wo Ihnen die Differenz auffällt … die Trennung zwischen *diesem* und *jenem* oder die Dualität zwischen unserer individuellen, lokalen Existenz und unserer universalen, nichtlokalen. Dabei kommen Ihnen erneut Bedeutungen zu Bewusstsein. Sie können die Lücke nicht bemerken, solange Sie sich darin befinden, denn Sie sind nicht getrennt davon. Es ist wie bei einem Fisch, der durchs Meer schwimmt und nicht merkt, dass es Wasser ist, voll eingetaucht und integriert in den Ozean, sein ganzes Leben hindurch, bis er sich entscheidet, aus seinem flüssigen Reich hinaus in die Luft zu springen – dann erst merkt er die Trennung.

In diesem Moment – wenn Sie sich Ihrer Gedanken wieder bewusst werden – driften Sie zurück in das Reich von Bedeutung und Aktivität. Wenn Sie die Stille verlassen, werden Sie sich des Mantras bewusst oder vielleicht eines neuen Gedankens, eines Geräuschs oder eines physischen Eindrucks. Das ist normal, gewöhnlich, man darf es erwarten; das ist Teil der Meditation. Aber egal wo Sie sich wiederfinden, kehren Sie einfach zurück zur unangestrengten Wiederholung des Mantras. Driften Sie einfach hin und her.

Das ist eine schlichte, einfache Meditation … ganz sanft zwischen dem Objekt der Aufmerksamkeit (dem Mantra) und der Aktivität (Gedanken, Geräuschen, physischen Eindrücken) … und dann wieder zurück zum Mantra. Quälen Sie sich nicht, versuchen Sie nicht, etwas zu kontrollieren. Doch sobald Sie realisieren, dass Sie nicht länger das Mantra wiederholen (was die verbreitetste Erfahrung ist), dann kehren Sie einfach sachte dazu zurück. Die Wiederholung des Mantras ist mühelos, wie Nebel, der sich in der Morgendämmerung von einem See erhebt. Alles, was anstrengender ist, bedeutet, dass Sie sich viel zu sehr bemühen. Es gibt Millionen von Mantras, denn es handelt sich bei ihnen um Klänge, die aus der Kombination von Myriaden von Klängen entstehen. Und sie werden zu vielen unterschiedlichen Zwecken verwendet – zur Andacht, spirituell, heilerisch, gesungen, mystisch, materiell – und auf vielerlei unterschiedliche Arten – im Stillen wiederholt, gesungen, geflüstert, im Chor gesungen, von einem Chorführer gelesen und dann beantwortet. Ich glaube an die Macht des Mantras, und fast jedes Mantra, das mit der richtigen Intention bei der täglichen Übung verwendet wird, kann einen aus einem äußerst verengten persönlichen Existenzzustand in höhere Bewusstseinszustände führen, darunter erweiterte und universale Zustände.

Die Verwendung eines Bija

Das Wort *bija* (ausgesprochen »Bi-dscha«) bedeutet im Sanskrit »Samen« und ist als solcher eine Metapher für die Ursache oder den Ursprung von etwas. Vor Tausenden von Jahren identifizierten die *rishis* oder Seher auf dem heutigen indischen Subkontinent das, was sie für die ursprünglichen Klänge der Natur hielten. Sie nannten sie Bija-Klänge oder Samen-Silben. Der älteste dieser Bija-Klänge – Om – wird das erste Mal in den alten, als Upanischaden bekannten, vedischen Texten erwähnt. Seit damals werden diese machtvollen Bija-Klänge als Mantras benutzt, weil es sich dabei um organische, reine, universale Vibrationen handelt.

In den späten 60er- und frühen 70er-Jahren wurde die Meditation zum Massenphänomen und erzeugte einen der größten Bewusstseinssprünge auf unserem Planeten. Unter Führung des legendären Beatle George Harrison, dem sich die anderen Mitglieder der Sergeants Pepper's Lonely Hearts Club Band anschlossen, stiegen Millionen von Menschen auf der ganzen Welt, vor allem in den USA und in Westeuropa auf die Mantra-Meditation als Lebensform ein.

Viele meiner Freunde, Kollegen und Schüler hatten in den 70er-Jahren die Ehre, unter der Führung von Maharishi Mahesh Yogi, dem Begründer der transzendentalen Meditationstechnik, das Meditieren mit einem persönlichen Mantra zu erlernen. Sie lernten es, ein Bija zu benutzen, um sich vom Zustand der Aktivität zu lösen.

Wenn man sie als Mantra bei der Meditation verwendet, können einen Samen-Klänge direkt mit der Quelle verbinden. Der

Wert der Benutzung eines Bija besteht darin, dass es sich dabei nicht um ein Wort mit einer Bedeutung handelt; es ist einfach nur eine Vibration – eine Vibration, die es schon immer gab –, ein Urklang. Die Schönheit eines Urklangs besteht darin, dass selbst dann, wenn wir ihm Bedeutung beimessen – obwohl er niemals dazu gedacht war, eine Bedeutung zu haben –, es seine Vibrationsqualität ist, die unsere Aufmerksamkeit hält, die somit von der Ebene der Bedeutungen wegdriftet.

Urklangmeditation

Die Mantra-Technik, die seit vielen Jahren für mich funktioniert und gleichzeitig die, die ich die meisten meiner Schüler über die letzten zehn Jahre hinweg gelehrt habe, ist die Urklangmeditation. Ich lernte Sie 2002 von Ravi Meher, einem von der Chopra Center University zertifizierten Meditationslehrer, der von London in die USA gekommen war, um mir und sechs anderen Schülern unser persönliches Mantra und die Methodik der Urklangmeditation in vier Sitzungen über drei Tage hinweg beizubringen. Ich glaube, dass das über die letzten zehn Jahre hinweg meine DNA verändert hat; es hat mich tiefer geführt als jede andere Meditationstechnik und mir unterwegs unglaubliche Erfahrungen beschert. Es hat meine Klarheit vertieft, mir Seelenruhe geschenkt, viel Stress abgebaut, mein Verständnis der Existenz gestärkt, mein Angstpotenzial vermindert, mir Tausende von Einsichten geschenkt, viele meiner beschränkten Glaubenssätze gesprengt, meine Kapazität für Mitgefühl und Vergebung erweitert, mich zutiefst mit der Quelle verbunden und mir unermessliche Gaben zukommen lassen, die ich nicht formulieren kann.

Ich habe über die letzten zehn Jahre hinweg ungeheuer machtvolle Resultate mit dieser Technik erzielt, indem ich sie einfach nur zweimal am Tag für 30 Minuten pro Sitzung praktiziert habe … typischerweise einmal am frühen Morgen und einmal am Spätnachmittag oder Abend.

*Ihr Urklang ist die Vibration, die das Universum in dem Augen-
blick gemacht hat, als Sie vom Reich des Nicht-Manifesten ins
Reich des Manifesten gewechselt sind und diese Welt der Form und
Phänomene betreten haben.*

Urklangmeditation ist eine mantrabasierte Meditationstechnik, die Tausende von Jahren zurückreicht und ursprüngliche
Bija-Klänge beinhaltet – die allerersten Klänge der Natur, die frü-
hesten Urklänge des Planeten, die subtilsten Geräusche des Universums, die in der Morgendämmerung der Schöpfung bestan-
den, bevor es Industrie gab, Elektrizität genutzt wurde, bevor es
Sprache gab und Bedeutungen. Als Grundgeräusch der Natur
trägt ein Urklang die energetische Vibration, die der Atmosphäre
eines bestimmten Ortes zu einem bestimmten Zeitpunkt entspricht. In den späten 90er-Jahren haben Deepak Chopra und
David Simon diese uralte Praktik mit dem Segen von Shanka-
racharya, dem Bewahrer dieser alten Lehren mit Sitz in Nordindien, wiederbelebt. Eine meiner ersten Rollen, als ich im Chopra
Center zu dienen begann, war es, die Entwicklung eines hochmo-
dernen Computermodells zu überwachen, das das Urklangmantra einer Person berechnete.

Zum eigenen Urklang meditieren

Es gibt Hunderttausende Meditierende auf der ganzen Welt, die
die Urklang-Meditation praktizieren. Es gibt ungefähr 108 Urklänge in dieser Meditationsschule, bei denen es sich um rohe,
reine, unberührte und universale Geräusche handelt. Jeder
Mensch, der Urklangmeditation betreibt, benutzt ein Mantra,
das die Vibration oder die atmosphärische Qualität des Universums zum Zeitpunkt seiner Geburt reflektiert. Die Vibration
wird berechnet auf Grundlage des Ortes, des Datums und des
Zeitpunkts der Geburt der Person. Diese Information wird dann
mit den sich ändernden Vibrationen des Universums korreliert,
die vor Tausenden von Jahren auf Sanskrit niedergeschrieben

wurden. Ein Programm für vedische Mathematik berechnet dann die Vibration aus 108 Möglichkeiten. Ist sie einmal identifiziert, wird diese Vibration in einige andere Vibrationen verschmolzen, darunter andere Bija-Klänge, die das individuelle persönliche Mantra erzeugen. Sobald Sie erst Ihr Urklangmantra erfahren haben, wiederholen Sie es still während Ihrer Meditationspraxis, um leichter zu Ruhe und Stille zu finden.

Es ist eine eindrückliche Erfahrung, den Klang zu verwenden, den das Universum gemacht hat, als Sie aus dem nichtmanifesten Zustand in den manifesten übergegangen sind. Es ist ebenfalls sehr eindrücklich, wenn man weiß, dass die exakt selbe Ausrichtung von Sonne und Mond, die zu dem Zeitpunkt, als Sie geboren wurden, die exakt selbe wie vor 5000 Jahren ist, als die Vibration zuerst gehört und niedergeschrieben wurde. Wir Menschen kommen und gehen alle 100 Jahre, aber die Sonne, der Mond, die Erde und die Planeten sind seit mehr als 15 Milliarden Jahren die Signalpfeiler der Galaxis.

Das mag nach nicht allzu viel klingen, wenn man bedenkt, dass unsere Regierung alle paar Minuten *eine Milliarde* Dollar ausgibt, aber die Menschen erst seit 150 000 Jahren auf der Erde unterwegs sind und sich die ersten Zivilisationen vor erst 10 000 Jahren entwickelt haben. Das stimmt. Wir hängen erst seit 10 000 Jahren auf diesem Felsen, der am drittnächsten bei der Sonne liegt, herum – lediglich 100 Jahrhunderte. Die Weisheit des Universums ist weit, zeitlos und so weit jenseits dessen, was wir je begreifen könnten. Die Klänge, die seit dem ersten Atemzug der Insekten, Würmer, Fische, Vögel, Eidechsen, Frösche, Dinosaurier, Wölfe, Delfine, Pferde, Affen, Wale und Menschen existiert haben, sind ein Ausdruck dieser Weisheit ... die Klänge der Existenz, einer Existenz, die seit Milliarden von Jahren fließt. Und diese Vibration, *Ihre* Vibration, die atmosphärische Qualität, die von den unendlichen Gesetzen der Natur definiert wurde, resoniert seit Millionen von Jahren ... schon immer. Der Bija-Klang, den man Ihnen als Teil Ihres Mantras beibringt, ist die allererste

Vibration, die Sie bei Ihrer Geburt gehört haben. Diese Vibration
verkündete Ihren Eintritt in dieses Reich. Das war der Vibrati-
onssamen der Flugbahn Ihres Lebens.

Dies ist kein Kommentar zu der Frage, wann das Leben beginnt. Vielmehr feiern diese Lehren den Moment, an dem wir
wirklich individuiert wurden. Der Augenblick, in dem wir das
erste Mal Klänge durch die Luft hörten statt durch Fruchtwas-
ser … und der erste Moment, an dem wir zum ersten Mal von
allen anderen getrennt wurden, als man unsere Nabelschnur
durchschnitt. Also macht die Tatsache, dass mein Klang – mein
Mantra – für mich individuell ist, ihn auf egoistischer Ebene zu
etwas Besonderem. Zu wissen, dass mein Mantra sich von dem
der meisten anderen Leute unterscheidet, bedeutet, dass wir alle
eine sozusagen maßangefertigte persönliche Energie verwenden,
um die zeitlose Energie des kollektiven Bewusstseins anzuzapfen.
Es ist die individuelle und die universale Ebene, die gleichzeitig
existieren – die Lücke – Einheit. Wir benützen unser individuelles Vehikel, um uns zu dem Ort zu führen, an dem wir alle eins
sind! Ihr Urklang-Meditationslehrer kann Ihnen diese uralte Praxis beibringen, Sie über deren reiche Geschichte, Ihren Urklang,
die Anwendung der Meditation im täglichen Leben aufklären
und dann höhere Bewusstseinszustände zusammen mit Ihnen erforschen. Einen Lehrer finden Sie unter **davidji.com**.

Inwiefern ist die Urklang-Meditationstechnik einzigartig?

Eines Tages besuchte mich eine Schülerin, die seit fünf Jahren bei
mir lernte, um über Meditationspraxis zu sprechen. Nach Rückkehr von einem buddhistischen Meditationsrückzug, hatte sie
sich in eine tägliche Vipassana-Bhavana-Praxis vertieft und ihre
Mantra-Meditationspraxis fallen gelassen. Wochen waren vergangen und obwohl sie ein Gefühl von Frieden in ihrem Leben
erfuhr, fühlte sie, dass sich etwas verändert hatte. Sie hatte fast

fünf Jahre lang Urklangmeditation praktiziert und höhere Bewusstseinszustände erlebt – kosmisches Bewusstsein, göttliches Bewusstsein … selbst gelegentliches Einheitsbewusstsein –, aber den letzten Monat über, als sie Achtsamkeit praktiziert hatte, war sie von diesen höheren Bewusstseinszuständen in ihrem Leben weggedriftet und wollte sie wieder mit ihnen verbinden. Ich feiere Meditation in all ihren Formen, es spielte also keine Rolle für mich, welche Form der Meditation sie betrieb, solange sie das Gefühl hatte, dass es ihr Leben bereicherte.

Sie versicherte, dass ihre Fragen sich nicht darauf richteten, welche Meditationstechnik die effektivere sei, sondern vielmehr darauf, zu verstehen, was beim Wechsel von der Mantrapraxis zu Achtsamkeitspraxis mit ihr geschehen war. Ich war in die andere Richtung gereist – vom Vipassana zur Mantra-Meditationspraxis – und meine Erfahrungen waren mit der Zeit tiefer und stärker geworden.

Es gibt keine richtige oder falsche Meditationstechnik; keine ist besser als die andere. Es hängt davon ab, was Sie zu einem bestimmten Zeitpunkt brauchen oder wonach Sie suchen. Über die letzten zehn Jahre hinweg habe ich festgestellt, dass Mantra-Meditation ein starkes Mittel für mich auf der Suche nach dem ist, was ich in meinem Leben will. Meine Erfahrungen von Einheitsbewusstsein, die jeden Tag in mir aufflackern, haben mich auf so vielerlei Art verwandelt. Meine Verbindung zur Quelle fühlt sich jetzt stärker an als damals, als ich Achtsamkeitsmeditation praktizierte. Aber hin und wieder fühlt es sich großartig an, sich der Achtsamkeit hinzugeben oder auch einer anderen meditativen Praxis.

2012 wurde ich eingeladen, 40 Tage mit Meditationen für ein kostenloses Online-Programm aufzuzeichnen, das den Titel *Winter Feast of the Soul* trägt. Das »Fest« basiert auf einem Zitat des Sufi-Dichters Jelaluddin Rumi: »Was neun Monate für den Embryo tun, werden 40 frühe Morgenstunden für das Wachstum deiner Achtsamkeit tun.«

Die meisten Religionen kennen eine 40-tägige transformatorische Erfahrung. Es gibt viele biblische und historische Bezugnahmen auf 40 Tage: Moses betete für 40 Tage am Berg Sinai, David und Goliath kämpften zweimal am Tag für 40 Tage; die alten Ägypter verpackten die Körper der Toten für 40 Tage, bevor sie sie mumifizierten; der Prophet Mohammed fastete 40 Tage und übte Abstinenz; Buddha meditierte 40 bis 49 Tage unter dem Bodhi-Baum, bevor er die Erleuchtung erlangte; Jesus fastete 40 Tage in der Wildnis, der Grund, warum die Fastenzeit 40 Tage dauert. Wenn man einfach nur »40 Tage« googelt, bringt das Hunderte von Treffern für diesen 40-Tage-Bezug.

Das Winter Feast for the Soul kündete von dieser Verbindung. Jeden Tag loggten sich Meditierende aus der ganzen Welt – mit jeglicher Art von Erfahrungsniveau und jeglicher Art von Übung – ein, stellten ihren Lautsprecher an und schlossen sich der Reise mit einer der vielen unterschiedlichen Arten von Meditation an, die 40 Tage am Stück angeboten wurden. Jeden Tag hat man sieben Optionen, einschließlich einer Sufi-Meditation, einer von einem Rabbi geleiteten kabbalistischen Meditation, christlichem kontemplativen Gebet, einer Sikh-Meditation, Vipassana Bhavana, sogar Meditationen für Kinder, die von dem berühmten Kinderyogalehrer Jodi Komitor geleitet wurden. Während ich die 40 Meditationen in der Kategorie Vedanta/nichtkonfessionelle Meditation leitete, wurde jede Meditation mit einem Metta-Moment abgeschlossen – einem Akt liebevollen Mitgefühls, den wir alle täglich in die Welt fließen lassen sollten. Die Schönheit des Fests für mich bestand darin, dass ich Vedanta-Meditation und Metta Bhavana in eine nahtlose Erfahrung verschmelzen konnte, was es auch den Leuten, die online meditierten, erlaubte, diese Einheit zu erleben. Ich will auch weiterhin am Winter Feast for the Soul teilnehmen. Mehr als 10 000 Meditierende reisten für zehn Minuten für eine Lektion und dann 30 Minuten von Ruhe und Stille mit uns, worauf unser Metta-Moment folgte, bei dem wir alle einen Akt liebevoller

Güte teilten. Können Sie sich den Effekt vorstellen, wie diese süße Stille sich über den Globus ausbreitete, als sich die Meditierenden aus jeder Zeitzone 40 Tage zusammen einloggten. Die Macht des Kollektivs ist groß, und Tausende von uns haben sie über 40 Tage auf einer universalen Reise des Einsseins geteilt. Achtsamkeit zu kultivieren und Metta-Akte zu teilen ist eine wunderbare tägliche Übung, und ich empfehle es jedem – egal welchen Meditationsstil Sie bevorzugen. Und während mir das tägliche Vipassana Bhavana die Erfahrung der Achtsamkeit bot sowie Jetzt-Bewusstsein, solange ich sie praktizierte, bietet mir die Urklangmeditation ein wahres Gefühl von Einssein oder Nondualität, zwischen dem lokalen Reich des Hier und Jetzt und dem nicht-lokalen Reich des Universums.

Die Philosophie, die das Konzept des Einsseins am beredtesten erklärt, wird im Sanskrit als *advaita* bezeichnet, was »Non-Dualität« bedeutet. Sie wurde zuerst von Adi Shankara verbreitet, einem Weisen im 9. Jahrhundert, der bereits im Alter von zwölf Jahren einer der brillantesten Vermittler des Vedanta war und seine Lehre in dem zeitlosen Klassiker *The Crest Jewel of Discrimination* (Das Kronjuwel der Unterscheidung) darlegte. Fast 1400 Jahre später finden Millionen von Menschen nach wie vor großen Reichtum in seinen Lehren und Übersetzungen. Im letzten Jahrhundert wurde die Essenz des Advaita am effektivsten in den frühen 1970er-Jahren von Maharishi Mahesh Yogi wiederbelebt und unters Volk gebracht. Und über die letzten 35 Jahre hinweg wurde diese nichtdualistische Schule des Denkens poetisch und pragmatisch von Deepak Chopra und David Simon in Büchern, Vorträgen, Satsangs und Workshops artikuliert. Über die letzten zehn Jahre hinweg haben diese zwei Lehrer großzügig diese nichtdualistischen Philosophien und komplementären Heilungsmethodologien mit der Welt geteilt, und ich hatte das Glück, selbst an ihrer Seite zu stehen, um Zeuge ihrer zeitlosen Weisheit zu sein, diese herunterzuladen, mich in sie zu versenken und sie in mein Wesen zu integrieren.

Aber zurück zu meiner Geschichte. Meine Schülerin stand nun an einem Scheideweg der Meditation, und meine Sorge war, dass sie ganz aufhören würde zu meditieren, weil sie einen Konflikt zwischen den beiden Stilen erlebte. Ich musste einen Weg finden, den Unterschied der zwei Stile für sie zu artikulieren, während ich ihr »die Erlaubnis gab«, sich jeden der beiden auszusuchen, auch wenn es nicht der meine war. Ich sah dies als Gelegenheit, mich mit einem meiner Lehrer zu verbinden, um Führung zu bekommen.

Eines der größten Geschenke, die ich über die Jahre bekommen habe, war es, während eines Großteils seiner 13-jährigen Lehrtätigkeit als medizinischer Direktor des Chopra Center ein paar Meter entfernt von David Simon zu sitzen. Zusätzlich zu der Tatsache, dass wir einander vieles über unser persönliches Leben anvertrauten, besuchten wir uns gegenseitig in unseren Büros, um eine gute Zeit miteinander zu haben und allerhand Themen nachzugehen und zu vertiefen, darunter das Leben, den Tod, die Veden, die täglichen Vorgänge im Chopra Center, Familie, Erleuchtung, Heilung, eine Fernsehshow, Reinkarnation, kosmisches Bewusstsein oder eine lustige Geschichte. Manchmal war es nur für ein paar Augenblicke, manchmal länger. David war gerade dabei, seinen Klassiker und Bestseller über emotionale Heilung *Free to Love, Free to Heal* (Dt. *Liebe heilt alles*) zu schreiben, als ich an seiner Tür klopfte. Ich stand in seinem Zimmer und erklärte mein Dilemma. Wovon ich glaubte, dass es ein zweiminütiges Gespräch über Vipassana werden würde, wurde dies ein zweistündiger Mini-Meditationsrückzug. Er hörte auf zu schreiben und löste sich vollständig von dem, was er tat, und war völlig präsent bei meinem Thema.

Er schaute mir in die Augen stellte mir ein paar Fragen über meinen Tag. Er erzählte mir eine Geschichte über seinen Vater und lachte dann aus vollem Hals, als er sich an eine Konversation, die er mit einer seiner Töchter geführt hatte, erinnerte. Er zog Bücher aus dem Regal und las mir Passagen aus Osho-Büchern

über den Sufismus vor, einige Verse aus der Bhagavad Gita und
Auszüge aus einem medizinischen Journal, das er las. Er erzählte
mir ein paar Witze und erinnerte sich, dass er zwei Packungen
85 Prozent kakaohaltiger Bio-Trinkschokolade hatte, die wir uns
in den Mund schütteten, woraufhin wir mit geschlossenen Augen
dasaßen und sie uns die Kehle hinabrinnen ließen.

Dann meditierten wir und benutzten dabei unser Urklangmantra, und nach etwa 20 Minuten flüsterten wir: »Aham brahmasmi – Ich bin das Universum.« Dann sangen wir zusammen
Om. Als wir die Vibration in Stille ausklingen ließen, öffnete er
ein Buch und las ein paar Gedichte des großen Sufi-Dichters Hafiz vor. Dann lasen wir zusammen, einander antwortend, Sutras
zum Einssein aus dem Yoga Vasistha. Er las ein Sutra laut vor,
und ich hörte mit geschlossenen Augen zu; dann wiederholte ich
es für ihn. Dieses verbale Hin-und-her-Ritual ist bekannt als res-
pondierendes Lesen, und wir schickten uns unterschiedliche Versionen des Einsseins hin und her, die Sutras schmolzen zu Worten, die Worte zu Silben, die Silben zu Klängen, die Klänge in
Vibrationen und die Vibrationen in eine einzige Vibration, die
dann mit unserer Essenz verschmolz. Die Einheit dieses Moments
schien ganze Lebenszeiten lang zu dauern, als alle unsere Worte
zu einer berauschenden Mischung universaler Vibrationen und
dann zu Stille verschmolzen.

Als wir unsere Jetzt-Bewusstseins-Erfahrung abgeschlossen
hatten, waren Stunden vergangen, und ich befand mich in einem
Zustand tiefer Klarheit. Ich stand auf, umarmte ihn und verließ
sein Büro, wobei mir Tränen die Wangen hinabbrannen. Ich
blickte über die Schulter, als er seinen Stuhl langsam wieder zu
seinem Computer schob und seine Finger wieder über die Tastatur hob. Er stellte mir die rhetorische Frage in seinem leisesten
Flüstern: »Beantwortet das deine Frage?«, während er süß und
wissend lächelte.

Fast wie im Schlaf ging ich zurück in mein Büro und saß still
mit meiner Assistentin Tiffany da. Sie schloss intuitiv die Tür hin-

ter uns und saß dann in ähnlicher Stille da, als ob sie von der Vibration, die ich von Davids Büro in unseres mitgenommen hatte, eingehüllt wäre. Wir blickten uns ein paar Sekunden in die Augen und erlebten dann einen plötzlichen Schub von Einheitsbewusstsein. Ich weiß nicht, wie viel Zeit verging, als der Raum nach und nach zu Ruhe und Stille wurde. Ich schloss die Augen und öffnete sie ein paar Minuten später wieder. Ich ließ meine Finger auf der Tastatur ruhen wie in Trance, um das hochzuladen, was ich gerade erlebt hatte, und es in mein Wesen zu integrieren.

Dann schrieb ich: »Der Wert der Mantra-Meditation liegt darin, den Geist zu beruhigen und den stummen Zeugen zu erwecken. Dies erweckt nicht nur unser Wissen um das Zeugen-Bewusstsein (wie auch das Vipassana), sondern erweckt auch die Erkenntnis, dass der Zeuge allein unvollständig ist. Der Prozess, bei dem der Zeuge, der Prozess des Bezeugens und das, was bezeugt wird, vereint werden, ist das Ziel der Mantra-Meditation, der einen in die Lücke der Stille und Ruhe führt. Wie David Simon mich so eloquent durch unsere Stille gelehrt hat, ist die Verschmelzung des Zeugen (bekannt als Rishi), des Prozesses des Bezeugens (bekannt als Devata) und des Bezeugten (bekannt als Chandas) im Wesentlichen die Fusion des Beobachters, des Akts des Beobachtens und des Objekts der Beobachtung in eine Einheit … das Yoga des Lebens. Vipassana ist hilfreich im ersten Stadium, wenn es darum geht, achtsam zu werden, kann aber nicht zur Einheit führen. Advaita erfüllt die Absicht des Vipassana, aber Vipassana kann nicht die Intention der Nicht-Dualität erfüllen.«

Später am Nachmittag, zu kristallener Klarheit erwacht, traf ich mich mit meiner Schülerin und ermutigte sie, ihre neue Methode mindestens 40 Tage lang zu praktizieren. Ich erinnerte sie, dass die Einheit immer da sei und auf sie warten würde, wenn sie Lust bekäme, zur Mantrapraxis zurückzukehren. Sie lächelte und stieß einen Seufzer der Erleichterung aus, weil ihr alle Optionen offenstanden. Uns stehen stets alle Optionen offen, auch wenn unsere egobasierte, enge Weltsicht sie uns nicht immer offenbart. Aber indem sie die Angst losließ und ein wenig Ermutigung bekam, ihre Komfortzone zu erweitern, vertiefte sich meine Schülerin in ihre Meditationspraxis, wurde eine Lehrerin beider Praktiken und teilt jetzt sowohl Vipassana und Urklangmeditation mit der Welt. Und bis heute feiere ich die verblüffende Weisheit von David Simon und der machtvollen Lehre der Urklangmeditation dafür, mir geholfen zu haben, den Zeugen in meinem Innern (den Beobachter), mein Bezeugen (den Prozess des Beobachtens) und das, was ich bezeuge (das Beobachtete) zu vereinen. Wenn das Einssein eintritt, verschmilzt alles in meinem Leben zu totaler Harmonie, und meine spirituelle Übung bekommt Flügel. Rishi, Devatas und Chandas sind alle eins. Reines, unbegrenztes Bewusstsein.

Es gibt mehr als 1500 vom Chopra Center zertifizierte Lehrer auf sechs Kontinenten in mehr als 500 Städten auf der Welt. Wenn Sie Interesse daran haben, Urklangmeditation zu lernen, dann besuchen Sie **davidji.com,** wo Sie einen zertifizierten Meditationslehrer in Ihrem Gebiet finden können, oder Sie können sich mir zu einer Skype-Unterrichtsstunde bei einem meiner kommenden Meditationsworkshops anschließen.

Mantras in der Religion

Alle größeren Religionen dieser Welt beinhalten irgendeine Form von Mantra-Meditation in ihren Praktiken. Das Beten des katholischen Rosenkranzes, die kabbalistische Hitbodedut-Meditation, das Beten eines der buddhistischen Lam Rims, die Wiederholung der Namen Allahs im islamischen Dihkr oder das responsive Lesen der Yoga Vasistha: Sie alle sind repetitive Andachtsformen, die dem Göttlichen die Ehre geben.

Obwohl Meditation selbst keine religiöse Praxis ist, finde ich, dass die tägliche Praxis, unter Verwendung eines Mantras in die Stille zu driften, mich meinem universalsten Selbst näherbringt.

Tausende meiner Schüler, die religiös sind – einige von ihnen orthodoxe Juden, fundamentalistische Christen und praktizierende Muslime –, haben festgestellt, dass das Meditieren mit einem Mantra ihnen dabei hilft, ihren Geist zu beruhigen, sodass sie sich ihrem Gott näher fühlen können.

Ungeachtet Ihrer religiösen Orientierung – wenn es um eine Meditationspraxis geht, müssen Sie sich an das halten, was am meisten mit Ihnen resoniert, was sich angenehm anfühlt, in Übereinstimmung mit Ihrem vertrauten Glaubenssystem steht, bei Ihnen zu Hause funktioniert und sich gut als tägliche Praxis eignet. Nehmen Sie sich also die Freiheit, sich ein Mantra auszusuchen, mit dem Sie sich wohlfühlen und das die spirituellen oder religiösen Philosophien, denen Sie anhängen, ebenfalls unterstützt.

Ob Sie jetzt religiös sind oder nicht, Sie wissen, dass es etwas Größeres gibt – etwas Höheres, Umfassenderes als Sie selbst –, selbst wenn es nicht mehr als der Glaube an eine göttliche Intelligenz oder einer kreative, universale Energie ist. Wenn Sie dazu erzogen worden sind, eine Religion zu praktizieren, dann gibt es in Ihrem Leben vermutlich noch immer einen Aspekt, der von Frömmigkeit geprägt ist. Egal worauf Ihr Glaube gerichtet ist, ich glaube, dass Meditationspraxis Ihre persönliche Hingabe an Ihren Gott verstärken und erhöhen, Ihr Gebetsleben verbessern und Ihren Glauben an die göttlichen Aspekte des Lebens außerhalb Ihrer selbst und in Ihnen selbst bekräftigen kann.

Meditation ist nur ein Werkzeug, das Ihnen helfen kann, sich vollständiger mit Ihrem Selbst im Vollsinn zu verbinden – Gott oder das Universum besser zu fühlen, sich dafür zu öffnen und es dann zurück in die Welt zu senden. Das Leben ist ein Kreislauf. Wenn der Kreislauf endet, endet das Leben. Wenn der Kreislauf total und umfassend ist, können Sie eine wonnevolle Existenz erleben … in egal welchem Bereich Ihres Lebens, der für so eine Erweiterung offen ist.

Was ist der Unterschied zwischen Gebet und Meditation? Gebet bedeutet Gespräch mit Gott; Meditation ist Zuhören. Meditation nimmt nicht den Platz des Gebets in Ihrem Leben ein. Wenn Sie beten oder Andachten abhalten, wird Ihre Meditation diese erweitern und stärker machen. Meditation verlangsamt das Gewusel um Sie her, sodass Sie noch das leiseste Flüstern Gottes hören können. Meditation erhöht Ihre spirituelle Verbindung mit Ihrer höheren Macht, Ihrem Gott, dem Universum und Ihrem umfassendsten Selbst.

Das universale Mantra

Als bei David Simon im Juni 2010 ein bösartiger Gehirntumor diagnostiziert wurde, begann er, die Wiederholung dessen, was er als »das universale Mantra« bezeichnete, in seine tägliche Praxis zu integrieren. Im Judentum ist es nicht erlaubt, den Namen des Herrn laut auszusprechen, sodass andere Worte eingesetzt werden, um über den Allmächtigen zu sprechen. Die verbreitetsten dieser »Nicht-Namen« werden unter Verwendung von vier hebräischen Buchstaben geschrieben:

י Yud   ה Hey   ו Vov   ה Hey

Wenn man sie von links nach rechts liest, scheinen diese vier Konsonanten YHVH das Wort *Yahweh* oder *Yehovah* ergeben. Das Althebräische benutzt keine Vokale und wird von rechts nach links gelesen, sodass man das Ganze von rechts nach links schreiben würde

יהוה

Die englische Übersetzung von Yahweh und Yehovah – dieses persönlichen Nicht-Namens des höchsten Wesens – ist »ich bin« oder »ich bin der, der ich bin«. Wenn man es von oben nach unten schreibt, bekommt man

Wie Sie sehen, sieht das wie eine Person mit Kopf, Schultern, Armen, Rumpf, Hüften und Beinen aus, die bis auf den Boden reichen.

Wenn Sie ein Wort oder einen Satz immer wieder wiederholen, wird er Teil Ihrer Physiologie – eins mit Ihrer Essenz –, ein integraler Bestandteil dessen, der Sie sind.

Um das zu praktizieren, was ich mittlerweile als die David-Simon-Universal-Mantra-Meditation bezeichne, schließen Sie die Augen und wiederholen Sie im Stillen *Yud, Hey, Vov, Hey*, immer und immer wieder. Wenn Sie merken, dass Sie in Gedanken von dem Mantra zu Gedanken in Ihrem Geist, Geräuschen in Ihrer Umgebung oder Gefühlen in Ihrem physischen Körper weggedriftet sind, dann kehren Sie sacht zurück zu Yud, Hey, Vov, Hey. Es wird lauter und leiser werden, schneller und langsamer; es wird durcheinandergeraten, verzerrt und unhörbar werden. Wenn sich das Mantra aber verändert, dann wiederholen Sie es einfach weiter, und wenn Ihnen auffällt, dass Sie weggedriftet sind, dann driften Sie einfach sanft zurück. Hin und her. Probieren wir das gleich jetzt für ein paar Momente. Aber atmen Sie zuerst tief durch Ihre Nasenlöcher ein, halten Sie für ein paar Augenblicke die Luft an und atmen Sie dann langsam aus. Wiederholen Sie es. Dann schließen Sie die Augen und fangen Sie an, still das Mantra zu wiederholen. Meditieren wir. Wie hat es sich angefühlt? Was haben Sie gefühlt?

David Simons universale Mantra-Praktik vereinte die Einheit Gottes mit der eigenen, bis es keinen Unterschied mehr zwischen diesen zwei Einheiten gab. Reine Verschmelzung. Reine Fusion. Reine, universale Einheit. Er teilte im Sommer 2010 diese wunderbare Praktik mit der Welt. Reines Jetzt-Bewusstsein, das sein Leben voll widerspiegelte, es absorbierte und in eine Meditation verwandelte. Er war Gott so nah, wie ich es jemals bei einem Menschen gesehen habe. Er war voll im Sein gegründet. Das inspirierte mich, folgendes Sutra auf Sanskrit zu schreiben:

> *Yogastha kareem karuna.*
> *Yogastha kuru karmani.*
> *Yogastha karuna brahma.*

Im Sein gegründet, ist es ein Segen, mitfühlendes Handeln zu praktizieren. Handle im Sein gegründet. Im Sein gegründet ist mitfühlendes Handeln die letzte Wahrheit.

Der Satz »yogastha kuru karmani« ist aus dem 48. Vers des 2. Kapitels der Bhagavad Gita, in dem Krishna, der Herr, Rat bezüglich des Sinns des Lebens erteilt. Arjuna steckt tief in einem spirituellen Dilemma, weil er weiß, dass es der Sinn seines Lebens ist, ein wilder Krieger zu sein, aber er quält sich mit Angst, Kummer, Unsicherheit, Trauer und Reue, während er seine Truppen auf einen vernichtenden Kampf in einer riesigen Familienfehde vorbereitet, in welchem Freund gegen Freund, Cousin gegen Cousin, Lehrer gegen Schüler und Patriarch gegen Sohn steht. Als er mit Krishna, seinem Wagenlenker, inmitten der riesigen Ebenen von Kurukshetra in Nordindien steht, schaut Arjuna eindringlich auf die beiden Armeen seiner Verwandten, wie sie sich jetzt, bereit zum Kampf, gegenüberstehen. Die Schwierigkeit der Aufgabe, die vor ihm liegt, paralysiert ihn – eine Armee gegen die andere zu führen und währenddessen den Tod Hunderter seiner Freunde, geschätzten Lehrer und Verwandten zu verursachen.

Er fragt seinen göttlichen Führer, wie er nur mit seiner Entscheidung leben kann, und Krishna antwortet mit einem spirituellen Dialog, der 18 Kapitel über Yoga, Selbstverwirklichung, Dharma (oder Zwecksetzung), Hingabe an Gott, den Sinn des Lebens und schließlich das Wesen der Wirklichkeit umfasst.

Die 700 Verse der Bhagavad Gita fließen dahin wie ein Poesiebuch mit zeitlosen Mantras. Um über diese Lehren zu meditieren, suchen Sie sich eine Fomulierung wie Kapitel 2, Vers 48 – »yogastha kuru karmani« – aus, schließen Sie dann die Augen und wiederholen Sie die Formulierung wieder und wieder als Fokuspunkt ihrer Aufmerksamkeit. Wenn Sie bemerken, dass Sie zu Gedanken, Geräuschen oder physischen Eindrücken abgedriftet sind, dann kehren Sie sacht wieder zu »yogastha kuru karmani« zurück.

Versuchen wir das gleich jetzt für eine Minute. Fangen Sie damit an, es dreimal laut auszusprechen: yogastha kuru karmani, yogastha kuru karmani, yogastha kuru karmani. Dann flüstern Sie es dreimal: yogastha kuru karmani, yogastha kuru karmani, yogastha kuru karmani. Wiederholen Sie es jetzt dreimal im Stillen für sich selbst: yogastha kuru karmani, yogastha kuru karmani, yogastha kuru karmani. Dann wiederholen Sie es immer wieder im Stillen. Tun Sie einen tiefen Atemzug und atmen Sie langsam aus. Schließen Sie jetzt die Augen und sagen Sie das Mantra. Ich warte so lange.

Ist Ihnen aufgefallen, dass Ihre Aufmerksamkeit zum Mantra hin- und wieder weggeflossen ist und Sie für einen Moment von Ihrem Bewusstsein von Gedanken, Geräuschen und physischen Eindrücken befreit hat? Ist Ihnen aufgefallen, dass Sie selbst hin und her gedriftet sind? Was haben Sie gefühlt? Wie hat es sich angefühlt?

Mantra-Mythen

Viele spirituelle Lehrer behaupten, dass es ein spezifisches Protokoll gibt, dem man strikt zu folgen hat, wenn es um Mantras geht – dass sie auf eine bestimmte Art und Weise gelehrt werden müssen, auf eine bestimmte Art und Weise benutzt werden müssen, nur zu bestimmten Zeiten benutzt werden dürfen. Das macht bis zu einem gewissen Grad auch Sinn, da Sie so die grundlegende Struktur und den Prozess einer Mantra-Meditation verstehen und sich darin verwurzeln können. Ich habe jedoch beobachtet, dass eine Praktik, wenn sie beginnt, eine rigide Atmosphäre von »Muss« und »Regeln« anzunehmen, persönliche Hingabe und Leidenschaft zu verebben scheinen. Meditation und die Sehnsucht, sie zu praktizieren, müssen natürlich aus demjenigen fließen, der wir geworden sind, und es muss sich als etwas anfühlen, was wir tun *wollen*, nicht nach etwas, was wir tun *müssen*. Unendliche Flexibilität ist der Schlüssel zu Glück und Erfüllung. Dies gilt auch für die Verwendung von Mantras.

Es wird in der Meditations-Community so viel über Mantras geredet, dass ich meine Gedanken über die populärsten Annahmen und Fehlvorstellungen bezüglich Mantra-Praxis mit Ihnen teilen und das Ganze etwas entzaubern möchte.

1. Das Mantra muss perfekt betont werden

Alles in unserer Welt dreht sich um Aufmerksamkeit und Intention. Wenn es Ihre Intention ist, sich mit der subtilen Essenz der Vibration zu verbinden, dann seien Sie nicht zu kritisch mit sich, was die Aussprache oder die esoterische Bedeutung des Mantras ist, das Sie benutzen. Während einige Leute behaupten, dass ein falsch betontes Mantra nicht effektiv ist, wird das Mantra resonieren und einen Zweck haben, wenn Ihre Absicht rein ist, selbst wenn Sie es anders aussprechen als ursprünglich gedacht. Es gibt viele Sanskrit-Lexika und Websites zu Aussprache und Betonung online, Sie haben also die Freiheit, vielen Aussprüchen im Sanskrit nachzugehen.

2. Mantras müssen äußerst ernst genommen werden.

Viele der Mantras, die wir heute so leichthin benutzen, hatten ihren Ursprung im Kontext von Frömmigkeit und Religion. Wenn wir auch vielleicht die Namen unterschiedlicher Götter als Metaphern verwenden – beispielsweise das Erwecken des Christusbewusstseins, die Öffnung des Herzens für die wahre Buddha-Natur oder Ganesh rekrutieren, damit er Ihnen bei der Lösung Ihrer Probleme hilft –, wenn man Mantras mit Göttern benutzt, sollte man eine gewisse Sensibilität für die Jahrtausende der Praxis und Frömmigkeit, die diesem Moment vorangegangen sind, mitbringen sowie für die Tiefe ihrer Heiligkeit, der man Rechnung tragen und die man respektieren sollte. Alle Mantras (bedeutungstragende wie bedeutungsfreie) sollten mit Ehrerbietung behandelt werden, im Wesentlichen *sorgfältig behandelt* auf leichtherzige, unschuldige und sanfte Art. Man sollte sie nicht mit dem Ernst eines Menschen behandeln, der ein wissenschaftliches Experiment durchführt oder eine medizinische Operation, sondern mit der eines Menschen, der die Effektivität seines Werkzeugs zu würdigen weiß.

Davon abgesehen, bringt zu viel Ernsthaftigkeit oder Wichtigkeit, die man dem Mantra beimisst, einen in das Reich der Bedeutungen, des Denkens, der Aktivität. Aus diesem Grund ist das stille Wiederholen des Mantras immer ein besserer Weg in die Tiefe als das laute Wiederholen: Das eine ist passiv, beim anderen gibt es viele Teile, die sich bewegen, wie Ihren Atem, Ihre Stimme, Ihren Klang, Ihre Tonlage, Ihre Lautstärke und den Klang selbst, wenn er Ihre Lippen verlässt, durch die Luft zu Ihren Ohren reist, in Ihrer Brust vibriert und so eine weitere Schleife von Aktivität erzeugt. Je leichtherziger die Praxis ist, desto leichter ist sie. Je leichter die Praxis ist, desto größer ist die Wahrscheinlichkeit, dass Sie bei ihr bleiben. Je beständiger Sie mit der Praxis sein können, desto schneller werden Sie in sich und um sich her Veränderungen erleben. Also machen Sie es sich leicht!

3. Um wirklich effektiv zu sein, sollte ein Mantra direkt von einem erleuchteten Lehrer kommen, sodass es mit der spirituellen Energie des Lehrers aufgeladen ist.

Alle Formen der Interaktion bringen einen energetischen Austausch mit sich – jemanden anlächeln, ein Gespräch führen, küssen, die Hände schütteln, eine Transaktion durchführen, hupen, Liebe machen, sogar dieses Buch lesen und, natürlich, das Erhalten eines Mantras von einem Lehrer. Aber man darf die Perspektive nicht verlieren; ein Mantra ist nur ein Werkzeug. Und ein großer Lehrer kann Ihnen helfen, dieses Werkzeug ohne Ego zu benutzen, indem er die Energie des Universums durch es leitet und Sie für Weisheit öffnet, die bereits in Ihnen liegt. Es ist wichtig, dass Sie daran denken, dass der Lehrer, wenn die Information erst an Sie übertragen ist, keinen Anspruch mehr darauf hat oder auf das, was Sie damit tun.

Ein Mantra direkt von einem Lehrer zu bekommen ist ideal, weil Sie weiter mit dem Lehrer arbeiten, während sich Ihre Praxis entwickelt. Aber der Lehrer ist einfach nur ein Leiter dafür, dass Sie sich Ihrer Praxis öffnen, Ihr Mantra bekommen, Ihre Technik verfeinern und sich durch Ihre beständige Benutzung weiterentwickeln. Manche Lehrer haben eine höhere Vibration. Manche haben größere Tiefe. Manche geben bessere Anleitung für Ihren Lernprozess. Manche sind umgänglicher. Manche sind besser im Kommunizieren. Manche haben einen Unterrichtsstil, der Ihnen vielleicht besser entspricht. Manche haben selbst eine beständigere Praxis. Es ist wichtig, all diese Faktoren im Auge zu behalten, wenn man sich einen Lehrer sucht, aber egal welche Energie oder welchen Bewusstseinszustand Ihr Lehrer hat, *Sie* sind der Einzige, der dem Mantra in Ihrem Leben einen Wert verleihen kann. Und dies geschieht nur durch die tägliche Übung. Sie können also schon jetzt durch Unterstützung dieses Buches bequem meditieren.

Stressen Sie sich also nicht wegen der Macht des Lehrers; glauben Sie an die Macht Ihrer Übung … die Macht *Ihrer selbst.*

Benutzen Sie die Werkzeuge und schauen Sie, wie das Leben sich entwickelt.

4. Um die Macht des Mantraa auf einem hohen Niveau zu halten, sollte man es strikt geheim halten und niemand anderem offenbaren.

Das Mantra ist das Vehikel Ihres Geistes, das Sie von der Aktivität hinüberführt zu Ruhe und Stille. Sie würden nicht einfach ein Geräusch dazu benutzen, um in die Stille zu finden, was das Mantra also so mächtig macht, ist, wenn man es an einen heiligen Ort stellt und es nicht nebenbei oder laut ausspricht, auch wenn man allein ist. Wenn ich Ihnen den Samen einer wunderbaren Blume gäbe, Sie ihn einpflanzen würden und ich Ihnen dann Monate später wiederbegegnen würde und Sie fragte, wie es denn um das Gedeihen dieses Samens stünde, dann würden Sie nicht den Boden aufgraben und mir den Samen zeigen. Sie würden sagen: »Ich habe ihn eingepflanzt, er gedeiht … er erblüht.« Dasselbe machen wir mit unseren Mantras. Wir lassen sie in Stille und Ruhe eingepflanzt, damit sie uns im heiligen, fruchtbaren Boden unserer Übung als geistiges Vehikel dienen.

Wenn Sie Ihr Mantra aus dem Äther in diese physische Welt bringen, indem Sie anderen davon erzählen, wird dies ebenfalls dazu führen, dass Sie ihm eine Art Bedeutung zuzumessen beginnen, was die Sache mit der *bedeutungsfreien* Vibration sinnlos macht.

Natürlich wird es nicht irgendeine kosmische Vergeltung für Ihr Karma mit sich bringen, wenn Sie jemandem Ihr Mantra sagen. Aber das Schlagen der Glocke lässt sich nicht rückgängig machen. Sie können es nicht zurücknehmen. Wenn Sie also wollen, dass Ihr Mantra optimal effektiv ist, dann fangen Sie am besten damit an, es niemandem zu sagen und es im Reich der Bedeutungsfreiheit zu halten. Wenn jemand Sie fragt, ist es dann wirklich wichtig für ihn? Oder ist er einfach nur höflich? Ich empfehle, dass Sie es für sich behalten, bis Sie wirklich das Gefühl haben, dass es tief in Ihrem Innern verwurzelt ist. Ich ziehe es vor, meines privat für mich in der Bedeutungsfreiheit zu halten, sodass es mich effektiv von Bedeutung und Aktivität löst.

Um Ihr Mantra heilig zu halten, lassen Sie Ihre Aufmerksamkeit, wenn Sie feststellen, dass Sie es wiederholen oder benutzen, wenn Sie irgendeine Aktivität verrichten, einfach wieder zu Ihren Gedanken zurückkehren, genau so, wie Sie in der Meditation vom Gedanken zum Mantra zurückkehren. Eine starke Anhaftung an das Mantra als Wort oder Anrufung wird Sie nur tiefer in Bedeutung und Aktivität hineinführen. Denken Sie daran, dass wir das Mantra benutzen, um uns von der Aktivität zu lösen, also verschwenden Sie keine Zeit auf seine Bedeutung oder Definition. Benutzen Sie es wegen seiner zeitlosen, bedeutungsfreien, mühelosen Vibrationskraft.

5. Ihr Mantra kann Ihnen beim Einschlafen helfen.
Wenn Sie Schwierigkeiten haben einzuschlafen, dann benutzen Sie kein Mantra, das Sie zum Meditieren verwenden, um wieder einzuschlafen. Sie wollen schließlich keine pawlowsche Verbindung zwischen dem Sprechen Ihres Mantras und dem Einschlafen herstellen. Deepak hat mir ein Mantra beigebracht, das beim Einschlafen hilft, das er Schlaf-Mantra nennt. Es lautet *Om Agasthi Shaheena* (ausgesprochen: »om agasti schahiina«). Auch wenn es funktioniert, egal ob man es leise oder laut spricht, ist meine Empfehlung, damit anzufangen, es dreimal laut zu sagen, es zu einem Flüstern zu mildern und schließlich in die Stille zu gehen. Handle gegründet im Sein.

Mantra-Meditationen können Ihnen den Weg
in die Transzendenz öffnen.

Kapitel 11
Geheimnisse singender Meditation

»In manchen Szenen jongliert man zwei Bälle, in manchen drei, in manchen schafft man sogar fünf. Der Schlüssel ist, mit der eigenen Stimme zu sprechen. Die Wahrheit zu sprechen.«
VINCENT D'ONOFRIO

Die Sonne begann gerade, ihren Kopf sehen zu lassen, als ich den Mekong in Nordkambodscha hinunterglitt. Die dicke, balsamische Luft war durchdrungen von hin und wieder hörbaren Stimmen von Mönchen, die die ersten Gebete des Tages verrichteten. Als sich langsam der Morgen entfaltete und wir still die Strömung hinunterfuhren, wurde das Singen häufiger. Als wir uns so den Fluss hinunterwanden, lockte uns eine Stimme an, füllte die Luft, als wir uns näherten, unsere Ohren, als wir vorüberfuhren, und verklang dann, als wir zur nächsten Stimme vor uns weiterfuhren, die uns wieder zu sich rief, die Luft erfüllte und dann in der Entfernung verklang, als wir unsere morgendliche Fahrt den Fluss hinunter fortsetzten.

Der Handschuh von theravada-buddhistischen Gebeten erzeugte eine Vibrationsdecke für meine Sinne, während die Stimme eines Mönchs leiser und eine herannahende stärker wurde. Das Singen ging immer weiter, über Meilen, während wir still weiter den Fluss hinabfuhren. Ich saß mit geschlossenen Augen im Bug des Bootes, trank den Singsang des Gebets ein, während er richtig mit mir verschmolz. Die Wiederholung der Lehren des Buddha in der alten Pali-Sprache umgab mich und floss über eine Stunde lang durch mich hindurch. Während wir an dem letzten Tempel vorüberfuhren und das letzte Gebet des Mönchs im Nebel verschwand wie die subtilen, verklingenden Vibrationen eines Gongs, die sich in die Stille hinein verlangsamen, flossen mir Tränen wegen der simplen Schönheit des Einsseins aus den Augen.

Mich dem Aufsteigen und Fallen der Wellen der Andacht in einer Sprache, die ich noch nicht einmal verstand, zu überlassen verband mich zutiefst mit einem süßen Kern meines Wesens und löste mich für ein paar Stunden aus jeglicher mentalen Aktivität wie etwa Gedanken an die Vergangenheit oder die Zukunft. Indem ich mich dem Gesang überließ, war ich letztlich zu dieser Vibration geworden und hatte die Intentionen dieser Andacht absorbiert, obwohl ich die Worte nicht verstehen konnte. Es war eine tiefe Meditation.

Bis heute genieße ich es sehr, zusätzlich zu meiner Urklangmeditation laut Mantras zu singen, um mich in höhere Bewusstseinszustände zu versetzen. Meine bevorzugten fünf, die auf Google oder Youtube zu suchen ich Sie ermutigen möchte und die so hingebungsvoll von Deva Premal gesungen werden, sind: das Shanti Mantra, ein Teil meines täglichen Rituals seit 2003, das von allen Urklang-Meditationslehrern auf der Welt gesungen wird, wenn sie einem Schüler sein Urklangsmantra beibringen; das Hanuman Chalisa, das mir als Erstes der Weise Bhagavan Das vorgesungen hat und in dessen letztem Vers die stärkende Ermutigung steht: *Pavantnai sankat haran, Marangal murti roop*, was sich übersetzen lässt mit: »Oh! Bezwinger des Windes, Zerstörer

allen Unglücks, du bist das Symbol der Erhabenheit«; das Sri
Durga aarti, das die göttliche Verschmelzung von Mitgefühl und
Macht in einem spirituellen Krieger feiert und das Erwecken unserer femininen Shakti-Energie; und das Mahamrityunjaya Mantra, auch Tryambakam Mantra genannt, bekannt als das dem Tod
trotzende Mantra. Es wird auch gesungen, um Gesundheit und
Vitalität bei Geschwächten wiederherzustellen, und wird folgendermaßen ausgesprochen:

Aum tryambakam yajāmahe
Sugandhim pusti-vardhanam
Urvārukam iva bandhanān
Mrtyor muksīya māmrtāt

Die Praktik des Singens erfüllt viele derselben Funktionen und
bringt ähnlichen Nutzen wie die stille Meditation, nur dass der
Singende, statt in Stille zu sein, einen Zustand physischer/emoti-
onaler Trance durch den Prozess der kontinuierlichen Wiederholung eines Klangs, Worts, Mantras oder des Namens – wie bei
David Simons universalem Mantra – erreicht.

Religiöser Gesang reicht Tausende von Jahren in die Vergangenheit zurück und wurde in Religion und Ritualen als Mittel gefeiert, tieferen Kontakt mit dem Göttlichen zu erreichen, indem
man seine Aufmerksamkeit von der Vergangenheit oder der Zukunft weg auf die Gegenwart richtet. Die Prämisse ist, dass Ihre
Aufmerksamkeit während dieses Prozesses nur auf die Klänge gerichtet sein kann, die Sie entweder von sich geben oder hören –
nicht auf irgendeinen anderen Gedanken, Klang oder ein anderes
Gefühl. Das ist genau das, was ich an jenem Morgen erlebte, als
ich den Mekong in Kambodscha hinunterfuhr. Die kontinuierliche Wiederholung von Worten, Mantras, Vibrationen, Sutras – sei
es nun in Form von Gebeten, Gesang oder responsivem Lesen –
erzeugte einen höheren Bewusstseinszustand, aber das Liefersys-
tem gehört in den physischen und mentalen Bereich.

Wenn Sie Geräusche von sich geben, benutzen Sie die Werkzeuge Ihrer Stimme (Ihren Mund, Ihre Zunge, Ihre Stimmbänder, Ihr Gaumenzäpfchen, die Kehle, die Lungen und Ihren Atem) und die Effekte für das äußere Ohr, die Ohrmuschel, also dem Teil, der sich vom Kopf nach außen erstreckt, um Schallwellen einzufangen und sie in Ihren externen Ohrkanal zu leiten. Diese mechanischen Schallwellen prallen gegen das Trommelfell und bringen es zum Vibrieren. Wenn Ihr Trommelfell vibriert, dann kitzelt es zuerst die drei Gehörknöchelchen (die drei kleinsten Knochen in Ihrem Körper), die die Vibration in einer spezifischen Sequenz weiterleiten.

Das erste Gehörknöchelchen wird als Malleus bezeichnet (lat. für »Hammer«, da es die Form eines Hammers hat) und vibriert gegen das zweite Gehörknöchelchen, das man als Incus (lat. für »Amboss«) bezeichnet, weil es einem Amboss gleicht, welches wiederum gegen das dritte Gehörknöchelchen vibriert, das den Namen Stapes (lat. für »Steigbügel«) trägt, weil es wie ein Steigbügel aussieht. Der Stapes vibriert dann gegen die Cochlea (eine schneckenförmige Struktur), die mit Flüssigkeit gefüllt ist. Die Vibration erzeugt eine Druckwelle in dem Fluidum der Cochlea, die dann tief in der Cochlea in das Corti-Organ reist, von dem kleine Haare in die Flüssigkeit ragen, die dann Signale an das Gehirn senden. An diesem Punkt wird die mechanische Energie zu einem neuralen Signal, das wir als Geräusch interpretieren. An diesem Punkt kann der Intellekt – und die Seele – mit dem Geräusch resonieren.

Der Grund, warum das Hinuntergleiten auf dem Fluss an jenem Morgen eine so machtvolle Erfahrung für mich war, bestand darin, dass ich mich in einem passiven Zustand befand, einem Zustand der Unschuld und Empfänglichkeit. Ich sang nicht, bewegte meine Lippen nicht, öffnete und schloss meinen Mund nicht oder bewegte Luft. Ich absorbierte und vibrierte einfach nur. Es war fast so, als würde ich eine herrliche *Ghandarva* Massagebehandlung bekommen. In den buddhistischen Traditionen ist das Singen des *Buddhavacana* (das als direkte Anleitung des Buddha betrachtet wird) eine machtvolle Möglichkeit, die Lehren des Buddhismus in sein Wesen einzumeißeln. An jenem Morgen wurden sie in mein Wesen eingemeißelt, als Welle um Welle Buddhavacana durch meinen Körper rieselte.

Buddhistische Rezitationen werden nicht so sehr als Ritual praktiziert, sondern mehr als Methode zum Entwickeln von Achtsamkeit – das Achten auf den gegenwärtigen Augenblick. Jemand, der buddhistische Meditation praktiziert, verehrt nicht den Buddha oder bittet um Vergebung oder Segen. Vielmehr ehrt der Praktizierende die göttlichen Lehren und ehrt den Buddha für seine allwaltende Tat.

Da die meisten frühen buddhistischen Texte auf Pali geschrieben wurden, bleibt ein Großteil der buddhistischen Rezitationen dieser Linie treu, während die Rezitationen der Hindus im Sanskrit erfolgen. Die Lehren dieser beiden Glaubenssysteme haben sich über die Jahrtausende miteinander verwoben, und als organischste Methode für das Übertragen dieser Texte hat sich die mündliche Überlieferung erwiesen, die die Lehren über Generationen lebendig und am Wachsen gehalten hat.

Ob nun auf Pali oder Sanskrit ausgesprochen, wird dieses gemessene, monotone Singen oder Beten doch immer wieder vollzogen, um einen tranceartigen Vibrationszustand herbeizuführen, der den Rezitierenden und den Zuhörer von der Bedeutung hin zur Ebene der Bedeutungsfreiheit führt und vom Zustand egoistischer Individualität hin zu einem erweiterten Bewusstsein der Universalität. Gleichzeitig wird durch die rituelle Wiederholung die Lehre in jede Faser des Seins von Rezitierendem und Zuhörer eingewoben.

Japa

Wenn der Rezitierende die Rezitation zu einem Flüstern abklingen lässt und dasselbe Gebet oder dieselbe Formulierung stets wiederholt, bezeichnet man diese geflüsterte Wiederholung als *japa*, was im Sanskrit »murmeln« oder »flüstern« bedeutet. Meistens wird das Japa von einem Ritual begleitet, bei dem der Rezitierende die Zahl der Wiederholungen des Mantras an einem *mala* abzählt, einer Gebetskette oder Halskette, die aus 108 Perlen besteht. Während der Japa-Praxis wird diese üblicherweise in der rechten Hand gehalten und oftmals über den Mittelfinger gelegt, so dass man die Perlen nacheinander mit dem Daumen weiterlaufen lassen kann, während man das Mantra immer wieder wiederholt. In der östlichen Tradition steht der Zeigefinger für das Ego, welches als das größte Hindernis auf dem Weg zur Selbstverwirklichung angesehen wird.

Daher berühren wir in der Japa-Praxis den Mala nicht mit dem Zeigefinger. Nachdem man 108 Perlen mit dem Daumen hat passieren lassen, kommt man zu einer größeren Perle, die man als *meru,* »Guru-Perle« oder »Shivas Kopf« bezeichnet, welche das Zeichen zum Aufhören ist, woraufhin man die Perlen in die entgegengesetzte Richtung laufen lässt. So kann man nachvollziehen, wie viele Wiederholungen man hinter sich hat, ohne die Augen zu öffnen oder die Sache durch Zählen im Auge behalten zu müssen.

Die Japa-Praxis ist Tausende Jahre alt und beginnt als der persönliche Ausdruck der Tausende von Versen im heiligen Rig Veda, der ältesten heiligen Schrift des Hinduismus, die 2000 Jahre lang nur in mündlicher Form existierte, bevor sie vor 1500 Jahren aufgeschrieben wurde. Mit der Zeit entwickelten sich die Mantras, die bei einem Japa benutzt werden, auch aus nichtvedischen Quellen, wie etwa hinduistisch-tantrischen Texten oder solchen, die von meditierenden Rishis erdacht wurden.

Bhajan, Kirtan und Namavali

Man bezeichnet alle religiösen indischen Lieder als *bhajan* (das vom Sanskrit-Begriff *bhakti* kommt, was »Frömmigkeit« bedeutet). Während man Japa stets flüstern oder für sich selbst rezitieren sollte, werden Worte oder Mantras, die man singt, statt zu flüstern, als Bhajan bezeichnet.

Wenn die Gruppe größer wird und es einen Leiter gibt, dann nennt man diesen Gruppengesang *Kirtan*, was im Sanskrit »wiederholen« bedeutet. Die Person, die das Kirtan durchführt, der *kirtanker*, leitet die Gruppe in einem Ruf-und-Antwort-Gesang auf Sanskrit. Kirtan-Praxis beinhaltet das Singen von Hymnen oder Mantras zur Begleitung von Instrumenten wie dem Harmonium (einem Hybrid-Instrument, das eine Kreuzung von einem Mini-Schoßklavier und einem Akkordeon darstellt), der zweiköpfigen Mrdanga, einer Pakawaj-Trommel oder Karatal und Zimbeln. Kirtan wurde zuerst als Teil der Vaishnava-Verehrung populär (einer Form der Verehrung des Gottes Vishnu – des Erhalters des Universums) sowie im Sikhismus und spezifischen buddhistischen Traditionen. In jüngerer Zeit wurde Kirtan jedoch auch zu einem häufigen Feature der Yoga- und Meditations-Community und hatte somit den Fuß in der Tür zum Mainstream-Markt. Paramahansa Yogananda (Philosoph, Guru, Autor von *Autobiographie eines Yogi* und Begründer der Self Realization Fellowship) war einer der ersten spirituellen Lehrer des Ostens, die Kirtan in den Westen gebracht haben. 1923 leitete er ein Kirtan mit 3000 Menschen in der Carnegie Hall von New York City und sang Guru Nanaks »Hey Hari Sundara« (»Oh God Beautiful«). Ganz recht ... in der Carnegie Hall!

Kirtan wird gegenwärtig im Westen immer bekannter, und die Popularität von guten Kirtankern und Praktizierenden von *namavali* – Liedern, die Hindugottheiten wie den Herrn Rama oder den Herrn Krishna verehren und Anektdoten aus der sie umgebenden Frömmigkeit überliefern, indem sie Episoden aus Schriften und Versen erzählen, die zahllose Namen Gottes enthalten – nimmt stetig zu. Moderne Meister dieser meditativen Praktiken, wie Santam Kaur, Guru Ganesha, Deva Premal, Jai Utal und Miten, haben eine Erweiterung ihres Publikums durch die bahnbrechenden, sich über Jahrzehnte erstreckenden Karrieren von

Meister-Kirtankern wie Krishna Das und Bhagavan Das erlebt.
Neue, ausgefallene, im Aufschwung begriffene Kirtanker sind
beispielsweise MC Yogi, der Kirtan mit Rap verbindet, Larisa
Stow, die religiöse Musik mit anregenden Zwischenspielen kombiniert und die Grammy-nominierte Singer-Songwriterin Beth
Neilson Chapman, die ihren kreativen Erfolg auf dem Pop- und
Country-Markt erweiterte und 2011 das Reich der Sanskrit-Rezi-
tationen im Sturm eroberte, indem sie klassische, von David Simon ausgewählte Rezitationen aufnahm. All diese talentierten
Musiker ziehen mit ihren vielseitigeren und eklektischeren Stilen
ein gemischtes Publikum an.

Eine leichte Methode, das Rezitieren zu lernen, ist es, sich Rezitationen online anzuhören oder sie auf seinen iPod, sein Tablet
oder Telefon herunterzuladen und sie tagsüber als Hintergrund-
musik ablaufen zu lassen. Die Rezitationsaufnahmen jener Musiker, die ich soeben erwähnt habe, sind eine tolle Möglichkeit, die
zeitlosen Mantra-Rezitationen in äußerst unterschiedlichen Stilen
zu erfahren, und bilden eine großartige Option zum Erforschen
des Reichs von Kirtan und Namavali. Es gibt CDs, Youtube-Vi-
deos und online erhältliche Downloads von allen.

Singende Meditation kann Ihnen helfen,
sich selbst auszudrücken.

Teil 3

Weiter auf dem Pfad

Nun haben Sie ein Verständnis von Geschichte, Kunst und Wissenschaft der Meditation, von ihrem machtvollen, wissenschaftlich erwiesenen Nutzen sowie den meisten verbreiteten und modernen Techniken. Wir haben zusammen meditiert und vielleicht sogar ein wenig Zeit zusammen in der Lücke verbracht. Ich habe diese Sektion hier erstellt, damit sie Ihnen als Quelle und Führer für Ihre tägliche Praxis dient, der Ihnen bei Ihren ersten Schritten helfen, ein paar wichtige Nuancen betonen und ein paar der Antworten liefern soll, nach denen Sie vielleicht suchen, sobald sich Ihre Praxis weiterentwickelt. Beginnen wir damit, darüber zu sprechen, was passieren soll, wenn Sie meditieren, sodass wir das Stigma des Geheimnisvollen, das diese Erfahrung umgibt, entmystifizieren können.

Kapitel 12
Erfahrungen in der
Meditation

»Musst du üben, um zu warten, bis sich der Schlamm bei dir setzt und das Wasser klar wird? Kannst du unbewegt bleiben, bis die richtige Handlung von selbst entspringt?«

LAO TSE

Es können nur wenige Dinge geschehen, wenn Sie meditieren, und bei allen handelt es sich um gültige Erfahrungen. Egal welche Methode Sie als Objekt Ihrer Aufmerksamkeit verwenden (Mantra, visuell, Atmung, Singen, Chakra ...), es gibt tatsächlich nur drei Dinge, die passieren können, wenn Sie meditieren, *zusätzlich* zum Objekt Ihrer Aufmerksamkeit:

Sie können *Gedanken haben.*
Sie können *einschlafen.* Sie können *Stille erleben.*

Diese Stille nennt man »die Lücke«, ein Ausdruck, der oft Maharishi Mahesh Yogi zugeschrieben wird, dem großen Weisen und Begründer der transzendentalen Meditationsbewegung, den jedoch weltweit Millionen von Menschen verwenden, um die Erfahrung reinen Bewusstseins während der Meditation zu beschreiben. Der Selbst-Entwicklungs-Autor und Motivationsredner Dr. Wayne Dyer hat die Lücke als den Ort bezeichnet, »wo wir uns mit unserer heiligen Energie verbinden und die Kraft unserer Quelle (Gott) wiedergewinnen«.

Ich definiere die Lücke als den Ort jenseits von Raum und Zeit. Kein Raum bedeutet, dass Sie nicht wissen können, dass Sie dort sind, keine Zeit bedeutet, dass Sie nicht wissen können, wie lang. Und doch versuchen alle, dahin zu kommen!

Neun Monate nach dem Angriff auf das World Trade Center am 11. September meditierte ich mit Deepak Chopra in der historischen Stadt Oxford. Es war an jenem Wochentag, als alle Rasenflächen im Universitätsgelände gemäht wurden, das sich über Meilen durch die historische Altstadt erstreckt. Riesige, grüne, acht Meter breite Mähmaschinen, die wie überdimensionierte, geflügelte, mechanische Raubvögel aus einem Science-Fiction-Film aussahen, stoben auf den Tausenden von Hektar Gras herum, die die dicken Wände unseres mittelalterlichen Raums umgaben. Der Lärm war ohrenbetäubend. Obwohl die Raumtemperatur bei über 30 Grad lag, stand ich auf, um die Harry-Potter-artigen Minifenster zu schließen, um den Lärm der herumschwärmenden Mähmaschinen auszusperren. Als ich aufstand, fragte Deepak mich, wohin ich ginge.

Als ich antwortete, dass ich versuchen wollte, den Lärm auszusperren, sodass er mich nicht vom Meditieren ablenkte, lächelte er und sagte: »Es gibt keinen Unterschied zwischen dem Klang dieser Mähmaschinen, einem schönen Liebeslied, dem Weinen eines Babys, dem Klang deines Mantras oder wenn ich dir ins Ohr flüstere. Das alles sind einfach nur Gedanken, und wenn dir auffällt, dass du dein Mantra verlassen hast und zu einem Gedanken abgedriftet bist, zu einem Geräusch oder einem Gefühl, dann drifte einfach zurück zum Mantra.« Ich setzte mich wieder hin.

Diese Worte haben sich mir damals eingeprägt und oft, wenn ich beim Meditieren merke, dass ich mir mentale Listen gemacht habe oder über ein Gespräch nachdenke, das ich geführt habe, oder über eine Herausforderung, die vor mir liegt, wenn ich merke, dass ich vom Mantra hin zu Gedanken, Geräuschen oder physischen Eindrücken weggedriftet bin, dann richte ich meine Aufmerksamkeit einfach wieder auf das Mantra. Es ist wichtig zu unterstreichen, dass diese drei Aktivitäten des Geistes und das Reich des Physischen tatsächlich alle Versionen von Gedanken sind. Aber um den Prozess ihrer Transzendierung zu verstehen, wollen wir sie zuerst analysieren.

Gedanken während der Meditation

Wie bereits erwähnt, haben wir etwa 60 000 bis 80 000 Gedanken pro Tag; das ist etwa ein Gedanke pro 1 bis 1,5 Sekunden. Aber Sie sind *nicht* Ihre Gedanken. Sie sind der Zwischenraum zwischen den Gedanken. Und in diesem Raum unendlicher Möglichkeiten liegt die reine Potenzialität für den nächsten Gedanken. Die meisten Leute denken, sie wären ihre Gedanken, aber unsere Gedanken kommen uns einfach nur. Wie ein Handy empfangen Sie einfach nur Transmissionen, die auf Sie gerichtet sind, aber nicht die Anrufe, Kurznachrichten oder E-Mails anderer Leute. Es fliegen buchstäblich Tausende Kurznachrichten, Emails und Telefonanrufe in jedem Augenblick um uns herum, aber nur die, die für unsere Telefonnumer oder E-Mail-Adresse gedacht sind, landen bei uns. Genauso, wie Sie sagen würden, dass Ihr Handy nicht Ihre Kurznachrichten, E-Mails oder Anrufe *sind,* ist das *Sie,* das unter all diesen Schichten liegt, nicht Ihre Gedanken. Sie haben Gedanken, aber Sie sind nicht die Gedanken.

Ihr Handy sind nicht Ihre Kurznachrichten. Ihr Handy empfängt Kurznachrichten, und diese füllen dann den Speicherplatz Ihres Handys auf. Aber das Telefon sind nicht die Kurznachrichten, nur weil es sie empfangen hat. Dasselbe gilt für Sie und Ihre

Gedanken. Sie haben sie. Sie fließen in Sie; manche werden gespeichert, manche gelöscht. Manche fliegen einfach vorbei. Aber Sie sind nicht Ihre Gedanken. Sie sind die Ruhe und die Stille – die reine Potenzialität, die unter all diesen Gedankenschichten liegt.

Gedanken haben zwei Merkmale: Sie sind still und sie haben Bedeutung. Wir bauen also unser ganzes Leben lang, sobald uns Gedanken kommen, ein Fundament von Bedeutungen auf und umgeben diese mit mehr und immer mehr Bedeutung und vergrößern diese sogar noch, oder wir schreiten zum nächsten Gedanken weiter. Der nächste Gedanke wird aus all Ihren Erfahrungen geboren, gekoppelt mit unendlichen Möglichkeiten reiner Potenzialität. Aus diesem Grund kann Ihr nächster Gedanke alles sein. Aber egal was der nächste Gedanke ist, *das sind immer noch nicht Sie.* Es ist einfach nur ein weiterer Gedanke – egal wie tiefgründig er sich ausnimmt.

Es ist also normal, Gedanken zu haben ... Gedanken der Langeweile ... Gedanken der Ruhelosigkeit ... Gedanken, wo man sich sagt: »Es funktioniert nicht« oder »Wie könnte es funktionieren? Ich mache es nicht richtig« oder »Ich denke über mein Liebesleben nach« (oder »meinen Job« oder »ein Gespräch«) oder »Wie lang war das jetzt?« Das ist normal und wenn Ihnen dies das erste Mal beim Meditieren auffällt, ist das Ihr konditioniertes körperlich-geistiges System, das Sie wissen lässt, dass es sich noch immer nicht an die Stille gewöhnt hat. Es schickt Ihnen Botschaften des Widerstands gegen diese Stille. Seien Sie sanft. Und halten Sie den Kurs. Sie werden sich mit jeder Meditation wohler fühlen und zwischen Aktivität und Stille hin und her driften.

Unsere Gedanken sind also Konstrukte und obendrein Konstrukte, die uns aktiv halten, versuchen, jedem Moment einen bestimmten Sinn abzugewinnen. Aber wir sind nicht unsere Gedanken. Das heißt, wir können uns in jedem Moment von ihnen abwenden, zurück zur Gegenwart ... in der es keine Gedanken gibt ... keinen Ton ... keine Furcht ... keine Verstrickungen von Verlust oder Kummer oder Trauer ... nur Licht ... reines, unbegrenztes Bewusstsein … reine Perfektion. Es gibt nur diesen wertvollen Moment.

Wir können uns in der Meditation sehr leicht von unseren Gedanken lösen, indem wir zum Objekt unserer Aufmerksamkeit zurückkehren, zum Beispiel dem Atem oder dem Mantra.

Geräusche während der Meditation

Geräusche haben große Macht, Gedanken und eine Unterkategorie von Gedanken zu erzeugen. Solange wir funktionierende Trommelfelle haben, werden wir Geräusche hören. Wir können unsere Augenlider schließen, um nichts mehr zu sehen, aber wir haben keinen biologischen Mechanismus, um Geräusche zu stoppen. Und da keiner von uns in einer schalldichten Schachtel oder einem Aufnahmestudio lebt, hören wir in unserem täglichen Leben Geräusche als Teil unserer täglichen Meditation.

Hunde bellen, Flugzeuge fliegen über uns hinweg, Autoalarm geht los und Telefone klingeln. Willkommen auf dem Planeten Erde! Meditation führt Sie über die Welt der Geräusche hinaus, als fühlen Sie sich nicht verpflichtet, irgendetwas damit zu machen. Lassen Sie sie ein. Bezeugen Sie sie. Beobachten Sie, wie sie in Ihr Bewusstsein fließen … verweilen Sie ein wenig dabei, wenn Ihnen danach ist … und dann beobachten Sie, wie Sie davonfließen, wenn Ihre Aufmerksamkeit zum Mantra zurückkehrt, Ihrer Atmung oder dem Objekt Ihrer Aufmerksamkeit. Denken Sie daran: Machen Sie nichts damit. Sie sind derjenige, der dem Geräusch Relevanz beimisst, das heißt anfangs wollen Sie vermutlich zuhören und einen internen Dialog damit führen, was wahrscheinlich Gedanken und noch mehr Dialog erzeugt. Wenn Ihnen auffällt, dass Sie eine interne Konversation über ein Geräusch führen, dann kehren Sie ganz sacht zum Mantra, ihrem Atem oder dem Objekt Ihrer Aufmerksamkeit für die Meditation zurück.

Ganz wie Ihre Gedanken sind auch Geräusche keine Unterbrechungen Ihrer Meditation; sie sind Teil des Gewebes Ihrer

Meditation. Sie *sind* Ihre Meditation. Sie brauchen sich nicht genötigt fühlen, irgendetwas mit Ihrer Meditation zu machen; lassen Sie ihn einfach vibrieren und driften Sie sanft zu dem Mantra, Ihrem Atem oder dem Objekt Ihrer Aufmerksamkeit zurück. Im Letzten kann das Mantra oder Ihr Ein- und Ausatmen das lauteste Geräusch in Ihrem Bewusstsein sein. Oder, wie Deepak mir vor zehn Jahren klarmachte: »Es gibt keinen Unterschied zwischen einem wunderbaren Liebeslied und dem Schreien eines Babys.« Es ist die Intention, die wir an das Geräusch herantragen, das dessen Relevanz für den Augenblick festlegt. Je länger Sie bei einem bestimmten Geräusch verweilen, desto näher führt es Sie zu irgendeiner Art von Bedeutung heran und dann zu Gedanken. Ob es nun ein Samba ist und sie Lust bekommen zu tanzen oder eine Krähe immer wieder schrill krächzt oder auch nur der Fernseher Ihres Nachbarn leise summt, je länger Sie sich damit aufhalten, desto mehr Gedanken werden sich sammeln und eine Geschichte spinnen. Dann wird eine Parade von Gedanken beginnen, wenn Sie Ihren Dialog ausspielen. Es ist unsere Sehnsucht – und unsere Verbindung – zu *Bedeutungen,* die alle Gedanken entzündet. Machen Sie also nichts mit den Geräuschen; lassen Sie sie los; seien Sie unbekümmert.

Leichter gesagt als getan, in Anbetracht der Tatsache, dass wir uns in dieser Fleischhülle befinden, die Ohren enthält, in denen sich Trommelfelle befinden, drei kleine Knöchelchen, die unkontrollierbar vibrieren, und ein flüssiges Innenohr, das mit mikroskopischen Härchen gefüllt ist, die mit dem achten Kranialnerv verbunden sind, der von der Cochlea detaillierte Botschaften an das Gehirn schickt, sobald Schallwellen bei ihm ankommen. Aber all dies geschieht wiederum ohne Ihr Zutun, Ihre intellektuelle Analyse oder persönlichen Input. Also erlaubt Ihnen in der Meditation Ihr Bewusstsein, dass es eine andere Vibration gibt – eine ohne Bedeutung –, zu der Sie zurückkehren können, sich sanft von jeglichem Ton lösen, der durch Ihre Physiologie vibriert.

Versuchen Sie einmal, zwei Konversationen gleichzeitig zu folgen. Das geht nicht wirklich. Versuchen Sie es mit Ihrem Fernseher oder Radio. Bitten Sie jemanden, Sie in ein Gespräch zu verwickeln, während Sie völlig in eine Sendung vertieft sind, die Dialoge enthält. Sie können tatsächlich nur einer Reihe von Vibrationen folgen. Sie können hin und her springen, schnell hier und dort ein Wort aus beiden Konversationen aufschnappen, und Ihr Trommelfell wird so vibrieren, dass es alle Frequenzen, die an es übertragen werden, aufnehmen kann. Aber auf der Ebene des Intellekts werden Sie überladen und können eigentlich nicht beides zugleich verarbeiten. Stellen Sie sich jetzt vor, dass die ständige Konversation in Ihrem Kopf die ständige Wiederholung Ihres Mantras ist. Solange Sie stets bereit sind, dazu zurückzukehren, wird das Mantra Sie von den Gedanken und insbesondere von den Geräuschen befreien.

Ein weiteres Beispiel in Sachen Aufmerksamkeit und Intention bei Geräuschen haben Sie gerade hier beim Lesen dieses Buches. Es gibt viele Geräusche im Hintergrund, aber solange Ihre Aufmerksamkeit auf die Worte auf diesen Seiten gerichtet ist und es Ihre Intention ist weiterzulesen, kommen die auswärtigen Geräusche zwar bei Ihnen an und verblassen dann wieder, stellen sich jedoch nicht zwischen Sie und den Informationsfluss. Aber wenn ein bestimmter Satz oder Absatz nicht mit Ihnen resoniert, dann sind Sie anfälliger dafür, sich von einem Geräusch ablenken zu lassen. Denken Sie daran … das Mantra kann stets die lauteste Primärvibration in Ihrem Bewusstsein sein.

DIE MACHT DER INTENTION

Es ist die Intention, mit der wir uns Objekten und Erfahrungen zuwenden, die diese für unser Leben definiert. Aus diesem Grund lieben manche von uns Hunde, und andere fürchten sich vor ihnen. Manche von uns lieben Metallica, während anderen Barry Manilow gefällt. Einige von uns neigen sich der Linken zu, während andere politisch rechts stehen. Manche von uns lieben Pasta, und andere sehnen sich nach glutenfreien Angeboten. Aber das ist lediglich die Intention, die *wir* in eine bestimmte Situation mitbringen. Es sind nicht diese Dinge, die von sich aus gut oder schlecht oder richtig oder falsch sind; es ist die Intention, die jeder von uns an ein bestimmtes Objekt oder eine bestimmte Erfahrung heranträgt.

Denken Sie einmal nach, wie viele Glaubenssätze und Affinitäten in Ihrem Leben sich verändern würden, wenn nur ein paar der Dinge, die Sie ablehnen, verabscheuen, fürchten und unterdrücken, sich plötzlich auf Ihrer »Mag ich«-Liste befänden. Alles wäre anders. Lösen Sie jeden Tag etwas auf, was Sie ablehnen – nur eine Sache –, und machen Sie es sich für nur einen Tag zu eigen. Zeigen Sie Mitgefühl für jemanden, auf den Sie wütend sind; lächeln Sie über etwas, weswegen Sie normalerweise ächzen würden; bieten Sie Hilfe an, statt die Augen zu rollen. Benutzen Sie das Mantra *san kalpa* (ausgesprochen »san kalp«), was »subtile Intention« bedeutet. Wenn Sie sich einfach nur Ihrer Intention bewusst sind, wird es aus den Schatten hinauf zum Licht wachsen. Probieren Sie diese Meditationsübung für eine Woche aus und Sie werden eine starke Veränderung spüren.

Gefühle in der Meditation

Ein anderer Gedankengenerator ist unser physischer Körper. Physische Eindrücke sind eine Tatsache des Lebens. Wir haben diese Fleischhülle, die man im Sanskrit als *annamaya kosha* bezeichnet, die »Hüllenbedeckung, die aus Essen besteht«. Wir sind in der Tat in Essen gehüllte DNA. Solange wir mit einem physischen Körper gesegnet sind, werden wird physische Eindrücke erleben. Wir werden die Hände ringen, die Stirn runzeln,

Gurgeln in unserem Magen erleben, uns mit jedem Atemzug heben und senken und die sprichwörtlich juckenden Stellen kratzen. Lassen Sie sich von der Tatsache, dass Sie eine physische Existenz haben, nicht frustrieren oder aufregen. Feiern Sie die Tatsache, dass Ihre fleischliche Hülle Sie bis zu diesem Moment durch das Leben bewegt hat.

Wenn es um Ihren Körper geht, nehmen Sie stets den bequemen Weg. Wenn Sie aufgeregt werden, weil Sie sich fragen, wie lange Sie meditiert haben, dann öffnen Sie die Augen und schauen Sie auf Ihre Uhr oder Armbanduhr. Wenn Ihre Beine vom Sitzen taub geworden sind, dann strecken Sie sie. Wenn Ihr Kopf nach unten zu sacken beginnt, dann heben Sie ihn sanft in eine bequemere Position. Wenn das nicht funktioniert, suchen Sie sich eine Decke oder ein Kissen, um Ihren Nacken zu unterstützen. Finden Sie einen Stuhl, auf dem Sie bequem sitzen können. Ja, es ist okay, wenn die Lehne etwas nach hinten geneigt ist. Man will sich nicht hinlegen oder eine Schlafposition einnehmen, aber so ziemlich jeder Stuhl, auf dem Sie sich wohlfühlen, wird funktionieren.

Wenn ich meditiere, während ich in meinem Stuhl sitze, dann lege ich nicht ein Bein über das andere oder lege einen Fuß auf das andere Knie, weil ich weiß, dass mein Fuß dann innerhalb einer Viertelstunde einschläft. Nach einer Viertelstunde fließt meine Aufmerksamkeit zu meinem eingeschlafenen Fuß und bumm – bin ich zurück im lokalen Reich der Aktivität, wenn ich meine Beine trenne und strecke. Machen Sie es sich so bequem wie möglich, sodass Ihr physischer Körper während der Meditation kein Faktor ist.

Was das Timing Ihrer Meditation betrifft, können Sie sich durchaus in Richtung einer Uhr, Armbanduhr oder Stoppuhr setzen. Ich stelle die Uhr direkt in mein Blickfeld, sodass ich, wenn ich die Augen einen Spalt weit öffne, die Zeit in weniger als einer Sekunde sehe und nahtlos wieder zur Meditation übergehen kann. Ich mag das lieber als das Warten auf einen Alarm, aber das ist Geschmackssache. Und wenn Sie eher nach 30 Minuten oder was für einem Intervall auch immer ein Signal bekommen möchten, dann hat jedes Handy dieser Welt eine Weckfunktion, und die meisten haben Klingeltöne und Apps, die das Klingen tibetanischer Klangschalen imitieren oder ähnliche beruhigende Geräusche enthalten, die Sie sanft wieder aus der Meditation herausführen. Idealerweise sollte man sich einen weichen Klang aussuchen, der nach und nach lauter wird. Besuchen Sie **davidji. com**, um sich kostenlose Meditationstimer herunterzuladen, die von 5 bis 45 Minuten gehen.

Wenn ich beim Meditieren auf einem Stuhl sitze, mag ich es, wenn meine Füße den Boden berühren. Wenn es keinen Stuhl gibt oder ich zu Hause bin, kann ich bequem eine Stunde mit gekreuzten Beinen auf einem dicken Zafu-Kissen (15 Zentimeter hoch) sitzen, bevor ich die Position ändern muss. Da Sie nur 30 Minuten am Stück meditieren, sollte es Ihr Ziel sein, eine Sitzhaltung zu finden, die sich zumindest so lange bequem anfühlt.

Wenn Ihr Rücken wehtut, dann hören Sie auf und reiben Sie ihn ein wenig oder stehen Sie auf und strecken Sie sich. Aber dann kehren Sie zurück und bringen Sie die verbleibende Zeit Ihrer Meditation zu Ende. Ehren Sie Ihren Körper mit jedem Bedürfnis, das Sie haben. Dann vertiefen Sie sich wiederum sanft in Ihre Übung, indem Sie ein paar tiefe Atemzüge machen und zu Ihrem Mantra zurückkehren.

Wenn Sie eine anstrengende physische Tätigkeit hinter sich haben, erlauben Sie es sich, herunterzufahren, bevor Sie in die Meditation eintauchen. Warten Sie nach dem Yoga oder dem Training also ein bisschen, bis sich Ihr rasendes Herz beruhigt hat. Sie wollen nicht mit der Praxis beginnen, wenn Sie hyperventilieren.

Sie sollten auch keine Drogen wie Koffein, Cannabis oder Alkohol in Ihre Meditation mitnehmen. Warten Sie bis nach der Meditation, bis Sie diese Substanzen zu sich nehmen. Warum? Sie blockieren authentische Erfahrungen. Sie werden es schwieriger für Sie machen, die Schönheit der eigentlichen Meditation und den postmeditativen Abschluss Ihres unkonditionierten Selbst zu »fühlen«. Den Rest des Tages über ist genug Zeit, eines oder mehrere dieser »heilenden« Mittel einzunehmen. Ich mag Wein und gelegentlich eine Margarita. Aber ich stelle fest, dass ich, wenn ich meditiere, kein Bedürfnis habe zu trinken. Tatsächlich ist das während der Seduction of Spirit Retreats das Letzte, was mir in den Sinn käme. Ich will nur für immer in diesem höheren Bewusstseinszustand bleiben und habe bemerkt, dass jeglicher »Zusatz« die Klarheit und den Nutzen meiner Meditationspraxis abstumpft.

Solange wir leben, werden wir etwas fühlen. Wir sind reines, unbegrenztes Bewusstsein, das für diese Lebenszeit in diese Fleischhülle zarter Moleküle gewickelt ist, und schon viele Leute haben bemerkt, dass »keiner von uns hier lebend rauskommt«. Akzeptieren Sie die Tatsache, dass, solange Sie leben, Gefühle stets ein Teil Ihres Lebens und daher auch Ihrer Meditation sein werden.

Woher weiß ich, dass es funktioniert?

Denken, Hören und Fühlen sind die einzigen Tätigkeiten, die man ausführt, während man meditiert, aber es gibt nur drei Erfahrungen, die Sie während der Meditation wirklich machen können. Zusätzlich zum Objekt Ihrer Aufmerksamkeit (die Wiederholung des Mantras, das Beobachten des Atems oder das Rezitieren eines Nicht-Namens des Göttlichen) können Sie (1) einschlafen, (2) Gedanken haben und (3) in die Stille und Ruhe driften, die man als die Lücke bezeichnet. Wenn einige, alle oder eine Kombination dieser Merkmale in Ihrer Praxis auftreten, dann ist das ein Zeichen echter Meditation.

Jede andere Erfahrung (sich Sorgen machen, etwas bereuen, Erwartungen, Hören, Visuelles, Eindrücke) ist eine Variation von Denken. Wir diskutieren jetzt noch einige weitere Erfahrungen.

Bei Anfängern verbreitete Erfahrungen

Meditationsneulinge bemerken oft, dass Sie ein Gefühl in Ihrem Kopf erleben. Manche sprechen von einem allgemeinen Geistesfrieden oder einem beruhigenden Gefühl, das sich mit der Zeit in alle Aspekte ihres Seins einzuweben beginnt. Andere Meditierende sprechen von Langeweile und Rastlosigkeit. Das ist sehr verbreitet und zu erwarten. Wir verbringen jeden Moment unseres Lebens in Aktivität. Diese Sucht nach Aktivität plötzlich zu durchbrechen oder nichts zu tun … *wirklich* nichts zu tun, ist für die Person, die versucht hat, diese leeren Räume mit Fernsehen, Büchern, Schmerzmitteln, Musik, Alkohol, Schlaf, Drogen, Sex, Kreuzworträtseln, Spielautomaten und Surfen im Internet zu füllen, eine Unterbrechung. Eine kleine Gruppe von Neulingen beim Meditieren spricht oft von leichtem Schwindel, ein Gefühl von Enge im Schädel, pulsierenden Schläfen oder richtigen Kopfschmerzen. Wenn Ihnen das passiert, bedeutet das im Normalfall, dass Sie sich zu sehr anstrengen. Atmen Sie noch ein paarmal tief durch, bevor Sie meditieren und während dessen natürlich auch. Dies wird es Ihnen erlauben, ein wenig den Stress loszulassen, bevor Sie in die Stille driften. Arbeiten Sie nicht so hart daran, Ihre Übung zu perfektionieren; tun Sie gar nichts. Lassen Sie los, und die Enge in Ihrem Kopf wird verschwinden.

Wieder andere berichten von einem sanften Kribbeln im Bereich des dritten Auges. Zu allen Zeiten hat man dieses Energiezentrum mit der Verbindung des Menschen zur Quelle assoziiert, zu spiritueller Praxis, zu Intuition und dem Geist selbst. Es geschieht häufig, dass man während der Meditation etwas an dieser Stelle fühlt. Wenn Sie am dritten Auge etwas fühlen, dann sehen Sie das einfach als energetische Verbindung zwischen Ihnen und Ihrer Seele. Aber denken Sie daran, es ist immer noch nur ein Gedanke, also versuchen Sie, ihm nicht zu viel Bedeutung beizumessen.

Stress loslassen

Eines der ersten Dinge, das Neulinge bei der Meditation erleben, ist das Loslassen von Stress. Sie haben Ihr ganzes Leben hindurch Spannung in Ihrem Bauch, Ihren Händen, Ihrem Kiefer, Ihrem Rücken, Ihrem Nacken, Ihren Schultern, Ihren Wangen aufgebaut – eigentlich in Ihrem ganzen Körper. Und wenn dort welche ist, dann ist sie auch in Ihrem Fleisch, in Ihren Muskeln, in Ihren Knochen … in all Ihren Zellen … in jedem Blutstropfen, der durch Sie fließt. All das beeinflusst Ihre emotionale und physische Gesundheit. Meditation hilft dabei, Stress loszulassen, den wir definieren können als die Summe aller Wünsche, Träume, Erwartungen und Sehnsüchte, bei denen eines Ihrer Bedürfnisse nicht erfüllt wurde. Wie oft am Tag verwandeln Sie ein ungestilltes Bedürfnis in eine emotionale oder physische Störung. Wir verbringen viel Zeit im Land ungestillter Bedürfnisse, und unsere Reaktion auf diese ungestillten Bedürfnisse legt unser Stresslevel fest. Diese Störungen weben ihre Vibration in jeden Aspekt unseres Seins ein, und wenn wir sie nicht uminterpretieren oder damit abschließen, dann wird es auf subtilster Ebene vor sich hin faulen. Und das hat sich Ihr ganzes Leben hindurch in Ihnen aufgebaut. Aber jetzt haben Sie ein Werkzeug, wie Sie diese verengten Aspekte Ihrer selbst langsam aufgeben können.

Es ist sehr verbreitet, dass Leute, die neu beim Meditieren sind, das Loslassen des Stresses auf unterschiedliche Art zum Ausdruck bringen: Manche seufzen, manche lächeln mehr, manche weinen, manche fühlen die Befreiung in ihrem Körper, manche fühlen sich besser geerdet, manche haben blitzartige Einsichten geistiger Klarheit, manche haben Aha-Erlebnisse, manche werden sensibler oder emotionaler, manche haben Schübe von Mitgefühl oder Empathie, wo es ihnen zuvor unmöglich gewesen wäre, während andere quasi visuelle Erlebnisse haben. Dies geschieht, wenn man sich seines unkonditionierten Selbst bewusst wird.

Wenn Sie beginnen, Zeuge dieser Erfahrungen zu werden, versuchen Sie, sich ihnen nicht zu verschließen. Ein Großteil dieser Erfahrung ist das »Erwachen« Ihrer vormals schlafenden, emotional toxischen Gedankentafel, die aus den Fäden jedes ungestillten Bedürfnisses gewoben ist, das Sie im Verlauf Ihres Lebens jemals gehabt haben. Diese emotionale Befreiung steht Ihnen und der bedingungslosen Liebe, Ihnen und dem Glück, Ihnen und dem Geistesfrieden im Weg. Denken Sie daran, sanft mit sich zu sein, wenn Ihr »neues«, leichteres Selbst hervorzutreten beginnt und einige Ihrer hinderlicheren Muster sich aufzulösen beginnen. Stress kann sich auch durch den physischen Körper lösen, und zwar in Form von Leichtigkeit oder Schwere im Oberkörper, einem kribbelnden Gefühl, dem Gefühl, dass Hände oder Füße kalt oder heiß werden, sowie sanften Energiewellen, die durch bestimmte Bereiche Ihres Körpers fließen. In den ersten zwei Wochen einer neuen Meditationspraxis werden Sie Zehntausende Erfahrungen machen, durch die Sie das Loslassen von Stress zum Ausdruck bringen. Halten Sie diese Erfahrungen in Ihrem Tagebuch fest, nicht nur, was Sie während der Meditation erleben, sondern auch, was die anderen 23 Stunden des Tages über geschieht – Ihre Erfahrungen *außerhalb* der Meditation.

Visuelle Bilder

Einige von uns sind visueller veranlagt als andere. Wir sehen die Welt durch Bilder. Es wäre also nur natürlich, während der Meditation geometrische Formen, farbliche Sättigungen, Symbole, das Mantra oder andere Worte, Zeichnungen, Fotografien oder sogar Videos zu sehen. Viele Leute sehen die Gesichter von Leuten, denen sie noch nie begegnet sind, sowie die Gesichter geliebter Menschen oder jener, die den irdischen Bereich hinter sich gelassen haben. Wenn Sie Farben sehen, bedeutet das, dass es eine energetische Bewegung im mit dieser Farbe assoziierten Chakra gibt. Sie können in Kapitel 7 »Geheimnisse energetischer Meditation« nachlesen, um die Bedeutung der einzelnen Farben zu eruieren.

Einschlafen

Ihr körperlich-geistiges System bekommt, was es braucht, wenn Sie meditieren. Manchmal werden wir von Gedanken überflutet, sodass wir unseren Tag verarbeiten können; manchmal erleben wir reine Stille und Ruhe; und manchmal haben wir es nötig, einfach nur in den Schlaf hinüberzudriften. Wenn Ihnen auffällt, dass Sie während der Meditation eingeschlafen sind, dann Bravo! Das bedeutet ganz offenkundig, dass Sie sich genug entspannt haben, um sich dem Wiederherstellungsprozess Ihres körperlich-geistigen Systems hinzugeben. Schelten Sie sich nicht dafür, dass Sie eingeschlafen sind, denn dies ist eine der Erfahrungen, die eintreten können, wenn Sie meditieren – und daher ist es ein mächtiges Zeichen für echte Meditation. Wenn Sie jedes Mal einschlafen, dann bedeutet das, dass Sie nicht genug Ruhe bekommen. Aber nächstes Mal, wenn Sie beim Meditieren einschlafen, dann gratulieren Sie sich dafür, dass Sie langsamer machen, statt sich als Loser zu beschimpfen!

Wiederum liegt das Ermutigende hierbei darin, es einfach nur geschehen zu lassen, es fließen zu lassen – die Bilder, die Gedanken, die Geräusche, den Schlaf, die Befreiung vom Stress, die Stille, und innerhalb von zwei Wochen werden Sie sich auf einer völlig neuen Existenzebene bewegen, einer höheren Ebene als die, auf der Sie sich noch ein paar Wochen zuvor bewegt haben. Das wird Sie nicht schwächen; es wird Sie nicht zu einem Drückeberger machen, faul oder gleichgültig. Es wird Ihnen eine weitere Perspektive auf das Leben verschaffen. Achten Sie nicht nur auf das, was Sie in der Meditation erleben, sondern auch auf das, was in den 23 anderen Stunden Ihres Tages geschieht. Das ist es, wo die wirkliche Großartigkeit und der Nutzen der Meditation zu erblühen beginnen.

Das ist der Ort, wo sich die Magie entfaltet und wo Sie die

Zeichen erkennen werden, wie die Meditation Ihrem Leben nützt. Diese Erfahrungen sind Lehrer für Ihre persönliche Entwicklung. Sie werden erstaunt über das sein, was Sie nach lediglich ein paar Tagen erleben, und so werden Sie die Bestätigung Ihrer persönlichen Verwandlung erleben. Sie werden mehr sehen. Sie werden mehr verstehen. Sie werden tiefer lieben. Sie werden tiefer leben.

Kapitel 13
Die fünf Mythen der
Meditation

»Was ist die Botschaft von Metallica? Es gibt keine Botschaft, aber wenn es eine Botschaft gäbe, dann wäre es wohl, schau nach innen, hör nicht auf mich, hör nicht auf James, hör auf niemanden, such in dir selbst nach Antworten.«

LARS ULRICH

Den Großteil dessen, was wir über Meditation wissen, haben wir vor Jahren gelernt, als wir David Carradine in seiner Rolle als »Grünschnabel« oder Kwai Chang Caine in der anachronistischen Fernsehshow *Kung Fu* sahen oder Somerset Maughams Geschichte über die Einheitserfahrung »Auf Messers Schneide« lasen oder dabei waren, als Jim Carrey im zweiten *Ace Ventura* Film mit einem Affen und einem Guanako im Dschungel schwebte. Vielleicht haben Sie Oprah Winfrey gesehen oder Eckhart Tolle, Louise Hay, Deepak Chopra, Dr. Oz oder Wayne Dyer, die den Nutzen der Meditation im Fernsehen propagieren, oder Sie haben in einem ihrer Bücher davon gelesen. Oder vielleicht haben Sie bei einem Wochenend-Meditationskurs in Ihrem örtlichen Yogastudio mitgemacht.

Egal woher Sie Ihre ersten Einsichten der Praxis genommen haben, gibt es doch fünf grundlegende Mythen, mit denen wir es früher oder später zu tun bekommen, wenn wir versuchen, eine Meditationspraxis zu entwickeln. Wenn wir uns diese Mythen zu eigen machen, dann hilft uns das, uns davon zu überzeugen, dass wir uns *ohne* Meditation leichter leben. Und das ist letzten Endes der Kern der Frage, warum wir vielleicht aufgehört oder uns die Meditation entgleiten lassen haben. Aber wenn Sie diese Mythen einfach nur als das umarmen können, was sie sind – Mythen nämlich –, und sie dann loslassen, sodass sie nicht länger Teil Ihres Glaubenssystems sind, werden Sie sich eher die Erlaubnis geben, mit Ihrer Übung zu beginnen oder sie wieder aufzunehmen.

Mythos #1:
Das Erste, was Sie tun müssen, ist, Ihren Geist von allen Gedanken zu befreien oder diese zumindest beruhigen.

Schön wär's!

Sie haben zwischen 60 000 und 80 000 Gedanken am Tag. Das ist ungefähr ein Gedanke alle 1,2 Sekunden. Sie kommen. Sie können sie nicht aufhalten, also versuchen Sie es gar nicht. Rühren Sie keinen Finger, um Ihren Gedanken Widerstand zu leisten, sie zu stoppen oder irgendetwas mit ihnen zu machen. Das sind keine Unterbrechungen Ihrer Meditation; sie sind *Teil* Ihrer Meditation, also lassen Sie sie kommen und gehen. Kehren Sie einfach zum Mantra zurück oder zu Ihrer Atmung oder was auch immer Sie benutzt haben, um sich von der Aktivität zu lösen. So viele Meditierende hören auf zu meditieren, weil ihnen Gedanken kommen, dabei ist es perfekt, wenn die Gedanken in Ihre Meditation hinein- und wieder herausfließen. Das ist Ihre Chance, die Aktivitäten des Tages zu verarbeiten, Aktivitäten, die sonst vergraben, unbearbeitet und unverarbeitet bleiben würden.

Das heißt nicht, dass Sie ihnen Aufmerksamkeit schenken sollten … und dazu gehört, ihnen auch keinen Widerstand zu leisten.

Widerstand heißt, Aufmerksamkeit darauf richten, und die Energie fließt dorthin, wohin die Aufmerksamkeit gerichtet ist. Behandeln Sie Gedanken wie Wolken. Lassen Sie sie hereinziehen und wieder wegziehen. Lassen Sie sich nicht auf sie ein. Kehren Sie einfach zum Objekt Ihrer Aufmerksamkeit zurück – das Mantra, Ihren Atem, den Drishti und so weiter. Sie sollten genauso viel Anstrengung benutzen, wenn Sie meditieren: wie der Nebel, der in der Morgendämmerung von einem See aufsteigt.

Halten Sie jetzt inne und stellen Sie sich den Morgennebel vor, wie er ganz sanft von einem Feld oder einem See aufsteigt; es gibt buchstäblich keinerlei Bewegung. Genauso hart sollten Sie »arbeiten« oder »versuchen« zu meditieren. Sie können Ihre Gedanken nicht aufhalten und Sie können den Geist nicht von ihnen befreien. Also machen Sie sich gar nicht erst die Mühe. Lassen Sie die Gedanken fließen, machen Sie sich ihretwegen keine Sorgen und kehren Sie zum Mantra zurück. Driften Sie einfach hin und her. Lassen Sie Ihre Aufmerksamkeit immer wieder zum Mantra zurückkehren, und schließlich, mit der Zeit, werden Sie feststellen, dass Sie beim Meditieren mehr Zeit im Mantra-Land als im Gedanken-Land verbringen, mehr Zeit im Reich ohne Bedeutungen als im Reich der Bedeutungen, mehr Zeit in Stille als in Aktivität. Und wenn Sie jeden Tag meditieren, dann werden sich die Fluktuationen Ihres Geistes verlangsamen. Die Parade der Gedanken wird sich verlangsamen, da jeder auf ein kleines bisschen Stille trifft ... auf Ruhe.

Mythos #2:
In der Meditation soll etwas Besonderes oder Transzendentes geschehen.

In der Meditation soll nichts Besonderes geschehen. In der Meditation können wonnevolle, beruhigende oder unterhaltsame Erfahrungen auftreten, aber das ist keine Voraussetzung und auch nicht das Ziel. Es müssen sich keine besonderen Erlebnisse ereignen, damit die Erfahrung ihren emotionalen, physischen oder spirituellen Nutzen bringt. Aber wenn in der Meditation etwas Cooles passiert, dann klinken Sie sich darauf ein und genießen Sie es. Wenn Sie sich tiefer auf die Erfahrung einlassen und vom Mantra wegdriften, dann werden Sie feststellen, dass Ihnen das Zeugnisbewusstsein entgleitet und Sie anfangen, über die Sache nachzudenken. Wenn Sie anfangen, mehr Bedeutung auf Ihre Erfahrung zu häufen, werden Sie aus der Stille zurückkehren zur Aktivität. An diesem Punkt sind Sie praktisch wieder da, wo Sie angefangen haben: in der Aktivität. Das ist okay. Das ist alles Teil des Prozesses. Wenn Ihnen auffällt, dass Sie wieder bei den Gedanken gelandet sind, dann kehren Sie einfach sanft zurück zum Mantra oder dem Objekt Ihrer Aufmerksamkeit.

Ihre Meditationssitzung ist Teil Ihrer täglichen Praxis. Sind Sie jemals ins Fitnessstudio gegangen? Der Grund, aus dem Sie hingehen, ist wahrscheinlich, um zu trainieren … zu üben. Sie gehen nicht ins Fitnessstudio, um innerhalb einer Stunde auf magische Weise fit zu werden oder der Unterhaltung wegen. Ihre stundenlangen Einheiten im Studio bringen Ihnen Kraft, Dehnbarkeit und Balance, Tag und Nacht – da macht sich der Nutzen der Übung bemerkbar. Und mit der Zeit – dank dieser einstündigen Work-outs – gibt es eine subtile Veränderung in Ihrem Körper und Ihrem emotionalen Zustand.

Der Grund, warum Sie trainieren, ist, dass Sie, wenn Sie das Fitnessstudio verlassen, im restlichen Bereich Ihres Lebens physisch erfüllter sind. Sie sind nicht darauf bedacht, dass Sie *im Studio* spitzenmäßig Gesundheit erreichen. Das Studio ist Ihre Übung. Dasselbe gilt für Yogakurse.

Und dasselbe gilt für die Meditationspraxis. Diese 30-minütigen Sitzungen sind die Übung für den Rest Ihres Tages … für den Rest Ihrer Woche … für den Rest Ihres Lebens. Sie dienen der Welt nicht, wenn Sie in der Dunkelheit sitzen und meditieren. Erst wenn die Sitzung vorbei ist, Sie die Augen öffnen und zu uns anderen zurückkehren, können Sie gelöster sein, kreativer, intuitiver sein, können mehr Mitgefühl und Fülle, Selbstliebe und Offenheit gegenüber den unendlichen Möglichkeiten an den Tag legen.

Das gilt natürlich zusätzlich zu all den anderen physischen Vorteilen, die durch Ihre Physiologie fließen. Während der Meditation soll also gar nichts Besonderes geschehen, aber wenn es doch geschieht, genießen Sie es; bleiben Sie dabei und lassen Sie es einsickern. Wenn Sie genussreiche Erfahrungen machen, dann werden Sie dranbleiben. Coole Visionen und intensive Gefühle können während der Meditation auftreten. Sie können tiefe energetische und spirituelle Verbindungen erleben und Sie können Zeuge Ihres Astralkörpers und sogar der Lücke werden. Aber das sind nicht die Zeichen einer erfolgreichen Meditation. Eine erfolgreiche Meditation ist eine, die Sie *vollziehen*. Die Magie geschieht, wenn Sie die Augen öffnen. Der Nutzen liegt in jedem Wort, jedem Gedanken und jeder Handlung, die von Ihnen ausstrahlt, wenn Sie ein wenig Ruhe und Stille mit einem Schuss reiner Potenzialität mit sich herumtragen. Der Nutzen der Meditation zeigt sich in Ihrem Wachzustand, also suchen Sie nicht in der Meditation danach. Tun Sie's einfach!

Mythos #3:
Ich glaube, ich mache es nicht richtig. So viele von uns Perfektionisten da draußen wollen wissen, dass sie es »richtig machen«.

Wie oft haben wir uns nicht direkt vor, während oder nach der Meditation gefragt: »Mache ich es richtig?« Oder wie oft haben Sie resigniert und gedacht, Sie machen es nicht richtig, weil Sie nicht den Buddha oder das Nirwana erlebt, keine Farben gesehen und tausend Gedanken gehabt haben?

Immer, wenn Sie fragen: »Mache ich es richtig?«, ist die Antwort *Ja,* Sie machen es richtig! Es gibt mehr Leistungsangst, ob man das Meditieren richtig macht, als irgendeinen Druck, den ich mir sonst vorstellen kann. Bisher, jetzt und für immer wird gelten: Dieser Druck ist deplatziert. Beim Meditieren gilt, dass Sie es richtig machen, solange Sie es machen. Wer ist der schärfste Kritiker? Das sind Sie selbst! Und wenn Sie Ihre Meditationspraxis kritisieren, ist es genau dasselbe. Es besteht keine Notwendigkeit, hart mit sich selbst umzugehen. Seien Sie nicht kritisch wegen Ihrer Form. Versuchen Sie es nicht. Lassen Sie los. Geben Sie sich dem Unbekannten hin. Geben Sie sich dem hin, was Sie nicht kennen. Geben Sie sich der Tatsache hin, dass es nur ein Ziel in der Meditation gibt, und das ist, in aller Unschuld Ihr Mantra zu wiederholen oder Ihrem Atem zu folgen, ganz abhängig davon, welche Meditationspraxis Sie sich ausgesucht haben.

Solange Sie das machen, machen Sie es richtig. Also gratulieren Sie sich dafür, dass Sie es einfach nur *machen*. Machen Sie sich nicht so viele Sorgen wegen der Form; vollziehen Sie Ihre Übung einfach in Unschuld. Geben Sie sich hin, und Ihr Leben wird aufblühen. Nachdem Sie ein paar Tage in Folge meditiert haben, werden Sie hören: »Hey, du siehst entspannter aus.« Oder: »Hey, tolle Idee, das hätte ich nicht von dir erwartet.« Oder: »Hey, hast du etwas machen lassen?«, »Kommt das auf Rezept? Wo kann ich es bekommen?« Oder: »Ich will was von dem, was du hast!«

Das ist Ihr Hinweis, dass Sie es richtig machen. Und wenn niemand etwas sagt, wissen Sie, dass Sie es richtig machen, solange Sie es nur machen. Mit der Zeit werden Sie staunen, wie sich das Leben entfaltet und wie sich Ihre Wahrnehmung des Lebens parallel dazu entwickelt.

Mythos #4:
Wenn ich lang genug meditiere, werde ich die Erleuchtung erlangen.

Ihrem Wesen nach – im Kern Ihres Seins – sind Sie erleuchtet geboren und werden auch erleuchtet sterben. Aber von dem

Zeitpunkt angefangen, da Sie in diese Welt hineingeboren wurden, haben sich in Ihnen Schichten von Interpretationen, Perspektiven und Konditionierungen aufgebaut. In jedem Augenblick seit Ihrer Geburt haben diese Schichten die Ganzheit, Reinheit, Vollkommenheit und das reine Bewusstsein überlagert, aus dem Sie geformt wurden.

Sie sind durch den Geburtskanal gekommen, und von dem ersten Moment an, als der Arzt Ihnen leicht auf den Hintern geklopft hat, um Sie in diesem physischen Reich willkommen zu heißen, wurde Ihnen eine ganze Lebensspanne von Konditionierungen enthüllt. Ab diesem Moment haben Ärzte, Krankenschwestern, Eltern, Geschwister, Freunde, Freundinnen, Vaterfiguren, Lehrer, Schüler, Mutterfiguren, Verlobte, Verflossene, Coaches, der Klerus, Chefs und ein Leben voller Erfahrungen Sie mit Konditionierungen beschichtet, beschichtet und wieder beschichtet.

Heute, ein paar Tage, Jahre, Jahrzehnte später, haben Sie sich ziemlich weit von diesem Moment reiner, unendlicher, erleuchteter Perfektion entfernt. Aber diese reine, unendliche, erleuchtete Perfektion ist noch immer Ihr Wesenskern, unterhalb all dieser konditionierten Schichten. Meditation erlaubt es Ihnen, Blicke auf Ihr reines, unkonditioniertes, universales Selbst zu erhaschen und damit ein tieferes Verständnis Ihres Lebens und vielleicht des Lebens selbst zu erlangen.

Werden Sie erleuchtet werden? Das ist die falsche Frage. Das sind Sie schon. Sie sind vielleicht noch nicht zu dieser Tatsache erwacht. Aber jedes Mal, wenn Sie meditieren, bekommen Sie eine Gelegenheit, zurück auszugreifen und mehr Schichten Ihrer lebenslangen Konditionierungen abzustreifen. Und Sie können die Zehen eintauchen, die Finger … und sich wieder mit Ihrem unkonditionierten Selbst verbinden – Ihrem reinen, ganzen, perfekten, erleuchteten Selbst. Und jedes Mal, wenn Sie die Zehen eintauchen, bringen Sie einen Fingerhut voll Stille mit zurück; jedes Mal, wenn Sie die Finger eintauchen, bringen Sie eine Pinzette voll Stille mit zurück; jedes Mal, wenn Sie sich in der Meditation dem überlassen, der Sie wirklich sind, nehmen Sie eine Pipette voll Ihres unkonditionierten Selbst mit zurück. Zurück in jeden Tag, zurück in jeden Moment, zurück in jeden Atemzug. Werden Sie also erleuchtet werden? Es ist die falsche Frage. Sie sind es schon. Werden Sie sich wieder zur eigenen Ganzheit erwecken? Ja. Mit jeder Meditation werden Sie mehr zu Ihrem erleuchteten Selbst erwachen.

Mythos #5:
Wenn ich meditiere, bin ich ein höheres menschliches Wesen, weil ich spirituell bin.

Meditation ist eine Gabe … eine Gabe, die Sie sich selbst jedes Mal schenken, wenn Sie üben. Es ist auch eine Gabe, die Sie der Welt um sich her schenken. Es gibt keine spirituelle Hierarchie menschlicher Wesen, die auf der Tatsache, dass oder wie lange Sie meditieren, basieren würde. Dabei handelt es sich um einen fadenscheinigen Anspruch, den unsichere Individuen unter dem Deckmantel spiritueller Expertise vorbringen. Das ist derselbe Anspruch, den Fundamentalisten aller Religionen und Glaubenssysteme seit Jahrtausenden benutzen, um sich selbst zu erhöhen und einen Abstand zu jenen zu erzeugen, die ihnen nicht folgen. Ich glaube nicht, dass Meditation eine spirituelle Hierarchie mit sich bringt. Ich glaube, Meditation impliziert die goldene Regel.

Wenn man eine tägliche Meditationspraxis hat, macht einen das nicht besser als alle anderen. Meditation erlaubt es Ihnen, sich tiefer und regelmäßiger mit Ihrer Quelle zu verbinden … Ihrer höchsten Kraft … Ihrer Universalität … der Stille und Ruhe, die in uns allen liegen … Ihrem unkonditionierten Selbst. Je mehr Sie Ihr unkonditioniertes Selbst anzapfen können – jenen reinen, unbegrenzten, göttlichen Aspekt Ihrer selbst –, desto leichter ist es, Ihre Universalität zu sehen, was im Wesentlichen bedeutet, sich selbst in anderen zu sehen und die anderen als sich selbst. In diesem Zustand von Gewahrsein der Einheit gibt es keinen Vergleich mehr zwischen sich selbst und anderen Menschen.

Namasté
Ich ehre das Göttliche in dir

Namasté (endbetont) ist ein Sanskrit-Wort, das Folgendes bedeutet: »Ich ehre den göttlichen Ort in dir, der auch in mir ist. Und ich weiß, dass wir eins sind, wenn du an diesem Ort bist und ich es auch bin.« Namasté wird als traditionelle Formel verwendet, wenn man jemanden grüßt (ähnlich wie Shalom, Aloha und Assalamu Alaikum) oder sich verabschiedet. Es wird als Methode verwendet, von der universalen Essenz zu künden – der Einheit –, die zwei Menschen verbindet.

Das letzte Mal, als ich es nachgeschlagen habe, befanden sich 8 Milliarden Menschen auf diesem Planeten. Am Ende unseres Lebens, wenn wir diese irdische Existenz hinter uns lassen und die himmlischen Tore erreichen, den Gipfel des Berges oder wohin auch sonst wir gehen mögen, werden wir sehen, dass es 8 Milliarden Pfade dahin gibt. Unser Weg war nur einer der 8 Milliarden, die es gibt.

Wenn es für Sie funktioniert ... tun Sie es. Aber weder eine Meditationspraxis noch Yogapraxis, noch eine religiöse Praxis wird Sie jemand anderem überlegen machen. Tatsächlich besagen all diese Lehren gerade, dass Sie den anderen weder überlegen noch unterlegen sind. Jede Beziehung ist einfach nur ein Spiegel Ihrer selbst. Im Sanskrit bedeutet das Sutra *tat tvam asi* »Das bist du«. Egal, was Sie in einem anderen Menschen verurteilen, es ist eine Spiegelung Ihrer selbst, das, wovor Sie zurückschrecken, ist, was Sie am wenigsten an sich selbst mögen, und was Sie an anderen loben, ist der Aspekt in Ihnen, den Sie oft preisen und von dem Sie sich mehr wünschen. Ich glaube, unsere Worte, Gedanken und Handlungen im täglichen Leben – die Fäden unserer Beziehungen – sind die Kriterien, auf die wir achten sollten, nicht darauf, wie lange wir in der Dunkelheit sitzen und ein Mantra wiederholen. Um festzustellen, welche Art von Mensch man ist, hören Sie auf die Antworten zu folgenden Fragen:

Sind Sie sich Ihres Einflusses auf andere bewusst? Auf sich selbst? Können Sie vergeben? Anderen? Sich selbst? Haben Sie aus Ihren Schmerzen gelernt? Sind Sie mitfühlend und gütig? Sind Sie sich der Macht Ihres Soges bewusst? Können Sie aus unvorhergesehenen Unsicherheiten in Ihrem Leben lernen? Können Sie durch Kämpfe wachsen? Können Sie Ihr Ego umarmen? Können Sie Ihre eigene bedingungslose Liebesfähigkeit umarmen? Bleibt ojas (süßer Nektar) oder ama (toxische Rückstände) zurück, wenn Sie einen Raum, einen Job, eine Beziehung, dieses Leben verlassen?

Ob Sie nun meditieren, Yoga praktizieren oder zutiefst ein göttliches Wesen verehren, Sie bleiben ein Mensch und allen Launen, Herausforderungen und Gelegenheiten unterworfen, denen sich Menschen tagtäglich in Ihren Körpern, Geistern und Seelen gegenübersehen. Der buddhistische Lehrer und Philosoph Jack Kornfield schrieb sein Buch *After the Ecstasy, the Laundry: How the Heart Grows Wise on the Spiritual Path,* um bekräftigen zu helfen, dass wir alle nur fühlende Wesen sind, die versuchen, durchzukommen und das Beste, was wir jeden Tag zu bieten haben, miteinander zu teilen. Eine regelmäßige Meditationspraxis kann Ihnen helfen, das Leben, das Sie momentan führen, zu genießen, wertzuschätzen und es auf eine tiefere Ebene der Erfüllung zu bringen.

Kapitel 14
Das Kultivieren einer
täglichen Meditationspraxis

*»Die Praxis der Achtsamkeit beginnt in der kleinen, abgelegenen
Höhle Ihres Unterbewusstseins und erblüht im Sonnenlicht Ihres
bewussten Lebens und geht weit über die Leute und Orte hinaus,
die Sie sehen können.«*

EARON DAVIS

Wenn Sie es schaffen, 21 Tage ohne Unterbrechung 30 Minuten
am Tag zu meditieren, dann wird sich Ihr Leben für immer verändern, und Sie werden den Wunsch haben, jeden Tag bis zu
Ihrem Lebensende zu meditieren. Wenn Sie die Anweisungen
befolgen, die in diesem Buch enthalten sind, kann Ihnen das helfen, mit der Übung zu beginnen, wenn Sie noch nie meditiert
haben, oder sie wieder aufzunehmen, wenn sie Ihnen entglitten
ist. Aber schlussendlich müssen *Sie* den Wert der Sache einsehen,
sodass Sie auf täglicher Basis weiterüben wollen. Lassen Sie sich
heute darauf ein; geben Sie sich drei Wochen, damit die Übung
richtig bei Ihnen ankommen kann. Höchstwahrscheinlich werden Sie hie und da eine Meditation verpassen. Machen Sie ein-

fach am nächsten Tag weiter und Sie werden trotzdem noch die kumulativen Ergebnisse fühlen. Versuchen Sie, nicht tageweise hintereinander das Meditieren zu verpassen. Sind Sie bereit, Ihr Leben auf die nächste Ebene zu bringen? Sie können gleich jetzt anfangen.

Die meisten Leute, die sich von der Meditationspraxis wieder entfernen, werden Meditierende der Krise. Sie kennen den Wert der Übung, aber aus irgendeinem Grund haben sie aufgehört zu meditieren. Wenn sie dann anfangen, ihr Leben als voll von Herausforderungen zu interpretieren, wenden sie sich wieder für ein paar Tage, Wochen oder Monate der Meditation zu.

Es besteht ein großer Unterschied zwischen gelegentlichem Meditieren und dem Kultivieren einer Meditationspraxis. Eine Praxis zu haben bedeutet, dass Sie erfolgreich aufeinanderfolgende Tage mit Meditation zusammenknüpfen können, bis es ritualisiert ist. Idealerweise wird dies zum Teil Ihrer täglichen Routine, nicht anders als Zähneputzen. Warum also ist es so schwierig?

Ist es eigentlich gar nicht. Leute, die jedoch früher einmal meditiert haben, bemühen zwei Hauptgründe, warum sie eine absolut erfüllende Übung nach ein paar Tagen oder Wochen wieder aufgegeben haben: Zeitmangel und das Ausbleiben von Resultaten.

Entschuldigung #1: Ich habe nicht genug Zeit.

Der Hauptgrund, den die Leute angeben, warum sie nicht meditieren, ist, dass sie nicht genug Zeit haben. Sie haben Zeit, fernzusehen, im Internet zu surfen, Kurznachrichten zu schreiben, zu reden, Filme anzuschauen, zu schreiben, für Hobbys, Wii zu spielen, lange zu arbeiten, auf Partys zu gehen, zu lesen, sich zu entspannen, E-Mails anzuschauen, zu kochen, auf Facebook zu surfen, Bäder zu nehmen, Nickerchen zu machen, zu pendeln, zu warten, zu fliegen, sich die Zähne zu putzen, mit dem Hund zu spielen, sich um das Baby zu kümmern, zum Arzt zu gehen, sich zu beeilen und zu warten. Wir legen fest, mit welchen Aktivitäten wir die 24 Stunden unseres Tages füllen. Natürlich haben Sie Zeit, 30 Minuten am Tag zu meditieren, und das schon, wenn sie eine Minute von Ihren sonstigen Morgenaktivitäten abziehen. Die Zeit ist kein unabhängiges Wesen, das sich unserem Zeitplan aufzwängt. Wir entwickeln unseren Zeitplan auf Grundlage unserer Werte und Überzeugungen. Wir entscheiden, was wir für den besten Nutzen unserer Lebensenergie halten und wie viel Zeit wir auf unsere unterschiedlichen Aktivitäten zu verteilen willens sind.

Ich habe festgestellt, dass man, wenn man eine Meditationspraxis in sein tägliches Leben einbindet, plötzlich Zeit für alles hat. Sie gehen an alles vom Ausgangspunkt größerer Leichtigkeit und Klarheit heran. Deadlines verpuffen, und sie schließen Ihre Projekte weit vor der Zeit ab. Ihr Schlaf wird erholsamer, was Ihnen größere Vitalität und Konzentrationsfähigkeit verschafft. Sie werden effizienter in all Ihren Tätigkeiten, sodass Sie endlich etwas Freizeit und Raum, um zu Atem zu kommen, gewonnen haben. Sie bemerken die nicht hilfreichen Verhaltensmuster, für die Sie Energie verschwendet haben, und können Sie mit hilfreicheren, effizienteren Verhaltensmustern ersetzen – Lebensformen, die tragfähiger für Sie sind. Aber Sie müssen den ersten Schritt tun, sodass ich vorschlage, sich auf eine Woche oder zwei oder drei täglichen Meditierens einzulassen, und Sie werden sehen, wie sich die Zeit in Ihrem Leben ausdehnt, bis alles hineinpasst, was Sie wollen … und mehr.

Entschuldigung #2: Ich spüre keine Resultate.

Der zweithäufigste Grund, den die Leute angeben, warum sie nicht meditieren, ist, dass sie denken, dass die Ergebnisse zu unterschwellig sind und sie deshalb keinen Wert darin sehen weiterzumachen. Dies geht wiederum zurück auf unsere Fehlvorstellungen bezüglich der Frage, was Meditation denn sein soll. Wenn Sie erwarten, dass Sie schweben und Farben sehen werden, aber dann nur zwischen dem Mantra und Ihren Gedanken hin und her driften, dann werden Sie meinen, dass es nicht funktioniert, und aufgeben. Sie denken vielleicht sogar, dass Sie es falsch machen, weil Sie während Ihres Übens keine Aha-Erlebnisse haben.

Denken Sie daran – der Nutzen kommt in den anderen 23 Stunden des Tages, wenn wir nicht meditieren. Seien Sie also geduldig und hören Sie auf, auf die Ankunft des höheren Bewusstseinszustandes zu warten. Er wird sich bei Ihnen einstellen, wenn es an der Zeit ist, also machen Sie sich keine Sorgen deswegen. Meditieren Sie einfach weiter und nach ein paar Wochen werden Sie deutliche Veränderungen in Ihrem Kontakt zum Leben, zu Stress, Enttäuschungen, ungestillten Bedürfnissen und den eigenen Gedanken feststellen.

Eine Meditationspraxis zu haben ist nicht anders, als jeden Tag eine Form physischen Training durchzuführen. Training strafft nach und nach Ihren Körper; wenn Sie jeden Tag meditieren, lässt dies Ihren Geist sanft in einen Zustand des Wohlgefühls eintreten. Warum wollen Sie nicht dasselbe für Ihren emotionalen Zustand, Ihren physischen Körper und Ihre spirituellen Möglichkeiten?

Um diesen Frieden und diese Stille täglich in Ihr Leben zu bringen, brauchen Sie eine Praxis, die diesen Prozess unterstützt. So viele von uns haben entweder durch eine geführte Meditationskassette oder -CD meditieren gelernt, sind am Ende einer Yogastunde im Savasana gelegen oder einfach nur ein paar Minuten in Stille gesessen. Jede dieser Erfahrungen bringt ein Gefühl der Ruhe in unser Leben, aber sie verändern nicht notwendig unser Bewusstsein über einen längeren Zeitraum hinweg. Wenn wir unsere Weltsicht, unser Leben, die Worte und Handlungen anderer und unser Verhalten verändern wollen, dann macht das eine Veränderung unserer Verhaltensmuster erforderlich.

Um diese Veränderung zuwege zu bringen, müssen Sie auf regelmäßiger Basis Ruhe und Stille anzapfen. Die optimale Dauer ist 30 Minuten, und die ideale Frequenz ist zweimal am Tag – einmal morgens und einmal nachmittags oder abends.

Sie haben die Freiheit, jegliches in diesem Buch erwähnte Mantra zu benutzen. Finden Sie eines, das mit Ihnen resoniert, und benutzen Sie es 21 Tage lang beständig. Benutzen Sie ein Mantra und bleiben Sie dabei. Wenn Sie das Mantra zu oft ändern, wird das nur dazu führen, dass es Gedanken und Aktivität erzeugt. Denken Sie daran, wir benutzen das Mantra, um uns von der Aktivität zu lösen, also fühlen Sie sich nicht gedrängt, Ihre Atmung mit der Vibration des Mantras zu synchronisieren. Wenn Sie zu dem Schluss kommen, dass Sie gern ein Mantra benutzen würden, dann gibt es einige klassische universale Klänge, darunter das traditionelle Mantra *Om,* das *So-hum*-Mantra, das Deepak Chopra seit mehr als 20 Jahren bekannt macht, und die Mantras, die wir in der *Ich-bin*-Meditation verwendet haben, oder jegliches andere Mantra, das ich mit Ihnen geteilt habe.

Sie haben die Freiheit, diese ganzen Mantras oder andere, die Sie online finden, zu verwenden, und wenn Sie Ihre Praxis personalisieren wollen, dann suchen Siesich einen zertifizierten Meditationslehrer in Ihrer Nähe. Sie können mir unter secrets@davidji. com eine E-Mail schreiben, und wir können den besten Weg für Sie diskutieren, wie Sie dort, wo Sie leben, Ihr Urklangmantra bekommen können.

Wenn Sie lieber nur Ihrem Atem folgen, dann achten Sie darauf, den Atem nicht zu zwingen; lassen Sie ihn einfach fließen. Folgen Sie nur Ihrem Atem, wie er in Sie hinein- und wieder hinausströmt. Das machen Sie dann etwa eine halbe Stunde. Egal nach welcher Methode Sie meditieren wollen, ich habe ein paar kostenlose Meditationstimer aufgenommen, die Sie unter **davidji.com** auf Ihr iPhone, Ihr iPad, Ihren iPod, Ihr Blackberry, Ihr Android, Ihr Tablet oder direkt auf Ihren Computer herunterladen können. Das sind die perfekten Meditationstimer; damit können Sie 5-, 10-, 15-, 20-, 25- oder 30-minütige Meditationen einstellen.

Mit der Zeit kann sich die Methode, die Sie benutzen, verändern und entwickeln. Also behalten Sie einen offenen Geist und bleiben Sie bei Ihrer Übung.

Die Ausnahme zur Regel

Viele Schulen der Meditation führen bestimmte Rituale durch, bevor die eigentliche Meditation erfolgt, beispielsweise Om singen, Intentionen festlegen oder Fragen stellen. Der Sinn der Sache dabei ist nicht, die Fragen aktiv in Ihre Meditation einzubinden. Es dient vielmehr dazu, bestimmte Intentionen und Dialoge hinaus in den Äther zu schicken. Ich mag das Frage-und-Antwort-Format vor dem Meditieren, weil es mir die Gelegenheit gibt, mich in die Schlüsselbelange, die gerade in meinem Leben eine Rolle spielen, zu vertiefen und meine Intention – nicht nur meine Aufmerksamkeit – auf sie zu richten.

Neulinge beim Meditieren, die ein leistungsorientiertes Leben führen, wenden dabei oft denselben Grad an Konzentration, Anstrengung und Fokus an, den sie in den anderen Bereichen ihres Lebens einsetzen. Das bringt in unserer Welt üblicherweise Ergebnisse mit sich, und ihre Erfolgsbilanz mag brillant sein. Tatsächlich hat man den meisten von uns schon in jungen Jahren die folgende Gleichung beigebracht:

Fokus + Einsatz = Erfolg

Ebenfalls hat man uns beigebracht, dass der Grad unseres Erfolgs sich ebenfalls erhöhen wird, wenn wir den Einsatz erhöhen. Die Lektion, die wir absorbiert haben, war: Arbeite hart genug und wir können haben, was wir nur wollen. Für viele von uns war das die Methode, mit der wir alles erreicht haben, was uns lieb und wert ist, was nur wiederum das Glaubenssystem verstärkt hat, dass Fokus und Einsatz die Schlüsselelemente für jeden Erfolg sind. Aber wie Sie vielleicht bemerkt haben, lässt sich dieses angebliche Lebensgesetz nicht immer auf jeden Aspekt des Lebens anwenden. Tatsächlich wird es mit der Zeit mehr zu einem persönlichen Stil – eine Weise, wie wir unser Leben leben – als zu einem Gesetz, das wir bewusst befolgen. Aber dieses »natürliche« Gesetz unserer Gesellschaft lässt sich nicht immer auf die Herausforderungen des Lebens nach expansiven Lösungen übertragen. Indem man von einer unterschiedlichen Perspektive kommt oder sich ganz zurückzieht und wieder vertieft, sehen wir manchmal etwas einst Vertrautes mit einem neuen Paar »Augen«, was unsere Möglichkeiten für Erweiterung und Wachstum unendlich erhöht.

Bei der Meditation ist es die Ausnahme zur Regel, die uns zum Erfolg führt. Die besten Ergebnisse treten ein, wenn wir alle Anstrengung aufgeben ... bis wir uns ganz hingeben ... völlig dahinschmelzen, ganz weich werden. Wir lassen den Fokus los und ersetzen ihn durch völlige Unschuld – und die unschuldige Wiederholung des Mantras. Die Formel für eine effektive Meditation ist:

Hingabe + Unschuld = Erfolg

Dies steht allem entgegen, was man uns beigebracht hat. Hingabe ist kontraintuitiv für erfolgreiche, versierte oder mächtige Menschen, die hart *gearbeitet* haben, um all ihre Positionen und Besitztümer zu erreichen. Alles, was Sie in diesem Leben erreicht haben, basiert auf TUN. Bei der Meditation geht es darum, zu SEIN. Sie brauchen also ein anderes Set von Werkzeugen, um sich mit Ihrem göttlichen inneren Selbst zu verbinden, das unter all diesen Positionen und Besitztümern ruht – um einfach nur zu sein.

Die Seelenfragen stellen

Sie können Ihre tägliche Übung mit jeglichen Fragen oder Gebeten beginnen, nach denen Ihnen zumute ist. Bei der Übung der Urklangmeditation beginnen wir oft damit, uns eine Serie von Fragen, die als Seelenfragen bekannt sind, zu stellen. Aber gleichgültig, was für eine Art von Meditationsstil Sie praktizieren, Sie können immer noch Ihre tägliche Meditation damit anfangen, sich machtvolle und profunde Fragen zu stellen. Diesen wird in dem Buch *The Seven Spiritual Laws of Yoga* detaillierter nachgegangen. Die Fragen sind *Wer bin ich? Was will ich?* und *Was ist mein Dharma oder Zweck im Leben?* Diese Fragen stellen sich hunderttausende Menschen, die Urklangmeditation üben, bevor sie anfangen, ihr Mantra zu wiederholen.

Und indem man diese Fragen stellt, auf die Antworten lauscht und dann das Ergebnis loslässt, beginnt man seine tägliche Übung. *Es besteht keine Notwendigkeit, sich die Fragen oder die Antworten während der Meditation bewusst zu machen.* Sie sind bereits Teil dessen, der Sie sind. Und wenn Sie Ihr Bewusstsein erweitern, wird sich der kosmische Dialog auch weiterhin in Ihnen ausdehnen und Sie werden Klarheit darüber finden, wer Sie sind, Sie werden alles bekommen, was Sie sich ersehnen, und Sie werden Ihren Daseinszweck ermitteln. (Denken Sie daran: Bringen Sie keine Gedanken, Konzepte, Ideen, Pläne oder Erwartungen mit in die Meditation – nur Ihr Mantra.)

Das sind einige der tiefsten Fragen, die Sie sich stellen können, und aus diesem Grund machen wir nichts mit der Information, die uns während der Meditation kommt. Das ist einfach nur der Prozess, mit dem wir den Boden fruchtbarer machen. Außerhalb der Meditation, wenn die Samen, die Sie gepflanzt haben, wachsen, werden Sie sich weiter, kreativer, intuitiver, einsichtsvoller fühlen. Nicht in der Meditation nimmt der Wert dieses Prozesses seine Form an, sondern hier, zusammen mit uns anderen, wenn Ihre Augen weit offen sind und Sie mit der Welt interagieren.

Wer bin ich? Was will ich? Was ist mein Dharma oder Zweck im Leben? Wie kann ich anderen helfen, dienen, sie heilen, indem ich meine einzigartigen Gaben und meine besonderen Talente benutze? Das sind die Trittsteine zu einer mühelosen täglichen Praxis und die Bausteine, mit denen ich mein Leben aufbaue. Natürlich können Sie Ihre Übung mit einem Ritual, das sich für Sie gut anfühlt, beginnen. Welche Fragen sind Ihnen wichtig? Schreiben Sie sie nieder, gehen Sie ihnen eine Woche lang vor dem Meditieren nach und Sie werden feststellen, wie sie sich in Ihrem Leben entfalten. (Denken Sie daran: Nehmen Sie weder diese Fragen noch die Antworten darauf in die Meditation mit.) *Nachdem Sie alle diese Fragen gestellt und beantwortet haben (und manchmal wird es keine Fragen geben), lassen Sie sie einfach los.* Sie können die Betonung darauf legen, sie loszulassen, indem Sie es physisch tun. Nehmen Sie einen langen, tiefen Atemzug und lassen Sie sie dann gehen. Wenn Sie ausatmen, schicken Sie sie hinaus ins Universum. Beginnen Sie dann mit Ihrer Übung und benutzen Sie Ihren Atem, Ihr Mantra oder ein anderes Objekt für Ihre Aufmerksamkeit.

Wann soll ich meditieren?

In der Ära, als die Lehren das erste Mal Verbreitung fanden, vor fast 5000 Jahren, waren die meisten Leute Bauern. Sie standen vor Sonnenaufgang auf, wuschen sich, beteten und meditierten dann und gingen beim ersten Licht auf die Felder. Sie arbeiteten mit ihren Tieren auf dem Feld und zogen sich dann vor Sonnenuntergang zurück. Sie meditierten vor dem Abendessen und schliefen mit dem Rhythmus der Sonne. Ayurveda lehrt seit 5000 Jahren, dass die idealen Zeiten zum Meditieren zwischen 5 und 7 Uhr morgens und 5 und 7 Uhr nachmittags sind. Ayurveda zufolge sind diese Zeiten der lichterfüllteste Teil von Morgen und Abend (das Ende der Vata-Zeit: 2-6). Das entspricht natürlich dem Aufgang und Untergang der Sonne, was der Leitfaden dieser alten Zivilisationen war. Ayurveda wurde lange vor Las Vegas und eBay entwickelt ... lange vor den Nachtschichten, Nachtclubs, Wechselschichten, 24-Stunden-Notaufnahmen und lange vor den Flugzeugen, Zügen und Bussen, die durch die Nacht fuhren ... lange bevor nächtliches Leben den natürlichen tagesrhythmischen Lauf der Natur durcheinanderzubringen begann. Dieser alte Rhythmus wusste nicht, dass wir in einem Zeitalter leben würden, in dem die Leute abendessen gehen, wenn es schon dunkel ist, und viele von uns aufstehen, nachdem die Sonne längst aufgegangen ist.

Die Macht des Rituals

Was also ist die richtige Zeit? Ich sagte mir: *Ich werde jeden Tag um zehn Uhr vormittags meditieren.* Aber zehn Uhr ist stets in weiter Ferne. Sie wissen, wie es ist. Das Telefon klingelt. Der Hund braucht Aufmerksamkeit. Plötzlich erfahren Sie etwas, dem Sie sich zuwenden müssen. Sie verbringen mehr Zeit als gedacht mit dem Schreiben einer E-Mail, gehen in ein Geschäft oder müssen sich einer Herausforderung stellen. Und dann ist es Mittag, und Sie haben ein Geschäftsessen. Sie planen die Meditation für 15 Uhr, aber dann werden Sie abgelenkt, also versprechen Sie sich, dass Sie meditieren, sobald Sie heimkommen. Aber ein Freund ruft Sie an und fragt, ob Sie mit ihm abendessen gehen. Und dann schauen Sie sich einen Film an und gehen in einen Club zum Tanzen, und ehe Sie sich's versehen, ist es Mitternacht, und Sie haben nicht meditiert.

Wenn Sie die Meditation wie ein nahtloses Ritual einbinden, wird sie einfach, ohne dass Sie darüber nachdenken müssten, dahinfließen. Wir erzeugen Verhalten und behalten es bei, indem wir es ritualisieren. Die leichteste Methode, ihre tägliche Meditationspraxis einzubinden – insbesondere die Morgenmeditation –, ist, sie zu ritualisieren. Machen Sie sie zum Teil einer Serie von Aktivitäten, die Sie ausführen und bei denen die Grundlage vielmehr darin besteht, dass jede in die andere übergeht, statt dass sie zu einem bestimmten Zeitpunkt erfolgen müsste.

So schauen Sie beispielsweise morgens, wenn Sie aufwachen, auf die Uhr – dann gehen Sie auf die Toilette. Sie sagen nicht: »Es ist 6.30 Uhr. Zeit, auf die Toilette zu gehen.« Das geschieht im natürlichen Verlauf Ihres Morgenrituals. Dann machen Sie das

Nächste auf Ihrer unsichtbaren Liste von Morgenaktivitäten und dann das Nächste. Die meisten Leute machen so ziemlich jeden Tag das Gleiche in derselben Reihenfolge. Wir erzeugen Verhalten und erhalten es aufrecht, indem wir es ritualisieren. Sie wissen nicht, um wie viel Uhr Sie sich morgens die Zähne putzen, weil Sie das nicht von einer Zeit abhängig machen; Sie machen es auf der Grundlage der Ordnung von Ritualen, die Sie über die Jahre aufgestellt haben. Es ist eines Ihrer morgendlichen Reinigungsrituale. Wir haben zwischen 8 und 15 Rituale, die wir nach dem Aufwachen in einer bestimmten Reihenfolge abspulen. Manchmal haben wir ein anderes Ritual für die Wochenenden als für die Arbeitswoche. Sie entwickeln sich mit der Zeit, aber jeder von uns hat diesen Autopilot-gesteuerten Strang von Ritualen, den wir jeden Tag wie ein Uhrwerk abspulen.

Sie putzen sich nicht zu einer bestimmten Uhrzeit die Zähne, sondern putzen Sie nach einer bestimmten morgendlichen Reinigungsaktivität, bevor Sie sich einer anderen zuwenden. Das beginnt, wenn Sie aufwachen, vielleicht durch einen Wecker, die Sonne, oder vielleicht wachen Sie einfach so auf. Als Nächstes schauen Sie auf die Uhr, um sich zu orientieren. Dann erledigen Sie eine dieser 15 Tätigkeiten in derselben ritualisierten Reihenfolge, wie Sie es stets tun; und alle werden wie ein Tanz nach festem Muster ausgeführt. *Sie wachen auf; Sie pinkeln; Sie waschen sich das Gesicht; Sie haben Stuhlgang; Sie duschen; Sie pflegen* sich, indem Sie sich *rasieren* oder *Make-up auftragen;* Sie *frisieren sich;* Sie *ziehen sich an;* Sie kümmern sich um Ihre *Katze,* Ihren *Hund,* Ihren *Vogel* oder Ihre *Schlange;* Sie kümmern sich um die *Kinder* oder *Babys* im Haus; Sie *interagieren* mit Ihrer besseren oder schlechteren *Hälfte;* Sie schauen *Frühstücksfernsehen;* Sie lesen *Zeitung;* Sie gehen *online;* Sie haben *Sex;* Sie machen *Kaffee* oder *Tee;* und Sie *essen* oder servieren eine Form von *Frühstück.* Und Sie sind in der Lage, diese Aktivitäten jeden Tag in derselben ritualisierten Reihenfolge wie auf Autopilot abzuspulen, täglich, über Monate, Jahre, sogar Jahrzehnte hinweg.

Das mühelose Ritual: APM

Um der Schwierigkeit zu begegnen, die die meisten Meditierenden dabei haben, wenn sie versuchen sicherzustellen, dass die erste Meditation des Tages einprogrammiert wird, habe ich ein Ritual entwickelt, das Tausenden geholfen hat, ihre Praxis mühelos zu festigen. Es heißt APM, was für Aufstehen, Pinkeln, Meditieren steht. Es basiert auf der Tatsache, dass Sie jeden Tag aufwachen. Wann wachen Sie auf?

Es ist kein zu großer Gedankensprung, wenn man davon ausgeht, dass Sie vermutlich ein paar Minuten nach dem Aufwachen auf die Toilette gehen werden. Nun, Sie haben schon zwei Drittel des Weges hinter sich gebracht! Wenn Sie sich als Nächstes hinsetzen, um zu meditieren, dann haben Sie innerhalb von 35 Minuten, nachdem Sie morgens die Augen geöffnet haben, bereits eine halbe Stunde von Ruhe und Stille in sich, mit der Sie jeden einzelnen Moment begrüßen können, während Sie sich durch den Rest Ihres Tages bewegen.

Sie werden entspannter sein, egal was Sie sich den Tag über gegenübersehen. Sie werden weniger reaktiv sein. Reflektierter und weniger reflexgesteuert. Kreativer. Intuitiver. Mitfühlender. Verständnisvoller. Und wachsamer. Und all das innerhalb von 35 Minuten, nachdem Sie die Augen aufgemacht haben. In den ersten paar Minuten nach dem Aufwachen haben Sie die wenigsten aktiven Gedanken, und der Strom des Kreierens von Bedeutungen beschleunigt die Aktivität Ihres Geistes noch, wenn sich Ihr Tag weiterentwickelt. Wenn das Erste, was Sie nach dem Aufwachen tun, Meditieren ist, dann gibt es logischerweise weniger Ablenkungen davon, mit dem Üben zu beginnen. Wann wachen Sie auf? Um vier, fünf, sechs, sieben, acht, neun oder zehn? Wann fangen Sie mit Ihrem Job an? Haben Sie einen normalen Arbeitstag oder arbeiten Sie in wechselnden Schichten? Arbeiten Sie in der Notaufnahme? Bringt Ihr Zeitplan die normalen Rhythmen der Natur durcheinander? Wie viele Stunden vergehen bei Ihnen zwischen dem Aufwachen und dem Zeitpunkt, wann Sie das Haus verlassen? Und was machen Sie mit dieser Zeit? Wie viel Zeit verbringen Sie damit, die Zeitung zu lesen, fernzusehen, online zu gehen? Können Sie nicht ein paar Minuten von jedem dieser Morgenrituale abzweigen und 15 Minuten früher aufstehen?

Und so gewinnen Sie diese süßen, gemütlichen 30 Minuten, mit denen Sie den Tag beginnen können. Wenn die Antwort Nein lautet, dann überlegen Sie, wann Sie zu Bett gehen, und versuchen Sie ein paar Wochen lang 15 Minuten früher ins Bett zu gehen. Und plötzlich wird es zu einem Teil dessen, der Sie sind. Sie können das hinbekommen. Dann werden Sie sich dieses Morgenritual genauso leicht zu eigen machen wie die Rituale fernsehen, Zähne putzen, den Morgenkaffee aufbrühen oder den Morgenspaziergang machen. Wenn Sie APM an die Spitze Ihres Zuges von Morgenritualen setzen, wird Ihnen das erlauben, es in Ihre tägliche Routine zu integrieren, bis es so sehr Teil Ihres morgendlichen Flusses ist wie alle anderen Ihrer Morgenrituale. Also: Ja, Ayurveda sagt, dass Sie zwischen fünf und sieben Uhr morgens meditieren sollten, aber Sie müssen das tun, was am besten für Sie funktioniert. Der Schlüssel ist, ein Ritual zu erschaffen.

Der Abend ist schwieriger, weil Sie jetzt auf beiden Seiten Ihrer Meditationspraxis zeitlich eingeklemmt sind und Ihr Geist sehr aktiv ist. Für die Nachmittags- oder Abendmeditation empfehle ich das Kürzel DNA (Direkt Nach der Arbeit). Machen Sie es zum allerallerallerletzten Punkt, bevor Sie nach Hause gehen, oder zum allerallerallerersten Punkt, wenn Sie heimkommen. So wird es ritualisiert und es gibt keinen Zeitdruck.

Wenn Sie unter Verwendung des DNA-Rituals meditieren, werden Sie auch ganz sacht in Ihrem Abend ankommen, bevor er vor Aktivitäten explodiert: Abendessen, Kinder, Erzählungen vom Tag, Fernsehen, Internet, Haustiere, Training und was man sonst noch alles in die verbleibenden Stunden, in denen man wach ist, quetschen kann. Sie werden ein wenig Ruhe und Stille zu diesen Aktivitäten mitbringen. Und Sie befinden sich damit in

Übereinstimmung mit der zeitlosen Lehre des Ayurveda so wie dem Tagesrhythmus der Natur. Wenn Sie Ihre Abendmeditation hinter sich gebracht haben, können Sie alles andere mit Anmut und Souveränität angehen. Wenn es sich für Sie besser anfühlt, näher an Ihrer Schlafenszeit zu meditieren, dann tun Sie das. Denken Sie nur daran, dass es Ihnen Schlaf »stehlen« wird, wenn Sie zu kurz vor dem Schlafengehen meditieren, weil es sein kann, dass es Sie so sehr erfrischt, dass Sie Schwierigkeiten bekommen, ins Bett zu kommen. Halten Sie sich an folgende Philosophie: Wenn es um Ihre Nachmittags- oder Abendmeditation geht, tun Sie, was für Sie funktioniert!

Wo soll ich meditieren?

Ich meditiere jeden Morgen auf einem dicken, runden Zafu-Kissen, wobei meine Hündin Peaches the Buddha Princess sich auf einem Zafu direkt neben mir zusammenrollt. (Sie hat ihre eigene Facebook-Seite! Bitte liken!) Ich sitze vor einem Beistelltisch, auf den ich eine Digitaluhr stelle. Ich benutze keinen Timer oder Alarm. Ich meditiere und öffne meine Augen, wenn ich mir bewusst bin, dass ich über die Zeit nachdenke. Ich schaue auf die Uhr, vergewissere mich bezüglich der Zeit und nehme die Meditation wieder auf. Was Sie tun sollten? Zunächst einmal, kommen Sie aus dem Bett. Finden Sie einen Platz, der nicht mit anderem ritualisiertem Verhalten in Verbindung steht. Versuchen Sie, nicht damit anzufangen, dass Sie sich hinlegen, damit erzeugen Sie eine pawlowsche Verbindung zwischen Meditieren und Schlaf. Suchen Sie sich einen relativ ruhigen Platz, wo Sie sich wohlfühlen und entspannen können. Unter extremen Umständen haben Meditierende schon im Badezimmer meditiert, im Auto, sogar im Schrank. Aber das sollte nicht nötig sein. Finden Sie einen ruhigen Platz, der sich irgendwie heilig oder besonders anfühlt, einen Ort, wo Sie sich vorstellen können, jeden Tag zu sitzen, suchen Sie sich ein Kissen oder einen Stuhl, auf dem Sie entspannt mindestens 30 Minuten sitzen können. Nähern Sie sich dem bequemsten Sitz und der bequemsten Sitzhaltung an. Nähern Sie sich immer dem, was bequem ist, was auch immer das sein mag.

Sie können meditieren, wenn Sie zur Arbeit pendeln (solange Sie nicht selbst Auto fahren), wenn Sie zum Arzt fahren, zum Flughafen, zu einem Sportereignis, einem Rockkonzert oder wenn Sie eine lange Reise machen. Das nächste Mal, wenn Sie fünf Minuten zur freien Verfügung haben, schauen Sie einmal, wie es sich anfühlt, die kostbaren Minuten dazu zu benutzen, die Stille und Ruhe anzuzapfen, die in uns liegen. Es spielt keine Rolle, in welche Richtung Sie schauen: Gott ist überall. Ich schaue gern Richtung Osten, sodass ich spüre, wie das erste Sonnenlicht in meine Meditation dringt. Ich fühle, wie das Licht hereindringt, und ich lächle. Darauf folgt üblicherweise, dass ich Vogelgesang höre, aber jeder Tag ist anders ... alle sind so etwas Besonderes. Wenn Sie schauen müssen, schauen Sie. Wenn Sie sich bewegen müssen, bewegen Sie sich. Wenn Sie sich strecken müssen, strecken Sie sich. Tun Sie, was auch immer Sie tun müssen: Niesen, Husten, Gähnen, Aufschreien. Gehen Sie immer in Richtung dessen, was sich angenehm anfühlt. Wenn Sie durch irgendeine Störung aus der Meditation gerissen werden, wenden Sie sich Ihrer dringenden Situation zu und kehren Sie dann zurück und meditieren Sie die restlichen Minuten.

Wenn Sie aus irgendeinem Grund feststellen, dass Sie einen Tag oder eine Meditation übersprungen haben, dann umarmen Sie sich dafür, dass es Ihnen aufgefallen ist. Seien Sie nachsichtig mit sich und tauchen Sie dann wieder ein. Die Praxis ist kumulativ, also machen Sie sich keine Sorgen, wenn Sie sich kurz davon entfernen, solange Sie bereit sind, dazu zurückzukehren.

DIE ZEHNEINHALB WERTVOLLSTEN SCHLÜSSEL FÜR EINE ERFOLGREICHE TÄGLICHE PRAXIS

Ob Sie nun meditieren, indem Sie Ihren Atem oder ein Mantra als Objekt Ihrer Aufmerksamkeit verwenden, gibt es doch mehrere Schlüssel zu einer erfolgreichen und angenehmen täglichen Praxis:

1. *Bequemlichkeit ist Königin.* Stellen Sie sicher, dass Sie es in jedem Moment bequem haben. Wenn Sie sich wohlfühlen, werden Sie weiter meditieren; wenn Sie sich nicht wohlfühlen, werden Sie höchstwahrscheinlich aufhören. Egal also, was Sie stört, leisten Sie keinen Widerstand; hören Sie auf und kümmern Sie sich darum (strecken Sie die Beine, schauen Sie auf die Uhr, reiben Sie Ihren Nacken, schalten Sie das Telefon aus, kratzen Sie sich an der Wange) und kehren Sie zum Mantra zurück.

2. *Kreieren Sie ein Ritual.* Heften Sie Ihre Meditation nicht an eine bestimmte Uhrzeit. Benutzen Sie ein Ritual wie APM (Aufstehen, Pinkeln, Meditieren) oder irgendein anderes Ritual, das für Sie funktioniert. Das Nachmittagsritual kann DNA sein (Direkt Nach der Arbeit) oder jegliches andere Ritual, das sich bequem anfühlt. Erlauben Sie es sich, diese 30 Minuten heilig zu halten. Denken Sie daran: einfach das, was funktioniert.

3. *Denken Sie daran, loszulassen.* Stellen Sie Ihre Fragen und legen Sie Ihre Intentionen fest, bevor Sie meditieren, in aller Unschuld, und dann lassen Sie sie los. Bringen Sie nichts in die Meditation mit, was nicht das Mantra oder das Objekt Ihrer Aufmerksamkeit ist. Wenn Ihnen Gedanken kommen, lassen Sie sie los und kehren Sie zurück.

4. *Bleiben Sie unschuldig.* Bringen Sie nichts in die Meditation mit als das Objekt Ihrer Aufmerksamkeit – Ihr Mantra oder Ihren Atem. Verfolgen Sie keine Intention, Agenda oder keine Ziele, die Sie in die Meditation mitnehmen. Erzwingen Sie Ihre Praxis nicht. Lassen Sie sie sich unschuldig entfalten.

5. *Seien Sie Zeuge.* Lassen Sie jegliche Erwartungen los, die Sie vielleicht bezüglich der Praxis haben. Es gibt nichts, was geschehen *soll*. Seien Sie einfach Zeuge dessen, was in Sie hineinströmt … und kehren Sie zum Mantra zurück. Fangen Sie nicht an, Buch zu führen … bezeugen Sie einfach.

6. *Driften Sie.* Behandeln Sie jegliche Unterbrechung, jedes Geräusch, Gefühl, jede Idee oder Emotion, wie Sie jeden anderen Gedanken behandeln würden, und kehren Sie dann sacht zum Objekt Ihrer Aufmerksamkeit zurück: zum Mantra oder zu Ihrem Atem.

7. *Lösen Sie sich von Bedeutungen.* Lassen Sie sich von der Bedeutung der Sutras oder Mantras nicht ablenken. Benutzen Sie das Mantra wegen seiner Vibrationsqualität; die Bedeutung kümmert sich um sich selbst.

8. *Lassen Sie los.* Wiederholen Sie Ihr Mantra unangestrengt so, wie sich Nebel bei Tagesanbruch von einem See erhebt.

9. *Hören Sie auf Ihr Mantra.* Sprechen Sie Ihr Mantra nicht; *hören* Sie darauf. Lassen Sie es nach oben perlen.

10. *Sie sind vollkommen.* Was auch immer geschieht, es ist vollkommen! Beurteilen Sie die Erfahrung nicht. Jede Meditation ist wie eine Schneeflocke, einzigartig und unwiederholbar.

10 ½. *Genießen Sie!* Werden Sie nicht zu ernst. Es ist eine Praxis, die mit leichtem Herzen ausgeführt wird, haben Sie also Ihren Spaß damit!

Kapitel 15
Häufig gestellte Fragen

»*Es gibt keinen anderen Gott als das Leben selbst.*«　　OSHO

Es gibt Tausende von Fragen, die häufig gestellt werden, wenn es darum geht, was man in der Meditation erlebt, und ich bin auf die häufigsten der Fragen eingegangen. Es bleibt die simple Tatsache, dass die Antwort auf jede Frage in Ihnen liegt. Meditieren Sie einfach, folgen Sie den Anweisungen in diesem Buch und wenn Sie eine Frage haben, wird sich die Antwort darauf höchstwahrscheinlich in Ihrem Innern einstellen. Und wenn das nicht der Fall sein sollte, schreiben Sie mir eine E-Mail, und wir können es zusammen herausfinden. Bevor Sie also Ihre Frage stellen, meditieren Sie jeden Tag morgens 30 Minuten und 30 Minuten am Nachmittag oder Abend. Fangen Sie damit an, ein paar Fragen zu stellen, meditieren Sie in Stille, beenden Sie die Stille mit einem Wecker oder einer Glocke und besiegeln Sie die Meditation dann mit einem »Om«.

Wenn Sie das drei Wochen lang machen, wird sich Ihr Leben ändern, und Sie werden in der Lage sein, sich zu fragen: *Gefällt mir mein Leben besser, wenn ich meditiere oder wenn ich nicht meditiere?* Wenn es Ihnen besser gefällt, dann meditieren Sie weiter, und so wird Ihr Leben weiter aufblühen. Wenn Sie sich nicht sicher sind, dann meditieren Sie noch mal 21 Tage lang. Wenn Sie am 21. Tag angekommen sind, schreiben Sie mir eine E-Mail unter secrets@davidji.com und erzählen Sie mir, wie es sich anfühlt und was in Ihrem Leben passiert. Erzählen Sie mir von Ihren Herausforderungen und Ihren Triumphen. Stellen Sie alle Fragen, die Ihnen auf dem Herzen liegen, und ich werde Ihnen persönlich antworten.

Wenn Sie nicht das Gefühl haben, dass die 21-tägige Meditation Ihr Leben bereichert hat, dann geben Sie das Buch an jemand anderen weiter. Schreiben Sie mir eine E-Mail, damit wir uns unterhalten können, bevor Sie weiterziehen.

Was ist der Unterschied zwischen Gebet und Meditation?
Gebet ist das Sprechen zu Gott ... Meditation heißt zuhören. Begeben Sie sich durch die Meditation in Stille und Sie werden sich tiefer mit dem Gott, zu dem Sie beten, verbinden können. Werden Sie still und Sie werden das Flüstern des Göttlichen hören.

Woher weiß ich, dass ich bereit bin, mich auf eine spirituelle Reise zu machen oder einen Meditationsworkshop zu besuchen?
Wir alle haben schon das Sprichwort gehört: »Wenn der Schüler bereit ist, erscheint der Lehrer.« Wenn die Leute beginnen, sich zu fragen, ob ihnen eine intensivere innere Reise nützen würde, sind sie im Normalfall bereit. Bei einem Meditationsrückzug/einkehr sind die meisten Teilnehmer eines Sinnes in ihrer Offenheit für die Konzepte von höheren Bewusstseinszuständen und dem Erleben tieferen Friedens. Die Energie des Kollektivs wird fühlbar und kann eine stärkende Erfahrung sein, wenn es darum geht, Ihnen dabei zu helfen, kühnere Schritte in Ihrem Leben zu

tun. Wenn sich das nach einer Überforderung anhört, fangen Sie langsamer an und lernen Sie das Meditieren bei einem Lehrer in einer intimeren Umgebung. Ich arbeite einzeln mit den Leuten sowie in Gruppen, um den Leuten zu helfen, eine spirituelle Praxis zu entwickeln. Ich reise um die Welt, lehre auf Rückzügen, Workshops und Seminaren. Wenn Sie Ihre Praxis gern vertiefen würden, wenden Sie sich an mich, und wir können über Ihre nächsten Schritte plaudern.

Was sollte mein Ziel in der Meditation sein?

Es ist paradox, aber Ihr Ziel sollte es sein, einfach nur zu *sein* … nicht etwas zu *tun*. Also tun Sie einfach genau das, in Abhängigkeit von der Meditationsmethode, die Sie benutzen. Wiederholen Sie in der Mantra-Meditation beispielsweise einfach nur Ihr Mantra. Bei Atmungs-Achtsamkeit atmen Sie einfach. In einer Drishti-Meditation schauen Sie einfach. Es ist ein Anfängerfehler, zu versuchen, das Ganze zu intellektualisieren oder *irgendetwas* zum Prozess hinzuzufügen. Einfacher ist besser. Weniger ist mehr.

Wo finde ich einen Lehrer?

Idealerweise lernt man Mantra-Meditation direkt von einem praktizierenden Lehrer. Sie müssen keine Mönchsroben oder indische Saris tragen, um Sie unterrichten zu können. Mein Kriterium ist, dass sie täglich meditieren und die Mantra-Meditation in ihrem Leben effektiv anwenden. Wenn dem so ist, können sie ihre Praxis mit Ihnen teilen und Sie unterstützen. Gehen Sie gerne auf die »Meditation Resources«-Seite unter **davidji.com**, um einen Lehrer in Ihrer Nähe zu finden.

Mit welchem Mantra sollte ich anfangen?

Suchen Sie sich ein Mantra aus, das sich für Sie stimmig anfühlt – nicht aufgrund der Bedeutung, die Sie damit assoziieren, sondern allein wegen seiner Vibration. Sie haben die Freiheit, jedes der unten aufgelisteten Mantras zu benutzen oder Ihr persönliches Mantra durch einen zertifizierten Meditationslehrer zu bekommen. Besuchen Sie **davidji.com**, um mehr Informationen zu erhalten. In der Zwischenzeit können sich die folgenden Mantras als äußerst effektiv erweisen, bis Sie Ihr Urklangmantra bekommen.

Ich bin
So Hum
Om
Yud Hey Vov Hey
Aham Brahmasmi oder ein anderes *Mahavakyas*
Om Ganapati Namah
Moksha
Om Mani Padme Om
VERTRAUEN
Om Namah Shivaya
So Hum Namah

Soll ich versuchen, das Mantra mit meiner Atmung zu synchronisieren?
Das ist eine weitere Falle für all jene, die eine Form von Atmungsmeditation praktiziert haben, wenn sie versuchen, ein Mantra zu benutzen. Wenn Sie den Atem als Objekt Ihrer Aufmerksamkeit benutzen, dann hebt und senkt sich Ihr Atem, wird schneller und langsamer … dasselbe passiert mit dem Mantra. An einem gewissen Punkt werden sie divergieren, so, wie wenn man seinen Bauch reibt und sich auf den Kopf klopft. Es gibt also keine Möglichkeit, die beiden zu synchronisieren oder zu koordinieren. Wenn Sie eine Atmungspraxis haben und zu einer mantrabasierten Praxis wechseln wollen, dann versuchen Sie, Atmung und Mantra für ein paar Minuten zu synchronisieren, und lassen Sie dann den Atem los und richten Sie Ihre Aufmerksamkeit allein auf das Mantra.

Kann ich während der Meditation beruhigende Meditations- oder Yogamusik hören?

Sie können tun, was Sie wollen, aber *wenn* Sie während Ihrer Meditationspraxis Musik benutzen, bleiben Sie im Reich der Aktivität. Der Grund, warum Sie Musik mögen, ist, dass diese Sie entspannt und beruhigt. Sie erinnert Sie somit an etwas Entspannendes, und so bringen Sie die Bedeutungsebene in die Meditation mit, was Sie dann zum Denken verleiten wird. Ich möchte dringend raten, dass Sie das reine, unbegrenzte Bewusstsein nur durch Stille erleben. *Yogastha kuru karmani!* Handle gegründet in Präsenz. Wenn Sie Stille zu den Buchstützen Ihres Tages machen, dann können Sie auch andere Formen der Meditation oder Übung dazwischen einbauen. Diese Art von Übung wird hervorragend funktionieren, solange Sie sie in Erfahrungen von Nicht-Aktivität einbinden.

Ich bin aus dem Gleis gekommen und habe aufgehört zu meditieren. Hilfe!

Zuerst einmal, atmen Sie jetzt tief durch. Das Leben kann äußerst quirlig sein und einen manchmal überfordern. Das kann einen Dominoeffekt erzeugen, bei dem bestimmte »nicht entscheidende« tägliche Rituale fallen gelassen werden Das bedeutet einfach nur, dass Sie sich entschieden haben, 30 Minuten auf eine andere Aktivität in Ihrem Tag statt auf den erlebten Wert der Meditation in Ihrem Leben zu verwenden. Sie haben bestimmte Erwartungen und fühlen die Ergebnisse nicht, also hören Sie auf, Meditation zu praktizieren. Aber wenn Sie wollen, können Sie sich gleich jetzt neu mit Ihrem zentriertesten Selbst verbinden.

Sie können heute sanft zu Ihrer Übung zurückkehren, indem Sie sich einen Moment nehmen, um zu feiern, dass Sie diese Konversation mit sich führen. Suchen Sie sich heute eine Zeit aus … egal wann … wenn Sie zehn Minuten aufwenden können, von denen Sie sich dann zu 30 Minuten vorarbeiten können, indem Sie die Meditation jeden Tag eine Minute ausdehnen. Fühlen Sie sich nicht beschränkt oder unter Druck, sondern stellen Sie sicher, dass Sie wirklich Ihre Aufmerksamkeit und Intention auf dieses Geschenk richten, das Sie sich selbst machen.

Nachwort

Das tägliche Meditieren hat meine Welt und meine Träume näher zusammengebracht und mir gleichzeitig geholfen, mich von dem zu entfernen, was mir nicht länger dienlich ist. Es ist ein Prozess, eine lebenslange Reise. Ich bin mir heute bewusst, wenn ich Worte spreche, die keinen Frieden und keine Harmonie stiften. Ich bin mir bewusst, wenn ich Gedanken hege, die mir nicht wirklich dienlich sind. Meditation hat den stillen Zeugen in mir zum Leben erweckt, und das ist ein entscheidender Unterschied. Ich bin weniger reaktiv, mitfühlender ... und ich erlebe es wirklich als Segen, auf dieser süßen Erde wandeln zu dürfen.

Ich meine, das liegt daran, dass ich die täglichen Ergebnisse und den Nutzen dieser Praxis sehe. Ich freue mich darauf, mich mit der Stille und Ruhe zu verbinden, die in mir sind, weil ich jetzt weiß, dass dies die Quelle aller Existenz ist.

Sie sind nicht allein auf diesem Weg. Wir sind alle zusammen, stolpern durch unseren Tag und versuchen, etwas zum Essen in den Magen zu kriegen und Liebe zu bekommen. In diesem Prozess teilen wir Liebe, Licht, Annahme, Vergebung, Ermutigung und Frieden mit jedem, den wir berühren.

Wenn wir das schaffen – und sei es nur ein bisschen mehr als gestern –, dann kann dieses unser Leben, so vergänglich und unsicher es ist, die erstaunlichste Reise werden, die man sich nur vorstellen kann.

Ich bin mir der Verpflichtung bewusster geworden, alle fühlenden Wesen auf diesem Planeten zu schützen und zu nähren. Das beinhaltet alle Tiere in Tierheimen oder in der Massentierhaltung, das Wild, unsere wunderbaren Ozeane und das Leben, das sich in ihnen tummelt, und die tapferen Kriegsveteranen und ihre Familien, die gedient und Opfer gebracht haben, sodass wir etwas länger unsere Freiheit genießen können. Ich hoffe, dass wir eines Tages alle in Frieden zusammenleben können, sodass all diese Opfer nicht vergeblich waren. Denken Sie daran, Ihren Nächsten zu lieben und Ihr nächstes Haustier zu adoptieren. Besuchen Sie **davidji.com**, um sich mit mir und anderen dieser zeitlosen Lehren zu verbinden.

Meine Intentionen

Welche Gedanken standen hinter Ihrer Entscheidung, sich eine tägliche Meditationspraxis zu eigen zu machen? Was waren Ihre Erwartungen? Schreiben Sie sie hier oder in einem Tagebuch mit Datum nieder. Dann schlagen Sie jeden Monat wieder nach und schauen Sie, wie Sie diese Wünsche in Ihrem Leben manifestiert haben!

_____

_____

_____

_____

_____

_____

_____

_____

_____

_____

_____

_____

_____

Meine Erfahrungen während und außerhalb der Meditation

Wenn sich Ihre Gedanken, Ihre Physiologie und Ihre Atmung verlangsamen und sich mehr und mehr hin zu subtileren Ausdrucksformen verfeinern, wird sich auch Ihr Bewusstsein erweitern – zunächst in der Meditation und dann in Ihrem Leben außerhalb der Meditation –, was eine ganze Welt von Möglichkeiten in jedem Moment wachrufen wird. Schreiben Sie Ihre Erfahrungen und Einsichten hier oder in Ihrem Tagebuch auf und sehen Sie, wie sie Ihr Leben positiv verändert haben.

Widmung

Dieses Buch ist meinem teuren Freund, liebenden Bruder und erbarmungslosen Lehrer David Simon gewidmet, einem unglaublichen Menschen, der mein Leben und mein Herz auf mehr Arten berührt hat, als ich mir jemals hätte vorstellen können. Mit jedem Atemzug, den ich tue, fließt er durch mich. Er ist jeden Tag beim Meditieren in meinem Herzen, bei jedem Sonnenuntergang, den ich in mich einsauge, bei jedem Kraut, das ich pflücke, und in jedem zarten Moment, dessen Zeuge ich sein darf. Neben den zahllosen Lektionen, die er mir zu Lebzeiten gegeben hat, lehrte er mich auch, dass wir uns in jedem Moment, in jeder Interaktion mit Menschen, Tieren und unserer geliebten Mutter Erde entscheiden müssen, ob wir entweder toxische Rückstände zurücklassen wollen (was man im Sanskrit als *ama* bezeichnet) oder nährenden, vitalen Nektar (*ojas* genannt). Das ist die Lektion, die ich auch heute noch täglich lerne, und sie hat mir geholfen, meine emotionale Intelligenz zu entwickeln und mein emotionales Verdauungsfeuer zu aktivieren, was es mir ermöglichte, mich über einen Großteil meiner verzweigten emotionalen Konditionierungen hinwegzusetzen, gesündere Entscheidungen zu treffen und selbstloser mit der Welt zu teilen. Ich habe stets seinem Herzen vertraut, und das hat mich gelehrt, dem meinen zu vertrauen.

Wenn der Himmel dunkel ist und die Sterne hervorkommen, versetzt mich das zurück in die Unschuld und die süße atmosphärische Vibration unserer morgendlichen Wanderungen und nächtlichen Spaziergänge. Ich denke an die Hunderte von stillen Konversationen, in denen wir zutiefst verbunden waren, während wir um die ganze Welt tourten, von Dublin nach Vancouver, Miami nach Alaska, von London nach Whistler, Oxford nach Los Angeles und überall dazwischen – mit dem Universum als unserem Zeugen teilten wir unsere Herzen, unsere Träume, unser wahrhaftigstes Wesen. Die Sterne erzählen jede Nacht die ganze Geschichte … für immer.

David empfahl mir die wunderbaren Übersetzungen des großen Sufi-Dichters Hafiz von Daniel Ladinsky. Das Gedicht »There Is a Wonderful Game« spricht so schön von unserer unsterblichen Verbindung. Bitte nimm sie in tiefer Ehrerbietung entgegen.

There is a game we should play,
And it goes like this:
We hold hands and look into each other's eyes
And scan each other's face.
Then I say,
»Now tell me a difference you see between us.«
And you might respond,
»Hafiz, your nose is ten times bigger than mine!«
Then I would say,
»Yes, my dear, almost ten times!«
But let's keep playing.
Let's go deeper,
Go deeper.
For if we do,
Our spirits will embrace
And interweave.
Our union will be so glorious
That even God
Will not be able to tell us apart.

There is a wonderful game
We should play with everyone
And it goes like this ...

(Es gibt ein Spiel, das wir spielen sollten
und das geht so:

Wir halten uns an den Händen, schauen einander in die Augen
und prüfen das Gesicht des anderen.

Dann sage ich:
»Sag mir den Unterschied zwischen uns beiden.«

Und du antwortest vielleicht:
»Hafiz, deine Nase ist zehnmal größer als meine!«

Und ich würde antworten:
»Ja, mein Lieber, fast zehnmal.«

Aber lass uns weiterspielen.
Gehen wir tiefer.
Denn wenn wir das tun,
werden unsere Geister sich umarmen
und miteinander verweben.

Unsere Einung wird so herrlich sein,
dass nicht einmal Gott
uns unterscheiden können wird.

Es gibt ein wunderbares Spiel,
das wir mit jedermann spielen sollten,
und es geht so ...)

Für dich, mein zeitloser Sufi-Meister, mögest du jeden Tag mit
Hafiz lachen und lieben.

Empfohlene Lektüre

Adi Shankara's Crest Jewel of Discrimination: Timeless Teachings on Nonduality.

Chödrön, Pema. *When Things Fall Apart: Heart Advice for Difficult Times.* Boston: Shambhala Library 1997.

Chopra, Deepak. *The Way of the Wizard.* New York: Harmony Books, 1995.

Chopra, Deepak. *The Spontaneous Fulfillment of Desire: Harnessing the Infinite Power of Coincidence.* New York: Harmony Books, 2003.

Chopra, Deepak und Simon, David. *The Seven Spiritual Laws of Yoga: A practical Guide to Healing Body, Mind, and Spirit.* Hoboken, NJ: John Wiley & Sons, 2004.

Houston, Jean. *A Mythic Life: Learning to Live Our Greater Story.* San Francisco: Harper San Francisco, 1996.

Ladinsky, Daniel (Übersetzer). *The Gift: Poems by Hafiz, the Great Sufi Master.* New York: Penguon Books, 1999.

Rosenberg, Marshall B. *Nonviolent Communication: A Language of Life.* Encinitas, CA: Pengun Books, 1999.

Shearer, Alistair (Übers. u. Einleitung). *The Yoga Sutras of Patanjali.* New York: Random House, 1982.

Simon, David. *The Ten Commitments: Translating Good Intentions into Great Choices.* Deerfield Beach, FL: Health Communications, 2006.

Simon, David. *Free to Love, Free to Heal: Healing Your Body by Healing Your Emotions.* Carlsbad, CA: Chopra Center Press, 2009.
(Deutsche Ausgabe: *Liebe heilt alles – Gesund durch Gefühle.* Berlin, Allegria Verlag, 2010.)

Trl. Swami Prabhavananda und Christopher Isherwood. Hollywood, CA: Vedanta Press, 1975.

Yogananda, Paramahansa. *Autobiography of a Yogi.* Los Angeles: Self-Realization Fellowship, 1997.

In Dankbarkeit

Ollie, Eddie, Annie, Francis, Monroe und süße Mazy. Meditieren im raumlosen Bereich. Ihr seid meine täglichen geistlichen Führer. Shanti, Shalom und Frieden.

Deepak Chopra wirbelt den Himmel herum und David Simon holt den Himmel auf die Erde. Aham brahmasmi – Ich bin das Universum. Deepak Chopra war der erste Lehrer, der mich gelehrt hat, die Antwort auf die Fragen *Wer bin ich? Was will ich?* und *Was ist mein Dharma?* in mir selbst zu finden. Ich bin ihm ewig dankbar für seine Bereitschaft, seine Brillanz, seine Leidenschaft, Kreativität, Eloquenz und sein Mitgefühl mit mir zu teilen. Er hat in seinem Leben mehr Frieden als jede andere Seele auf diesen Planeten gebracht; seine Fähigkeit, sich mit Leuten aus jeder Kultur, jeden Alters und jeder Orientierung aufs Stärkste zu verbinden, ist außergewöhnlich. Es ist die archetypische Verkörperung der Lehren des Vedanta, Advaita, Yoga und des kosmischen Bewusstseins; und er hat selbstlos, gnadenvoll und reichlich diesen zeitlosen Korpus der Weisheit seit 40 Jahren der Welt zur Verfügung gestellt. Ich fühle mich geehrt, über die letzten zehn Jahre ein Empfänger dieser Gaben gewesen zu sein.

David Simon hat etwas in mir gesehen und mich in sein Herz eingeladen. Dort bin ich seit dem Tag, an dem wir uns begegnet sind, geblieben. Und dort werde ich bleiben, bis ich diesen Planeten verlasse. Er macht durch die Dunkelheit ins Licht geführt und aus Schmerz und Enge ins Moksha – die emotionale Freiheit. Und es war mir eine Ehre, seiner Vision globaler Heilung durch höheres Bewusstsein und Liebe zu Diensten zu sein.

Meine teuren Lehrer Osho, Paramahansa Yogananda, Seiner Heiligkeit, der 14. Dalai-Lama, Yogi Bhajan und Roger Gabriel – ihr bringt mich jeden Tag dazu, ein Leben größeren Dienstes, des Friedens, der Kreativität, Annahme, Weitung, des Humors, Mitgefühls, der Liebe und des Überflusses zu führen.

Rosanne Drucker, meine liebende Frau, brillante Musikerin,

Sängerin, Songwirterin und wahre Gläubige. Du kennst mich schon so lange und die ganze Zeit hindurch hast du mich immer ermutigt, den nächsten Schritt zu tun, egal wie schwierig oder willkürlich sich der ausnahm. Du hast an mich geglaubt, als ich mein eigenes Licht nicht sehen konnte, und das hat das Ruder herumgerissen, deine geistige Großzügigkeit war das Leuchtfeuer des Dharma, dem ich all die Jahre nachgejagt bin. Deine Kreativität, dein Elan und deine Fähigkeit, die Emotionen des Universums in Musik und Songtexte zu gießen, haben nicht ihresgleichen. Dein unerschütterlich offenes Herz und deine bedingungslose Liebe haben mir die Freiheit gegeben, das Universum zu erkunden, und auf dieser Reise habe ich meine Seele gefunden. Es könnte kein größeres Geschenk geben als die Weite deines Seins. Danke … wieder einmal und für immer.

Peaches, the Buddha Princess, du bist eine lebende Meditation und mein bedingungsloser Gefährte, der mich in jedem Moment das Loslassen lehrt und mich jeden Tag daran erinnert, mein Herz ein wenig mehr zu öffnen.

Tiffany Murray, die »gute Ehefrau«, du bist die Verkörperung von Anmut unter Beschuss. Deine Hingabe für die Lehren des Chopra Center – und deine Art, sie fugenlos in dein Leben zu integrieren – machen dich zu einem Vorbild, dem alle vedischen Meister folgen können. Dein selbstloser Dienst und dein Eifer für authentisches Leben leuchten jeden Tag auf, erhellen meine Welt und schenken unseren Gästen und deinen Schülern mit von Herzen kommenden, erprobten und für die reale Welt geeigneten Lehren. Du lebst, was du predigst, vermeidest mühelos Dramen und geistige Enge und führst zur Insel von Ruhe und Klarheit, die du liebevoll mit uns allen teilst. Dein Dharma zu finden hat Tausenden von Menschen geholfen, sich mit ihrem unkonditionierten Selbst wieder zu verbinden, mit Erleuchtung und Ganzheit. Du hast meine Welt und die so vieler anderer anmutig mit Tiefe und Freude beschenkt.

Michael Bloom, mein teurer Freund, Bruder und Führer, der

die wahre Bedeutung der Erleuchtung und die Macht des gegenwärtigen Augenblicks begreift – du rockst!

Meine menschliche Familie, die es mir überhaupt erst möglich
gemacht hat, mich jeden Tag in die beste Version meiner selbst zu
entwickeln: mein unglaublicher Vater und bester Freund, Jay
Greenspan; und seine treue Frau Charna Glasser, die größte Kla-
rinettistin, die jemals einer Lakritzstange Leben eingehaucht hat,
Stanley Drucker, meine bedingungslos liebende Mutter, Naomi
Drucker, meine geliebte Schwester Susie, die mir zur Seite gestanden ist, seitdem ich den Mutterschoß verlassen habe, mein
wirklich authentischer Bruder Jeffrey und mein Seelen-Neffe,
Eddie Gilbert. Ihr alle hattet Raum für mich, als ich durch meine
dunkelsten Abgründe gegangen bin, seid für meine Aufstiege ein-
getreten und habt die Gipfelerlebnisse mit mir gefeiert. Ich fühle
stets eure Liebe und Unterstützung, egal wo ich auf meiner Reise
bin. Ich liebe euch sehr.

Meine wunderbaren Schwestern, die den größten Teil der
Chopra Center University stellen. Ihr strahlt das hellste Licht aus,
sodass Millionen Menschen auf der Welt sich aus der Dunkelheit
befreien können: Meine Partnerinnen in dem Prozess, die CCU
auf die nächste Ebene zu bringen – Yogini Claire Diab, Direkto-
rin Teresa Long und Entwicklerin des Online-Auftritts, Tiffany
Murray, sowie unser magisches Team Erica Lopez, Trista Thorp,
Andrea Debell und Marcella Mighty Morfin.

Karla Refoxo, meine teure Freundin, Verwöhnerin von
Peaches und Lehrerin des Lebens. Du bist die Verkörperung
sanfter, liebevoller Güte, verbunden mit starker Kreativität; eine
süße, sensible, göttliche Seele und eine liebevolle Meditationsleh-
rerin. Du hast das alles mit deinem umwerfenden, gigantischen
Buddha-Fresko im Chopra Center in New York auf den Weg gebracht. Deine Vision für die Cover von *Secrets of Meditation* und
Guided Meditations hat den Projekten große Klarheit und Quir-
ligkeit gebracht, genau wie deine künstlerische Sensitivität.
Danke, dass du deine süße Gallega-Energie in meine Welt ge-

bracht hast und mich lehrst, der Vergangenheit abzusterben. Du bist eine gesegnete Sufi Nagual, eine begnadete Künstlerin und eine vertraute Herzensfreundin. Tulku rules! **Tulkujewels.com**

Die tausend Lichtstrahlen, die das globale Netzwerk der vom Chopra Center zertifizierten Lehrer bilden. Ihr inspiriert mich jeden Tag, indem ihr euch auf euer Dharma zubewegt, helft, heilt und anderen mit eurem Licht und eurer Liebe dient.

Die mehr als 50 000 Meditationsschüler auf der ganzen Welt, die in meinen Kursen gesessen sind und meine Vorträge am Chopra Center gehört haben, sowie auf der ganzen Welt bei Seduction of Spirit, Journey into Healing, Secrets of Enlightenment, Soul Healing, Perfect Health und Synchro Destiny.

Die Hunderttausende auf der Welt, die online mit mir auf Meditationsreise gegangen sind oder auf CD, iPod, Radio oder persönlich. Sie waren mit mir in der Lücke, und wir haben die Magie des Einsseins geteilt. Sie sind die treibende Kraft für mein Bewusstsein, und ich bin zutiefst dankbar dafür.

Die Hunderte von Mitglieder meiner Chopra Center Familie von 2003 bis in die Gegenwart und jene, die meine Dharma-Meilensteine gewesen sind. Für euch alle, die ihr meine Schüler und meine Lehrer wart, meine Freunde und meine Partner bei meinem Versuch, eine höhere Vibration von Frieden und Kraft herzustellen, ich danke euch aus der Tiefe meines Herzens und meiner Seele.

Kathy Bankerd und Susan McCabe, dafür, dass sie mich als Aktivposten für unsere Sache sehen und mir helfen, meine Vibration zu erhöhen.

Kyla Stinnett, für ihren rasiermesserscharfen Witz, betörenden Charme, ihr brillantes Lektorat, tiefe Sensibilität und ihr weiches Herz. Es war ein großes Privileg und ein Highlight für mich, mit dir im Chopra Center zusammenzuarbeiten. Gemeinsam mit unseren Hunden an der Leine spazieren zu gehen und die Geheimnisse unserer Existenz zu erörtern, sind Schätze, die mir lieb und teuer sind. Sherman ist ein sehr glücklicher Chihuahua.

Caroly und Felicia Rangel, ihr haltet das Universum so wunderbar, dass Deepak es so leicht und anmutig herumwirbeln kann.

Sara Harvey, für deine Anmut und Großzügigkeit.

Der Vancouver-Stamm des Chopra Yoga Center und der Studioleiterin Danielle Mika Nagel.

Nirmala Raniga, mein teurer Freund und engelsgleicher Visionär des Paradise Valley Wellness Center.

Charley Paz, dafür, dass er mein Fels in der Brandung und ständiger Ratgeber ist.

Amanda »Linky« Ringnalda, meine Event-Ehefrau über die letzten sechs Jahre.

Mein unsterblicher bester Kumpel und Kinder-Yoga-Experte Jodi Komitor.

Meine Hay House Familie: Die Göttin Louise Hay, Reid Tracy und Stacey Smith; meine Hay House Radio Familie – die unvergleichliche Diane Ray und ihr brillantes Entwickler-Team: Kyle, Steve, Joe, McCabe; das Lektorats- und Designteam für *Geheimnisse der Meditation,* bestehend aus Lisa Bernier, Shannon, Littrell, Nick Welch und Christy Salinas; meine süßen meditierenden Rockstars Diane, Bryn und Donna – Ihr bleibt euch wirklich treu!; und meine Meditations- und Ayurveda-Schüler bei Hay House, die weiterhin das Haus zum Beben bringen. Hey House Radio rockt!

Lubosh Cech, mein geliebter Bruder. Worte können kaum meine Bewunderung und meinen Respekt für dich und deine kreative Vision zum Ausdruck bringen. Du bist eine göttliche Repräsentation des Bhakti und ein großzügiger und begnadeter Künstler. Du sorgst dafür, dass jeder visuelle Ausdruck von Davidji für die Welt die Perfektion, Eleganz und süße Intention der Quelle trägt, aus der er ursprünglich kam. Du bist ein talentierter Meister, stets im Wandel. Ich bin dir zu großem Dank verpflichtet. **Okodesign.com** und **NakedRiverFilm.com**

Tara Lynda Guber, die Yogini, die mir beigebracht hat, meine eigene Wirkung zu kontrollieren. Liebe dich, Taraji!

Dank an alle auf meinem Weg, die mir ihre Freundschaft geschenkt und geholfen haben, das Leben besser zu verstehen: Mein ältester Freund, Partner und Mentor, Mark Clemente; mein teures Herz, Geist und meine Vertraute über so viele Jahre, Anna Chosak, Marianne Pagmar, Dave Goodley, Terri Cole, Max Simon, Rick Dore, Rookie Komitor, Pam, Sara und Izzy Simon, Benji Moseman, Dr. Valencia Booth Porter, die süße Fran Lambert, Stanley Komitor, Robin Muto, Freddy Leonardo, Alisha Olivier, Judy Perl, Yogini Shambhavi, Naadi Mohan, Michael Price, das Spa-Genie Alexis Ufland, Grace Porter, Neal Tricarico, Allison Slater, Patrick Flanagan, Tal Wilkinfield, George Bubaris, Ravi Meher, Dr. Suhas Kshirsagar, Deva Premal, Kimberly Willock Pardiwala, General Al Haig, Vamadeva Shastri, Gerard Butler, Jennifer Nicholson, Sadie Drucker, Christina Warner Hill, Tipper Gore, Guru Ganesha, Tony Robbins, Maya Jeffkins, meine Programmberaterin, vedische Meisterin und außergewöhnliche Yogini Gabrielle Forleo, die mir die ganze Zeit über zur Seite gestanden hat, meine unglaublichen, authentischen Freunde an der Rezeption, die mich immer unterstützt haben: Mira, Kathy, Blake, Molly, Sheila, Tala und Tim, meine Schwestern am LT: Holly, Amanda, Kristy, Sara und Tracy, Corey Booker, Abby »The Heart« Murphy, Sid Ganis, Sant Chatwal, Greg Porter, Denise Reynier, Justin Drucker, Peter Guber, die Crew des *Jayavarnam*, Nancy Ganis, Jeffrey Landle, Laura Lawee, Eliza Dushku, die einzigartige Wendi Cohen, Kids for Peace, Vikram Chatwal, meine Freunde am Hoffman Institute, Jagatjoti Singh Khalsa, Julie Silverthorn, all meine Facebook-Freunde und Fans, meine Follower auf Twitter, Cesar Millan, Ann Lagano, Robert Gonzalez, David Clark, die süße, talentierte Familie am Chopra Center in New York und die strahlenden Leitsterne, die es Wirklichkeit werden ließen – Holly Hatfield-Patel und Kerry Williams Gil, Bill Farley, Rick Fox, Chants and Drums, Sarito Sun, Zrii Nation, Charley Paz, Mitch Estrin, Lee Rocker, Katia Shokrai, Irene Margolis, Freddie und Irene Gentile, Dave Macek und die

Familie der Red Lotus Society, die uns immer unterstützt hat, Valerie Skonie und der Stamm vom 40 Day Winter Feast for the Soul, Bob Budlow, Joshua »Ganesh« Mallitt, Denise Reynier, Dave Stewart, Suzanne Dore, Miten, meine Mitbewohnerin und Zwillingsschwester in Sachen Haare Lizzie Upitis, Elaine Ehrenkrantz, Jerry Kaplan, Debbie Drucker, meine langjährige geliebte Freundin, Naturgewalt und CBGB-Partnerin Amy Berko Iles, Snatam Kaur, Damien Rose, Gail Hendrix, Nicole Bondurant, Libby Carstensen und mein teuren Brüder aus Bloomfield – Joe, Ray, Eddie, Walter und Ted.

Dann noch meine tiefe Dankbarkeit an jene, die mir die magische Multidimensionalität des Lebens gezeigt haben: Oprah Winfrey, Dexter Morgan, Bill O'Reilly, Alisha Florek, Detective Bobby Goren, Liz Lemon, Damien Lewis, Jon Stewart, Jack Bauer, Shawn Carter, Patrick Jane, Dr. Gregory House und Ned Stark, der sich stets treu geblieben ist.

Dank sei der herrlichen Göttin, dem Chopra Center for Wellbeing.

Besuchen Sie davidji.com

Zu mehr Informationen zu Meditation, dem Treffen bewusster Entscheidungen, Stressmanagement, von Herzen kommendem Fühlen und dem Integrieren zeitloser Weisheit in Ihren Alltag, besuchen Sie www.davidji.com.

Werden Sie Teil der Davidji Sweetspot Community
Tragen Sie sich unter davidji.com als Mitglied der Davidji Sweetspot Community ein und erhalten Sie so regelmäßig Werkzeuge, Tipps und Techniken, um Stress zu reduzieren, Aufregung zu lindern und größere Balance in Ihr Leben zu bringen, darunter kostenlose Meditationen, Stress-Crusher und Möglichkeiten, sich mit den Millionen Menschen auf der Welt zu verbinden, die ebenfalls meditieren.

Folgen Sie Davidji

facebook.com/flowoflove
twitter.com/intothegap